电动汽车技术

主　编　邓宝清　杜常清
副主编　黄少嘉　郑竹安　高曾发

·长　沙·

前　言

我国已经连续12年是世界上汽车产销量第一大国，截至2018年底，我国汽车保有量已经达到2.4亿辆，仅次于美国的2.5亿辆，预计2019年底我国汽车保有量将会超越美国，成为世界汽车保有量第一大国。汽车保有量的增加，对于能源和环境的压力越来越大，为了适应节能与环保的要求，发展新能源汽车已经是汽车界的共识。我国在“十二五”期间累计生产新能源汽车50万辆，2016年生产新能源汽车50万辆，2017年生产80万辆，2018年生产120万辆，2019年底有望达到150万辆。新能源汽车的迅猛发展，电动汽车因在使用过程中的零排放、能源来源的多样性等而备受关注。然而，掌握电动汽车技术的人才培养，远远没有跟上行业发展的要求。本教材就是为满足现在对电动汽车技术人才培养需求而编写的。

本书共分9章，分别介绍了电动汽车的总体技术、车载储能装置、电动汽车动力装置、电动汽车控制系统的基本结构及工作原理、现行的纯电动汽车、燃料电池汽车和混合动力汽车的基本构成及优缺点分析，便于读者更好地了解电动汽车技术。

本书由吉林大学珠海学院邓宝清教授、武汉理工大学杜常清教授任主编，吉林大学珠海学院黄少嘉、盐城工学院郑竹安老师任副主编，由邓宝清统稿，黄少嘉校稿。编写人员分工是：第1章（邓宝清），第2、7、8章（杜常清），第3、4、5章（黄少嘉），第6、9章（郑竹安、高曾发）。

本书在撰写过程中，参阅了大量的文献和教科书，一些重要数据，来源于工信部公布的信息，也有一些图片源于网页，在此向资料提供者表示衷心感谢。

由于编者水平有限，疏忽疏漏在所难免，殷切希望广大读者批评指正。

编者

2019年5月

目　录

第1章　绪　论

1.1　能源及分类

人类应用能源的发展过程是从柴开始的，我国人民早在生活经验中总结出，“柴、米、油、盐、酱、醋、茶”的日常生活需求中，“柴”(代表柴、煤炭、燃油等)是最基本的能源，如果没有“柴”，生活将无法保证。同样，没有各种能源的供应和发展，世界将会停滞不前。

现代能源正向多种能源应用方向发展，主要包括：①矿物能源，如煤炭、汽油、柴油、煤油等；②气体燃料，如天然气、液化气、煤气、氢气等；③生物质能，如乙醇、生物柴油、沼气等；④电能，如火电、水电、风电、核电、太阳能发电等。其中能用于内燃机汽车和电动汽车的能源见表1-1。

表1-1　能用于内燃机汽车和电动汽车的能源

类别	类型	转换方式	能量输出形式	特性
矿物能源	石油(汽油、柴油)	发动机—发电机组	动力、电力	不可再生
	液化石油气	发动机—发电机组	动力、电力	不可再生
	煤炭	汽轮发电机	电力	不可再生
	天然气	内燃机、发动机—发电机组	动力、电力	不可再生
	核能	核能发电机组	电力	不可再生
	地热	地热发电机组	电力	不可再生
太阳能	光能	光伏电池	电力	可再生
	热能	换热器	热能	可再生
	水力	水力发电机组	电力	可再生
	风力	风力发电机组	电力	可再生
	潮汐	潮汐发电机组	电力	可再生
生物质能	乙醇	发动机—发电机组	动力、电力	可再生
	生物柴油	发动机—发电机组	动力、电力	可再生
	沼气(纤维质和粪便等)	热能	燃料	可再生
	垃圾	垃圾发电机组	电力	可再生

续表 1-1

类别	类型	转换方式	能量输出形式	特性
二次能源(利用矿物或生物质能转换的能源)	煤转化燃油	发动机—发电机组	动力、电力	不可再生
	甲醇、乙醇	发动机—发电机组	动力、电力	可再生
	二甲醚	发动机—发电机组	动力、电力	可再生
	氢气	发动机—发电机组 燃料电池组	动力、电力	可再生
二次能源(电能)	二次能源	各种电机电器	电力	可再生
暂时不能利用的能源	可燃冰①	甲烷+水分	—	暂时没有利用的能源
	火山热能	—	热能	不确定能量
	雷电电能	—	电能	不确定能量
	太空电站	—	电能	暂时不能利用的能源
	宇宙电磁辐射等	—	电能	暂时不能利用的能源

注:①1 m^3可燃冰可以产生120~140 m^3甲烷气体,目前已经探明的可燃冰的储存量达5×10^{18} m^3。

按照不同的标准,能源可作不同的分类。

一、可再生能源和不可再生能源。

(1)可再生能源。

自然界中的能源在使用过程中能够形成有规律的循环和不断地消耗—再生补充的能源,称为可再生能源,例如,由于太阳能的作用产生的水能、风能以及各种生物质能等。我国可持续发展的能源估计情况见表 1-2。

表 1-2 我国可持续发展的能源估计情况

可再生能源	单位	数量	备注
太阳能	Mtce	4800	按1%土地面积,转换效率20%估算
水能	Mtce	130	所有可能利用的坝址(含微型水电站)
风能	Mtce	1700	按海陆风能可开发量计算
生物质能	Mtce	700	包括城、乡各种有机废弃物和垃圾等生物质能

注:水能、风能、生物质能都是由太阳能产生的能源,其他如闪电、风暴、洋流等,也是太阳能产生的能源,属于可再生但暂时不可利用的能源。Mtce 指百万吨煤当量,1 Mtce = 2×10^7 kJ。

(2)不可再生能源。

自然界中的能源在使用的过程中,经过一次使用后无法再恢复其原始形态,并且逐渐枯竭的能源,称为不可再生能源,主要为矿物能源,包括石油(汽油、柴油)、石油气、煤气、核燃料等。

二、一次能源和二次能源

(1)一次能源。

一次能源是指可以直接获取的原始能源，自然界的能源大部分为一次能源，它们保持了其基本形态，可以用质量、体积、流量等进行度量，例如，煤炭、石油、油页岩、天然气、水力、风力等。

(2)二次能源。

在生产和生活中，一部分需要经过加工提炼后才能使用的能源，称为二次能源，例如，汽油、柴油、石油气、煤气、氢气、水蒸气、甲醇、乙醇、电力等。

1.2 汽车节能、减排、环保的发展规划

1.2.1 我国节能、减排、环保汽车发展规划

2018 年我国汽车产量达到 2800 万辆，已连续十三年位居世界汽车生产第一大国，汽车保有量达 2.4 亿辆，逼近美国的 2.5 亿辆。随着汽车使用量的迅猛增加，石油的需求量激增，2018 年中国进口石油量突破 4.6 亿吨，已成为仅次于美国的全球第二大石油消费国，而汽车工业所消耗的燃油量占到整个中国石油消耗总量的三分之一。同时，机动车污染已成为我国空气污染的重要来源，根据生态环境部发布的《中国机动车环境管理年报(2018)》，2017 年，全国机动车四项污染物排放总量初步核算为 4359.7 万 t，比 2016 年削减 2.5%。其中，一氧化碳(CO)3327.3 万 t，碳氢化合物(HC)407.1 万 t，氮氧化物(NO_x)574.3 万 t，颗粒物(PM) 50.9 万 t。汽车是机动车大气污染排放的主要贡献者，其排放的 CO 和 HC 超过 80%，NO_x 和 PM 超过 90%。因此，研究和发展新型清洁燃料和清洁燃料汽车成为一种必然发展的趋势，不仅对我国能源的可持续发展、汽车工业的可持续发展有重要意义，而且会促进相关的燃料工业、材料工业、机械制造工业、电子通信工业、信息技术和智能控制技术的发展。

在我国经济发展的现阶段，低碳经济成为我国未来发展的主要方向，在此背景下，新能源汽车应运而生，新能源汽车具有节能减排、环保等多方面的优点，也代表世界汽车产业的发展方向。我国新能源汽车行业发展的必由之路是在低碳经济发展的大背景下，遵循市场发展的道路，通过政策引导和市场协作的不断磨合，逐步提高我国新能源行业发展的工作效率。由于政府积极参与和支持新能源汽车的研发和市场推广，带动一批新能源汽车生产企业自主研发，加快推进新能源汽车产业化进程，不仅有利于技术进步和节能减排，还能促进我国汽车产业的可持续发展。

早在 20 世纪 50 年代，我国就开始尝试自主研发新能源汽车，并相继推出一系列相关发展政策以鼓励新能源汽车的发展。

一、863 计划中节能、减排、环保汽车重大专项

在科技部制定的《国家高技术研究发展计划(863 计划)》中，设立节能、减排、环保汽车

重大专项，该计划是我国汽车工业自主创新和科技创新的主攻方向，国家组织汽车企业、高等院校和科研机构进行联合攻关，在“十一五”期间，我国节能、减排、环保汽车的研发取得了重大成果——研究和开发了多种具有自主知识产权的纯电动汽车、“电－电”电力耦合汽车、“油－电”动力耦合汽车、气体燃料汽车和生物燃料汽车等多项技术专利，以及各种节能、减排、环保汽车的关键装备等多项技术专利。科技部要求在“十一五”期间继承发展，自主创新，重点跨越，优化管理，遵循汽车工业发展和科技研究的规律，以市场为主导，重点突破节能与新能源汽车的关键瓶颈技术与系统集成技术，构建公共服务平台，形成总体研发体系，推动节能与新能源汽车整车和关键零部件的研发与产业化，提升我国汽车工业核心竞争能力，为保障能源安全、降低环境污染，实现汽车工业可持续发展提供有力的技术支持。为实现清洁汽车重大专项的目标，提出“三纵、三横”的研究和开发的布局。

二、我国973计划中能源持续发展的战略

为实现能源持续发展的战略目标，我国在973计划能源领域设置了“氢能的规模制备、储运及相关的燃料电池基础研究”课题，其研究的目的是为有自主知识产权的、可持续发展的氢能源的规模开发奠定基础。开发车载制氢技术，储氢理论及技术的突破，研制燃料电池关键材料，燃料电池的应用理论及控制技术的突破，提高燃料电池的可靠性和降低燃料电池的成本，有助于解决燃料电池汽车产业化的难题，并有利于推广燃料电池的应用领域。2008年的北京奥运会和2010年在上海的世博会，均采用了拥有我国自主知识产权的、性能可靠的“清洁”车辆。

三、国务院出台《节能与新能源汽车产业发展规划(2012—2020年)》

2012年国务院出台《节能与新能源汽车产业发展规划(2012—2020年)》，并提出了到2020年的具体目标。之后接连出台了以车辆购置补贴政策为主的一系列配套补贴优惠政策，对新能源汽车行业进行全方位扶持，我国新能源汽车行业在产业化和规模化方面实现了快速发展，产生了混合动力汽车、燃料电动汽车及纯电动汽车等新能源汽车类型，国家对新能源汽车的主推和鼓励政策，极大促进了我国新能源汽车的销量的增长。

四、国务院发布了《中国制造2025》

2015年5月8日，国务院发布了《中国制造2025》，对于节能与新能源汽车产业的发展，提出纯电动和插电式混合动力汽车、燃料电池汽车、节能汽车、智能互联汽车是国内未来重点发展的方向，并分别提出了2020年、2025年的发展目标。

五、我国各个时期电动汽车关键技术的重大项目

(1)“十一五”期间，“十一五”期间“电动汽车”重大专项。《国家高技术研究发展计划(863计划)“十一五”发展纲要》，为实现我国能源的可持续发展和我国汽车工业的可持续发展，在“十一五”期间为发展我国节能、减排、环保汽车，制定了指导我国电动汽车的发展规划的“三纵、三横”的重大专项(图1－1)计划。

(2)“十一五”期间“节能与新能源汽车”重大项目总体布置。《国家高技术研究发展计划(863计划)“十一五”发展纲要》中关于现代交通领域“节能与新能源汽车”重大项目，对汽车

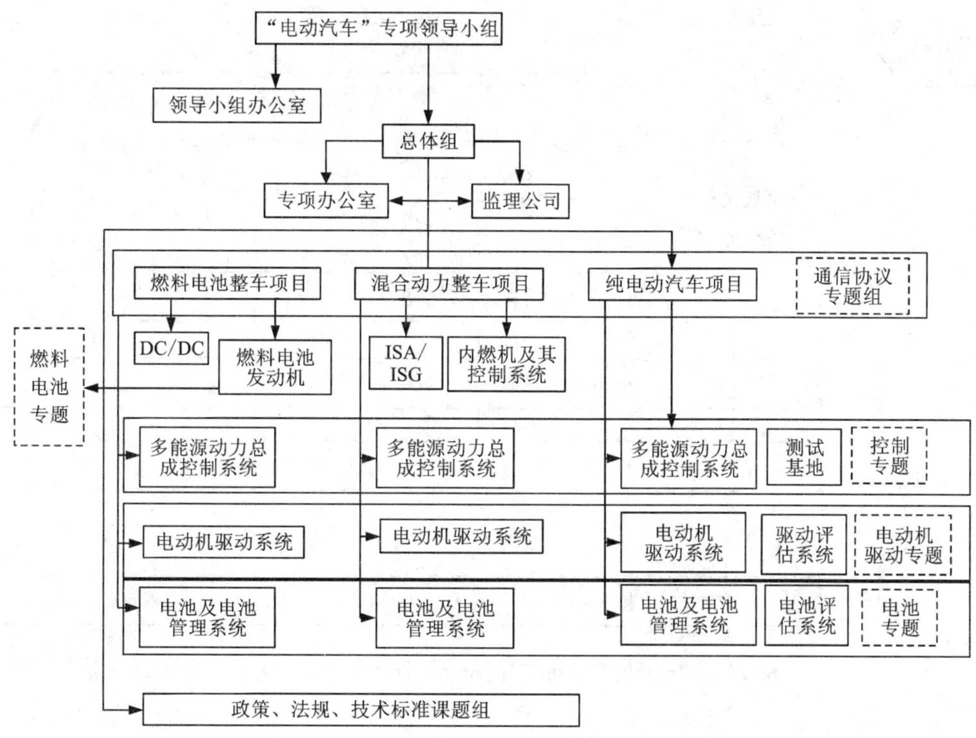

图1-1 “十一五”期间“节能与新能源汽车”重大专项计划

节能、减排、环保的要求是：在“十一五”期间，继续发展、自主创新、重点跨越，优化管理，推动节能、减排、环保与新能源汽车的整车和关键零部件的研究和产业化，提升我国汽车工业核心竞争能力。为保障能源安全、降低环境污染，实现汽车工业可持续发展提供有力的技术支持。在“十一五”期间继续进行节能、减排、环保汽车重大专项的“三纵、三横”外，增加了“代用燃料汽车与新型燃料”的研发项目体的重大专项计划(图1-2)。

(3)“十二五”期间“电动汽车关键技术与系统集成”(一期)重大项目课题。《国家高技术研究发展计划(863计划)“十一五”专项规划》中关于现代交通技术领域电动汽车关键技术与集成(一期)的总体目标是：加强电动汽车产业化关键技术突破，强化示范考核和产业化研究，建立以企业为主的产、学、研相互合作的技术创新体系，支持和引导我国汽车工业技术进步和跨越式发展。

(4)“十三五”期间《“十三五”国家战略性新兴产业发展规划》，新能源汽车产业被列入战略性新兴产业发展规划之中。规划主要在新能源汽车推广规模、整车性能、电池性能、燃料电池汽车、充电基础设施等方面进行重点强调。“十三五”期间新能源汽车产业重点任务包括：实现新能源汽车规模应用，以及新能源汽车动力电池提升。与2012年7月发布的《“十二五”国家战略性新兴产业发展规划》相比，“十三五”的规划中新能源汽车部分有四点主要变化：燃料电池汽车地位提升，充电基础设施技术标准，动力电池技术升级，以及新能汽车积分管理制度。

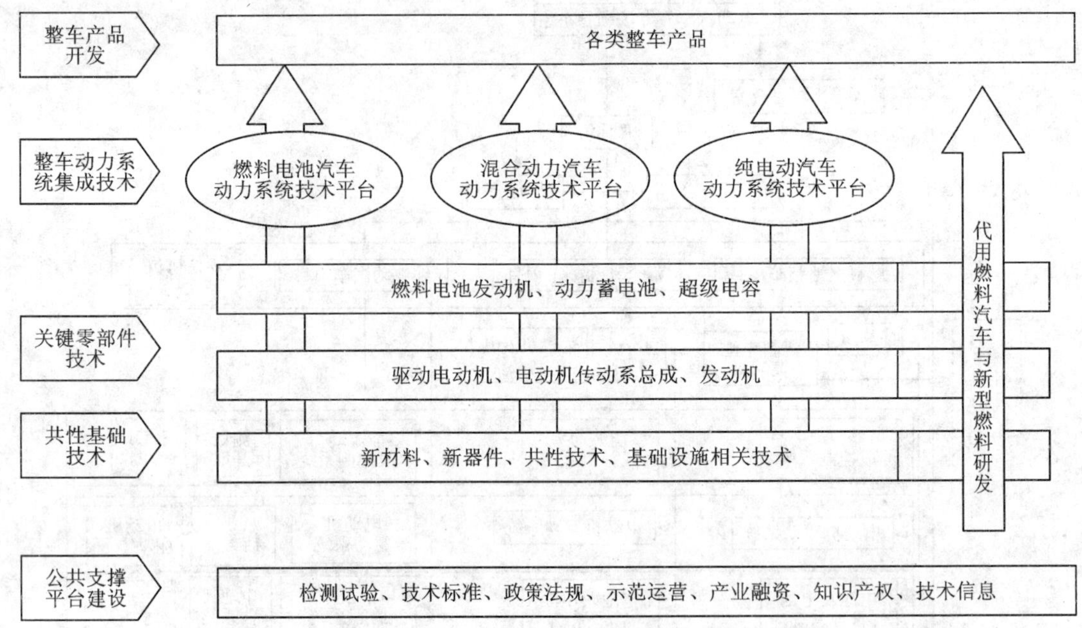

图 1－2 “十一五”期间“节能与新能源汽车”重大专项计划

六、我国新能源汽车的发展和应用

北京奥运会期间，我国新能源汽车的展示。我国在 2001 年申办奥运成功，科技部、北京市联合启动了“2008 奥运科技行动计划”，提出了“绿色奥运、科技奥运、人文奥运”三大理念，应用了大量我国自主研发的节能、减排、环保的新技术，多种新能源“低碳”汽车，展示我国多元化新能源汽车的阵容，举办了有史以来最节能、减排、环保的奥运会。

(1)混合动力汽车。

①一汽集团公司研发的 10 辆混合动力客车、东风汽车公司研发的 15 辆混合动力客车，在北京奥运专线上作为公交车进行营运。

②一汽集团公司研发的 5 辆混合动力高级汽车，奇瑞汽车公司研发的 50 辆混合动力汽车，长安汽车公司研发的 20 辆混合动力汽车，在北京奥运专线上作为出租车进行营运。

(2)纯电动汽车。

①东风汽车公司制造了 415 辆纯电动场地服务车。

②北京理工大学与北京市公交总公司共同研制的 50 辆锂离子蓄电池的纯电动客车，在奥运村内环线 3 条公交路线上运行。

(3)燃料电池汽车。

①上海神力动力公司、同济大学、上汽集团公司共同研发，由上海大众汽车公司制造的燃料电池汽车 20 辆，作为奥运赛场公务用车。

②清华大学与北汽福田汽车公司共同研制的燃料电池客车 5 辆，在北京公交路线上进行了 1 年的示范运行。

在北京2008年奥运会期间，我国自主研发的新能源汽车展现了出色的使用性能，标志着我国新能源汽车在安全性、可靠性、节能、减排和环保等各种性能方面，都有了很大的发展和突破，是我国新能源汽车的大展示和大检阅，对推动我国节能、减排、环保汽车的进一步发展，为实现节能、减排、环保汽车的产业化奠定了基础，为进一步在国内推广节能、减排、环保汽车市场提供了商机。

上海世博会期间，我国新能源汽车的展示。上海世博会采用了具有我国知识产权的1000余辆清洁能源汽车，其中500辆为混合动力汽车，306辆为纯电动汽车，1%辆为燃料电池汽车。

在上海世博会期间，我国自主研发的、能够实现产业化生产的新能源汽车，在数量、安全性、可靠性、节能、减排和环保等各种性能方面，已经达到了世界清洁燃料汽车的水平，实现了城市车辆"低碳"运行。在新能源汽车的整车和关键技术装备的生产和制造方面，已具备产业化大批量的能力，并在电力供应、氢燃料供应方面，建立了系统过程，为进一步在国内推广批量生产节能、减排、环保汽车提供了范例。

2010年国家发布了对新能源汽车的补贴政策后，极大促进了我国新能源汽车的销量的增长，自2015年以来，无论是销量、增速还是全球市场份额，我国已经连续三年位居全球第一。

七、我国新能源汽车推广规划

《节能与新能源汽车产业发展规划(2012—2020年)》中提出了，到2020年，纯电动汽车和插电式合动力汽车生产能力达200万辆、累计产销量超500万辆的新能源汽车产业的具体产业化目标。《中国制造2025》，分别提出了到2020年，自主品牌纯电动和插电式新能源汽车年销量突破100万辆，在国内市场占70%以上。动力电池、驱动电机等关键系统达到国际先进水平，在国内市场占有率为80%。到2025年，与国际先进水平同步的新能源汽车年销量300万辆，在国内市场占80%以上。动力电池、驱动电机等关键系统实现批量出口。

1.2.2　美国节能、减排、环保汽车的发展规划

一、美国的PNGV计划(图1-3)

美国在1993年9月对汽车能源的可持续发展发布了PNGV(the partnership for a new generation of vehicle)计划，当年参与协调的政府部门有：商务部、国防部、能源部、交通部、环保局、国家航天航空局和国家科学基金会等，美国联邦政府和美国三大汽车公司为实现PNGV计划投入了大量的资金和技术力量，明确地提出要改善和增强美国制造业的竞争力及其用户的利益，尽快地将商业可行性的技术创新成果应用于汽车生产中，开发出燃料燃烧反应效率高于现行汽车3倍的新一代汽车。

美国三大汽车公司对PNGV计划进行了分工、合作和实施，它们在新能源、能源储备、电子技术、新型材料、制造技术、车辆轻量化和系统分析等方面，进行了全面的研究、开发，创新和制造了多种新型概念车。先后推出了高性能发动机，燃料电池电动车辆，混合动力电动车辆等新型车辆。

PNGV研究和创新的技术领域包括：①研究、开发和应用新型燃料和动力源，例如，天然

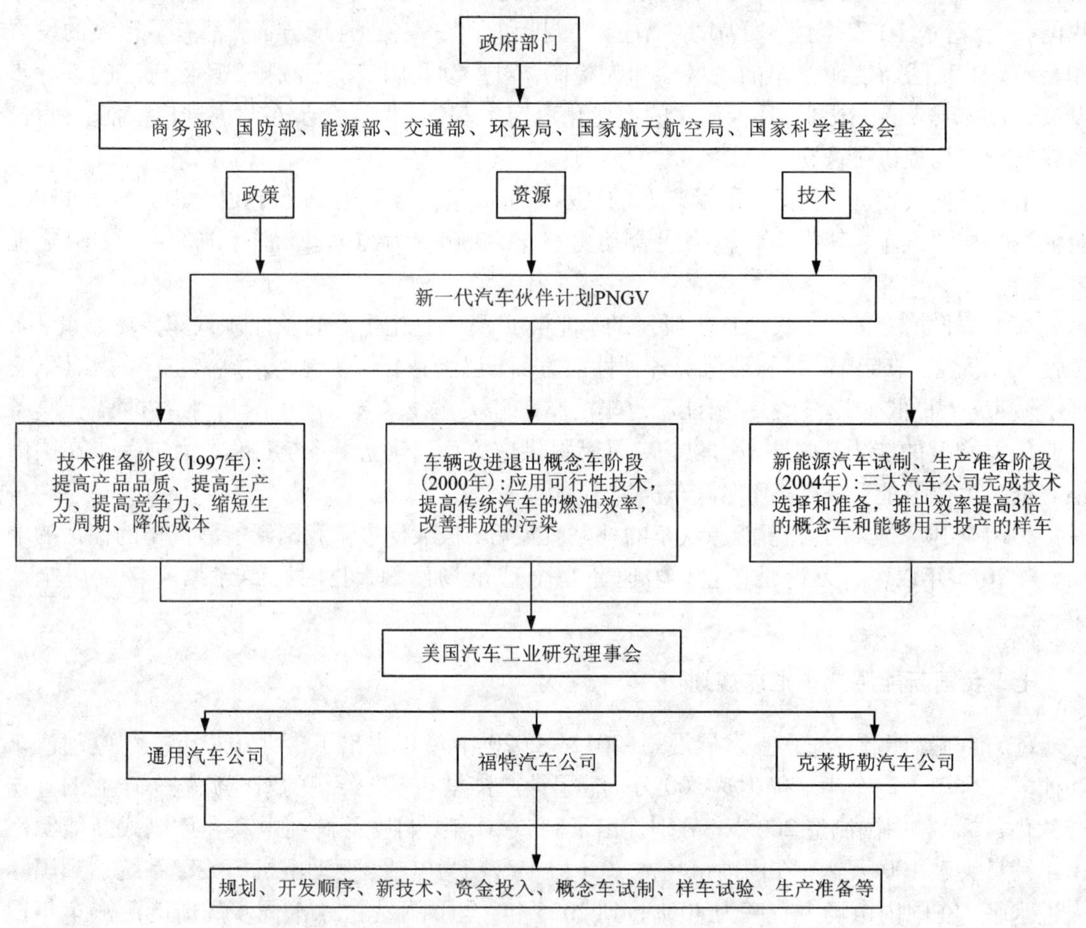
政府部门
商务部、国防部、能源部、交通部、环保局、国家航天航空局、国家科学基金会
政策
资源
技术
新一代汽车伙伴计划PNGV
技术准备阶段(1997年):提高产品品质、提高生产力、提高竞争力、缩短生产周期、降低成本
车辆改进退出概念车阶段(2000年):应用可行性技术，提高传统汽车的燃油效率，改善排放的污染
新能源汽车试制、生产准备阶段(2004年):三大汽车公司完成技术选择和准备，推出效率提高3倍的概念车和能够用于投产的样车
美国汽车工业研究理事会
通用汽车公司
福特汽车公司
克莱斯勒汽车公司
规划、开发顺序、新技术、资金投入、概念车试制、样车试验、生产准备等

图 1－3　美国 PNGV 计划组织示意图

气、液化石油气、氢气、生物燃料、电动推进装备等；②改进和改革车辆的动力系统，更有效地提高燃料燃烧转换的热效率，例如：涡轮增压、新型燃料燃烧理论、燃料直喷技术等；③推广轻型材料的应用，降低车辆的各种阻力，如新型高效的空调系统等，以降低车辆对能源的消耗；④开发新型燃料储存装置，例如，高能电池、超级电容器、飞轮等，有效地回收车辆在制动时反馈的能量等；⑤采用现代先进的设计方法，例如，计算机辅助设计、模拟设计、仿真技术和虚拟装配等。参加 PNGV 计划的还有 21 个联邦实验室、51 所大学和研究院所，共进行了 1200 多项技术研究。

PNGV 计划对美国汽车工业提出的目标：

(1)改善和加强美国汽车制造厂的竞争能力，提高汽车制造技术和生产力，提高产品的质量，降低生产成本和生产周期。

(2)在传统的汽车上广泛地采用可行性、商业化的新技术，提高汽车的安全性，提高燃料燃烧效率，减少废气排放量。

(3)开发新一代安全、节能、减排和环保的汽车，将轿车的燃油效率提高约三倍，达到 100 km 的目标。

PNGV 计划特别提出了技术创新是提高竞争力的关键，计划提出要围绕安全、节能、减排、环保等领域，采用新能源，推广电动汽车、燃料电池汽车和混合动力汽车达到规模经济效益，研发和采用电动汽车用的动力电池、燃料电池、共用平台、模块化总成、计算机、电子、通信等新技术、新材料和新工艺，提高零部件的通用化，开发新型、安全、节能、环保的电动汽车。

二、美国的“自由汽车开发计划”

美国在 2002 年 9 月发布的“自由汽车开发计划”(freedom cooperative automotive research partnership plan, Freedom CAR Plan)，由美国政府将项目资金拨给大学和政府重点实验室，重点研究和开发的项目为：燃料电池动力系统；氢能储存系统；国家氢能的基础设施的技术研发；支持有关氢能的基础设施的法规和标准的研究；用于燃料电池混合动力汽车和内燃机混合动力汽车的电驱动系统的新型电能储存装置的研究；轻量化汽车结构材料的开发；内燃机用先进燃料和排放控制系统的开发等。2010 年应达到的技术指标的目标为：

(1)为了确保未来的燃料电池动力系统在可靠性和价格上能与传统的内燃机/自动变速器的汽车动力系统竞争，其目标为：

①燃料电池电驱动系统在 18 s 内产生的驱动功率不低于 30 kW，持续功率不低于55 kW，燃料电池最高效率达到 60%，寿命达到 15 年。

②建立可靠的燃料电池系统，以氢为燃料的燃料电池最高转换效率达到 60%，比功率达到 325 W/kg，功率密度 220 W/L。成本目标 2010 年前达到 45 美元/kW，2015 年前达到 30 美元/kW。

(2)使用清洁碳氢燃料的，不论是以内燃机为动力或以燃料电池为动力的清洁、高效车辆的研发目标为：

①内燃机动力系统的最高循环效率达到 45%，排放达到或低于最新排放标准的规定限额。成本目标 30 美元/kW。

②以氢燃料和经过改质产生的氢燃料的燃料电池系统的最高效率达到 45%，成本目标 2010 年前达到 45 美元/kW，2015 年前达到 30 美元/kW。

(3)混合动力汽车的电驱动系统，采用的动力电池系统的功率达到 300 W，在 18s 内放电功率达到 30 kW，寿命达到 15 年。

(4)为了向氢能源过渡，要求扩大氢能源的供应，以保证燃料电池车辆功能特性的目标如下：

①开发各种可再生或不可再生的氢能源，建立符合商业化法规和标准的氢能源供应系统工程，成本为氢能源转换为当量汽油的价格，应与汽油价格相当。

②氢储存系统按质量计算，比能量达到 2000 W·h/kg，能量密度 1100 W·h/L，成本为 5 美元/kW。

③以氢气为燃料的氢发动机的动力系统最高循环效率达到 45%，排放量达到或低于排放标准的规定，成本目标 2010 年前达到 45 美元/kW，2015 年前达到 30 美元/kW。

(5)车辆轻量化和新材料的开发目标为：

①研发可满足大批量车辆生产的轻型材料和制造技术，可以使车辆的结构系统质量减轻 50%，价格可以为广大用户所承受。

②回收和提高可再生材料和可循环使用材料的使用率。

通用汽车公司按“自由汽车开发计划”的目标，研究和开发了三代系列、全领域的新能源汽车，其代表车型为：通用欧宝赛飞利 1.6L CNG 发动机汽车，其燃料成本比汽油机降低50%，比柴油机降低30%，排放的有害气体也大幅度地降低；通用萨博95、2.0 L 生物能源动力汽车，以乙醇为燃料，乙醇的辛烷值高，特别适用于涡轮增压发动机，排放低于标准规定的限值。

③改进后的氢动3号燃料电池汽车，采用200个单元燃料电池串联的燃料电池发动机，最大功率达到60kW，最大转矩达到215 N · m，最高车速160 km/h，0 ~ 100 km/h 的加速时间16 s。

④土星 Vue Green Line 混合动力 SUV，采用最新的电子控制系统和发电装置，燃油经济性比普通汽油车提高了20%。

1.2.3 欧洲节能、减排、环保汽车的发展规划

在欧洲有由“欧盟”提出的能源和电动汽车的研究计划，同时还有各个国家本国的能源和电动汽车的研究计划，“欧盟”提出的能源和电动汽车的研究计划主要有：

(1)FP 系列计划。

由欧洲共同体提出的 FP(framework programme)系列计划中，1998—2002年的 FP5 计划中的“能源、环境可持续发展”子项目，对燃料电池及其相关技术进行了广泛的研究。在2002—2006年的FP6计划中，继续对能源、环境的可持续发展进行了更深入的研究。

(2)“欧盟”燃料电池研究发展示范 R&DD。

在“欧盟”燃料电池研究发展示范 R&DD(research development and design)计划中，关于燃料电池方面的目标有：①0.1 ~ 50 MW 的电力生产的燃料电池；5 kW 到几千瓦的商用燃料电池；1 ~ 5 kW 的小型燃料电池；②各种运输车辆和船舶用燃料电池；③各种便携式燃料电池和偏远地区特殊设备的燃料电池。

(3)欧洲燃料电池大客车示范计划。

欧洲燃料电池大客车示范计划围绕欧洲清洁城市运输 CUTE(clean Urban transport for Europe)和欧洲生态城市运输系统 ECTS(ecological city transport system)两大项目来展开。采用奔驰汽车公司 EVOBUS 子公司生产的 Citaro 牌、低地板客车和 Nebus 客车等作为示范运行客车，分别在不同气候环境、不同使用条件的8个国家中的10个城市进行示范运营，并由各个国家根据本国条件，利用本国资源和不同方法生产的氢气，为示范客车提供燃料。为推广燃料电池大客车和氢能源的可持续发展，提供燃料电池客车商业化生产的参考依据。

(4)欧洲电动汽车城市运输系统

欧洲电动汽车城市运输系统(electric vehicle city distributing systems)，是以法国雪铁龙 Berlingos 牌电动汽车为基本车型建立的市区运输系统，进行货物、包裹、邮件等的集散、运输等工作，以改善城市的环境和物流管理。该系统已在6个大城市之间运行，推广电动汽车在物流领域的应用和对电动汽车的运用及性能做出评估。

在法国、德国、英国、荷兰和比利时等国家，各种用于送报刊、邮件、牛奶、啤酒等的小型电动车辆应用较普遍，宝马汽车公司还研究和开发了氢燃料发动机汽车等清洁车辆。

2002年10月，欧盟成立氢能和燃料电池技术高层小组，开展欧洲氢能远景研究。2003

年提出《氢能和燃料电池技术——我们未来的远景》的报告，2004年欧洲 Hynet 联合研究组提出《迈向欧洲氢能源路线图报告》，2005年欧盟提出《欧洲氢能发展战略展望》并计划在2007—2015年投入74亿欧元用于氢能和燃料电池技术研究和实施。

(5)其他政策措施。

2008年金融危机以后，欧盟制定了一项发展“环保型经济”的中期规划，计划在2009年至2013年的五年间筹措1050亿欧元，全力打造具有国际水平和全球竞争力的“绿色产业”，并以此作为欧盟产业调整及刺激经济复苏的重要支撑点，实现促进就业和经济增长的两大目标，为欧盟在环保经济领域长期保持世界领先地位奠定基础。

2010年英国财政部提交的年度预算案中提出了“绿色产业振兴计划”，计划通过发展和普及电动车，在未来5年内为英国人提供40万个绿色就业机会。英国政府还出台了绿色商务车采购方案，推动低排放汽车在公共部门示范使用；还考虑对购买清洁能源车的车主给予2000英镑的补贴。除汽车产业外，英国还将允许建造更多风力农场，以实现在2020年再生能源占能源总产量15%的目标。

1.2.4 日本节能、减排、环保汽车的发展规划

日本由于本国石油资源匮乏，几乎全部依靠进口，因此早在20世纪70年代就注意对电动汽车的研究和开发，组织了各大汽车公司先后研发了多种纯电动汽车 EV、燃料电池汽车 FCEV 和混合动力汽车 HEV。其混合动力汽车在世界上处于领先地位，特别是丰田汽车公司在 Pruis－HEV 的研发方面已经进入了商业化规模生产，累计生产量达20万辆，我国一汽集团公司于2005年引进了 Pruis－HEV 的生产技术。

一、氢燃料电池示范工程

2000—2005年，由日本经济产业省负责实施的氢燃料电池示范工程(Japan hydrogen & fuel cell demonstration project)，包括“燃料电池车辆的示范研究”和“燃料电池用氢供给设施示范研究”两大并行工程，将燃料电池电动车辆的研发与氢能源应用系统工程同步开发。

(1)“燃料电池车辆的示范研究”，由八大汽车公司提供燃料电池电动汽车和燃料电池电动客车等，对各种电动车辆的动力性、可靠性、环境性、经济性和氢燃料的供应体系等进行技术试验和评估，并为量产化建立技术平台。

(2)“燃料电池用氢供给设施示范研究”工程，则是对氢燃料的制取、储藏、运输、罐装和安全等系统工程进行研究，研究了用多种原料来制取氢燃料的方法，建立了9个高压氢气站，为燃料电池用氢燃料的系统工程的推广提供经验。

二、专项研究计划

2002—2006年，针对燃料电池电动车辆开发，专项研究计划主要内容有：①质子交换膜燃料电池发动机的研究和开发；②燃料电池发动机系统装备的研究与开发；③燃料电池电动车辆用锂离子蓄电池的研究与开发，提供高性能的锂离子蓄电池；④氢燃料系统工程的研究与开发，氢燃料面向社会的综合利用；⑤氢燃料利用的安全性研究；⑥车用、家用、电器等用质子交换膜燃料电池的研究和开发等。

三、提出新的国家能源战略

2006 年，日本提出了新的国家能源战略，目标是到 2030 年交通领域对石油的依赖从 100% 降到 80%，为了配合这个新能源战略的实施，提出了下一代汽车燃料计划，明确提出改善和提高汽车燃油经济性标准，推进生物质燃料的应用，促进电动汽车和燃料电池汽车的应用等。

四、提出"引领世界二氧化碳低排放革命"的口号

2009 年，日本提出"引领世界二氧化碳低排放革命"的口号。将大力发展电动汽车作为低碳革命的重要内容，并且计划到 2020 年普及以电动汽车为主体的下一代汽车。目前，日本正全面发展三类电动汽车，其混合动力全球销量第一；在纯电驱动方面，规划和产业化推进步伐也是最快的；另外，日本燃料电池产品的研发和产业化推进也优于其他国家。

第 2 章　电动汽车的总体技术

2.1　电动汽车的总体构造组成

不同类型、不同配置的电动汽车，其结构组成并不相同，但是作为载运工具都具有大致相同的功能系统。

2.1.1　电动汽车的一般组成

从系统功能的角度而言，电动汽车一般由动力机械、动力传动及耦合系统、能量转换调节装置、储能系统、行驶系统、转向系统、制动系统、车身和电气附件系统组成。

动力机械产生汽车行驶需要的驱动功率，一般为驱动电机，对混合动力电动汽车而言，还包括内燃机。

动力传动及耦合系统将来自动力机械的功率经过转速和转矩调节，或者对多个动力机械的功率进行组合，输出适当的转矩和转速以满足车辆行驶的需要，如变速器、减速器、离合器、行星齿轮机构、传动轴和差速器等。

能量转换调节装置将化学能、电能、机械能等来自储能系统的能量转换成电能并进行适当调节，满足驱动电机和其他用电设备的需要，典型的有燃料电池、发电机组、DC/DC 变换器和车载充电器等。

储能系统的功能是储存汽车行驶需要的能量，包括电能储存装置(如动力电池)、燃料储存装置(如储氢装置、燃油箱)和其他储能装置(如飞轮储能、气体储能、液压储能等)。

行驶系统的功能是产生汽车行驶的驱动力，衰减振动，与其他系统配合保持汽车行驶的稳定性，一般包括车架、车桥、悬架等部分。

转向系统的功能是按照驾驶的意图改变汽车的行驶方向，电动汽车在转向助力方式上一般采用电动助力转向系统。

制动系统的功能是使行驶中的汽车减速甚至停车，使下长坡的汽车保持速度的稳定，使停止的汽车保持不动。

车身的功能是给驾驶者提供良好的操作条件，给乘客提供舒适的乘坐条件，抵御振动、噪声、废气、恶劣气候以及碰撞等的影响，保证运载货物的完好和便于装卸。

电气附件系统的功能是提供电动汽车低压电器系统的供电与控制，如仪表、灯光、娱乐设施、通信、空调系统等。

电动汽车与传统燃油汽车主要的区别在于动力系统和储能系统的不同。图 2 - 1 ~ 图 2 - 3 是三种典型的电动汽车的动力系统结构组成。

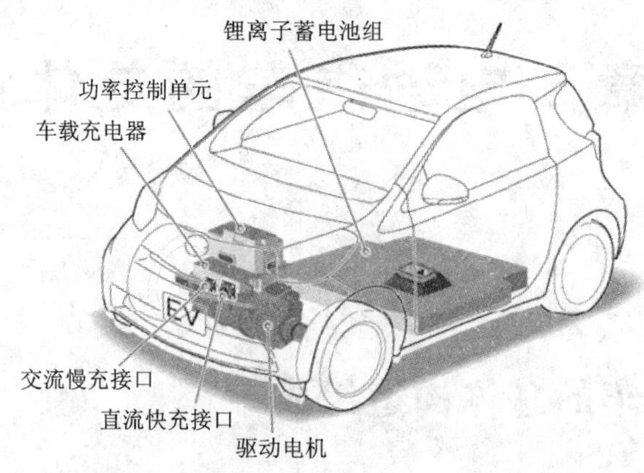

图 2 - 1　纯电动汽车动力系统的结构组成

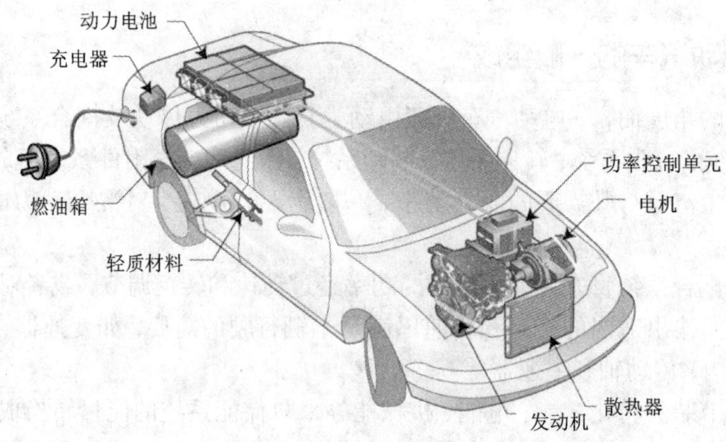

图 2 - 2　插电式混合动力汽车动力系统的结构组成

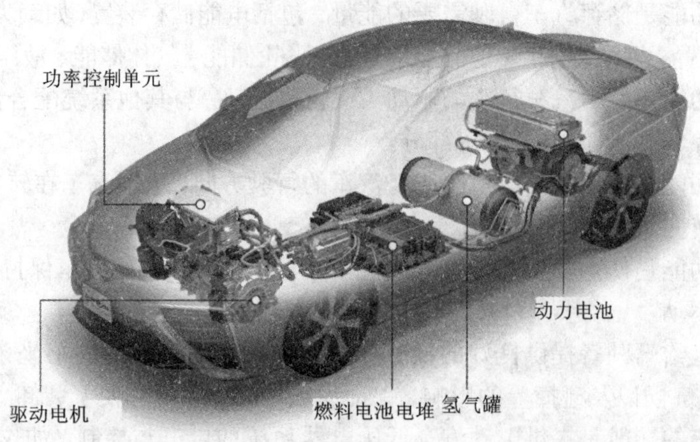

图 2 - 3　燃料电池汽车的动力与能源系统的组成

2.1.2　电动汽车与内燃机汽车的比较

由于所采用的能量源的不同，电动汽车与内燃机汽车在动力机械、能量转换调节装置、储能系统、动力传动及耦合系统等结构组成方面有着巨大的差异。不仅如此，两者在能量来源、能量转换方式、动力性能、经济性能、排放性能和续驶里程等方面均存在很大差异。

一、能量来源不同

电动汽车使用的是电能，而普通汽车使用的是常见的汽油或柴油。电动汽车采用电机将电能转变成机械能驱动汽车，传统的内燃机汽车采用内燃机将燃料的化学能转变成热能再转变成机械能。能量来源的不同导致了电动汽车与内燃机汽车在结构、性能上的很大差异。

二、动力系统不同

电动汽车与传统汽车的区别主要体现在动力系统上。为了克服传统内燃机对石油严重依赖、污染排放高、系统能量转换效率低、动力输出特性不理想等缺陷，电动汽车采用电机驱动，从而引起汽车动力系统在能量储运方式、传动装置、能量更新方式、能量流动方向等方面的差异。具体参见表2－1。

表2－1　传统汽车动力系统与电动汽车动力系统的比较

比较项	内燃机汽车	插电式混合动力汽车	纯电动汽车	燃料电池汽车
能量储运方式	燃油箱储存汽油或柴油	油箱和蓄电池	蓄电池	储氢装置
驱动装置	内燃机	内燃机＋电动机	电动机	电动机
传动装置	多挡位变速器、速比变化大	多挡位变速器或动力耦合装置	固定速比减速器或少挡位变速器	固定速比减速器或少挡位变速器
能量更新方式	加油	加油和充电	充电	加氢
能量流动方向	油箱到车轮单向	油箱到车轮单向、蓄电池到车轮和车轮到蓄电池双向	蓄电池到车轮和车轮到蓄电池双向	储氢装置到车轮单向、蓄电池到车轮和车轮到蓄电池双向

三、性能不同

传统内燃机驱动汽车与电动汽车在动力性、经济性、环保性能、续驶里程以及能量注入方式上都有不同，具体参见表2－2。

表 2－2 传统内燃机汽车与电动汽车的性能比较

比较项	内燃机汽车	插电式混合动力汽车	纯电动汽车	燃料电池汽车
驱动机械能量效率	效率由内燃机决定，效率低	效率由内燃机配合决定，较高	效率由电动机决定，效率高	效率由电机决定，效率高
驱动机械转矩特性	发动机转矩特性差，需要用复杂的变速器进行调节	发动机和电机配合，输出转矩特性好，但是需要变速和动力耦合机构配合	电机转矩特性好，传动装置可以较内燃机汽车大大简化	电机转矩特性好，传动装置可以较内燃机汽车大大简化
同等驱动功率下的整车动力性	较差	好	好	好
同等动力性下的整车经济性	差	较好	好	好
同等驱动能力下的续驶里程	长	长	短	较短
能量更新速度	快	较快	慢	快
排放性能	差	较好	好	好

2.2 电动汽车的关键技术

电动汽车技术涉及很多方面，包括电池系统技术、电机系统技术、整车的轻量化和智能化技术以及汽车的安全关键技术。

2.2.1 动力电池的关键技术

电池技术是当前电动汽车发展的关键技术，也是阻碍电动汽车发展的瓶颈。电动汽车用蓄电池要求比能量高，比功率大，充电技术成熟、时间短，连续放电率高、自放电率低，使用寿命长、免维护，适应车辆运行环境。但目前的蓄电池能量密度低，蓄电池组过重，续驶里程短，价格高，循环寿命有限。

一、电池单体技术

电池单体技术的目标是制造出高比能量、高比功率、高效率、长寿命、安全的电池单体，要全面满足这些要求非常困难，目前各种电池单体的性能比较如表 2－3 所示。

表 2-3　各种单体电池的性能比较表

性能	铅酸蓄电池	镍氢蓄电池	锂离子蓄电池	锂聚合物蓄电池	超级电容
比能量(W·h/kg)	较低	一般	较高	高	低
比功率(kW/kg)	低	一般	较高	较低	高
工作温度	较低	一般	较高	一般	高
安全性	好	好	差	一般	一般
循环寿命	短	一般	较长	较短	长
再循环能力	好	一般	差	一般	较好
单位功率价格	较低	较高	一般	高	低
单位能量价格	低	较高	一般	较低	高

目前电池单体的技术关键是发现或者设计出新型电池正负极材料，以及相应的电解液。

二、成组应用及电池管理技术

电动汽车要获得非常好的动力特性，必须具有比能量高、使用寿命长、比功率大的蓄电池作为动力源，而要使电动汽车具有良好的工作性能，就必须对蓄电池进行系统管理，电池管理系统包括以下关键技术。

(1)电池状态估计。电池状态估计从荷电状态(state of charge，SOC)估计，发展到功能状态(state of function，SOF)估计、能量状态(state of energy，SOE)估计和健康状态(state of health，SOH)估计。电池的性能评估是基于对其最大充放电功率/电流、电池的健康状态等的估计来实现的。

(2)电池的均衡。随着电池个数的增加，对电池组的维护工作量和其他问题更加突出。不均衡变成电动汽车开发的障碍，均衡功能变成电池管理系统(battery management system，BMS)的标准配置，其目标是保持电池电压的一致性。均衡电流从数十毫安培到几安培不等。均衡包括主动均衡和被动均衡。

(3)电池高压安全管理。这是电池系统的基本要求，电池管理系统不仅要有功率控制和系统诊断功能以防止电池在使用过程中出现过放电、过充电、过热、过流现象，而且要通过电压互锁、碰撞传感器和绝缘监测等来保证高压用电安全。

(4)电池组的热管理。电池组热管理系统是用来确保电池组工作在适宜温度范围的整套系统，包括电池箱、传热介质、监测设备等部件。电池组热管理系统有如下 5 项主要功能：①对电池温度进行准确测量和监控；②电池组温度过高时有效散热和通风；③低温条件下的快速加热，使电池组能够正常工作；④有害气体产生时有效通风；⑤保证电池组温度场的均匀分布。

2.2.2　电力驱动及其关键技术

电动机与驱动系统是电动汽车的关键部件。要使电动汽车有良好的使用性能，驱动电机应具有调速范围宽、转速高、启动转矩大、体积小、质量轻、效率高且有动态制动强和能量回馈等特性。

电机是电驱动系统的执行部件，对其设计要求如下：

(1)高电压平台。在车辆允许范围内，采用高电压平台设计，可减小电机尺寸和导线截面积，同时在一定程度上降低电机控制器的成本。

(2)轻量化设计。电机应尽量采用铝外壳，以降低电动机重量，还要对电机控制器和冷却系统做轻量化设计。

(3)较大启动转矩和较宽调速范围。大的启动转矩可以保证车辆获得良好的加速性能和爬坡性能，宽调速范围可以满足车辆在启动、加速、行驶、减速、制动过程中所需的不同功率和转矩。

(4)高效率。电机系统在70%以上工况区域具有高的能量转换效率，在电动和发电两种工作模式下都有高的效率，车辆应具备制动能量回收功能。

(5)高压电气系统和控制系统安全性能符合国家标准和汽车设计规范，具备高压保护功能。

(6)高可靠性。由于车载工况复杂，环境恶劣，要求电机耐温耐腐蚀性强，能够在恶劣环境下长时间稳定工作，工艺合理，适合大批量生产，维护方便。

表2-4是各种常见电机的性能比较，可以看出永磁电机具有最好的综合性能，其次是感应电机，所以目前有轿车等轻型车辆使用永磁电机、重型车辆使用感应电机的趋势。

表2-4　各类电机性能比较

指标	直流电机	感应电机	永磁电机	开关磁阻电机
功率密度	低	中	高	较高
过载能力/%	100~200	300~500	300	300~500
峰值效率/%	85~88	93~95	95~96	88~90
负荷效率/%	80~85	90~93	85~96	80~87
功率系数/%	—	82~86	90~92	65~68
恒功率区	—	1:5	1:2.25	1:3
转速范围/($r \cdot min^{-1}$)	4000~6000	12000~20000	4000~12000	>15000
可靠性	一般	好	较好	好
结构坚固性	差	好	一般	较好
外形尺寸	大	中	较小	小
质量	重	中	较轻	轻
控制操作性	最好	好	好	较好
控制器成本	低	高	高	一般

电机驱动及控制系统趋于智能化和数字化。变结构控制、模糊控制、神经网络、自适应控制、专家控制、遗传算法等非线性智能控制技术，都将被各自或综合应用于电动汽车的电动机控制系统。对其设计要求如下：

(1)以转矩为控制目标，加速踏板的开度是转矩给定的目标值，要求控制器的转矩响应迅速、准确。

(2)纯电动汽车要求电机控制系统有较宽的调速范围。

(3)为保证加速和爬坡性能，要求控制器在低转速时转矩输出较大和过载能力强，为满足车辆最高车速要求，额定功率要满足车辆以最高车速行驶所需功率。

(4)要求控制系统效率高，电磁兼容性满足法规要求，易于维护。

(5)要求控制系统可靠性高，抗冲击能力强，耐腐蚀性强，生产工艺简单，适合批量生产。

2.2.3　电动汽车的整车技术

一、整车控制技术

电动汽车整车控制器是整车控制系统的核心，主要包括车辆行驶控制、整车能量管理、整车通信网络及再生制动能量回收几个组成部分。

(1)车辆行驶控制。主要是根据驾驶员的踏板信息，解释驾驶员的驾驶需求，对驱动电机或发动机的转矩进行调节，同时也根据车辆的行驶状态对动力系统输出转矩进行调节，维持车辆行驶的稳定性，提高驱动效率。也可以进行定速巡航、坡道辅助等控制。

(2)整车能量管理。目的是控制能量在电力储存装置(蓄电池、超级电容等)、发电设备、电动机之间，包括电力电子转换器件、控制系统及各种辅助设备中流动，在满足安全性及驾驶需求的前提下，使其具有最高的效率水平。

对于纯电动汽车，能量管理系统的作用是检测单个电池或电池组的荷电状态，并根据各种传感信息，包括力、加减速命令、行驶路况、蓄电池工况、环境温度等，合理地调配和使用有限的车载能量；它还能够根据电池组的使用情况和充放电历史选择最佳充电方式，以尽可能延长电池的寿命。电池当前存有多少电能，还能行驶多少千米，需要根据所采集的每块电池的电压、温度和充放电电流的历史数据来估算电池还剩余多少能量。

混合动力电动汽车的整车控制策略包括用于串联系统的恒温器策略和功率跟踪式策略、用于并联和混联系统的静态逻辑门限策略、瞬时优化能量管理、全局最优能量管理、动态规划管理、模糊能量管理等，通过电流约束、速度约束、SOC约束或者功率约束的方式实现能量流的控制。控制策略实现起来需要综合考虑硬件、软件的合理匹配及开发。同时，电动汽车行驶工况复杂，影响因素多，探索采用多种控制策略对整车能量进行优化控制将会是一个不错的选择。

(3)整车通信网络作为电动汽车控制命令的传递者，在汽车运行过程中，需要保持同多个控制单元的通信，如电池管理系统、车身控制系统等。信号类型的复杂性及信号传递的实时性使得整车通信技术更加复杂。目前，基于分布式控制系统结构的CAN总线通信技术被广泛运用，主要由车身系统的低速总线与驱动系统的高速CAN总线组成。高速CAN总线的每个节点为各个子系统的ECU，低速总线按物理位置设置节点。实现整车网络化控制，将为整车通信和资源共享创造有利条件，也将为今后的电子线控技术提供有力支撑。车载以太网和5G通信技术，将是电动汽车的未来通信技术，特别是5G通信技术，将为智能汽车驾驶提供可能。

(4)制动能量回收控制是指根据车辆的行驶工况、电池的状态信息、踏板信息进行再生制动转矩控制，在保证车辆安全的前提下尽可能多地回收制动能量。

二、整车轻量化技术

整车轻量化技术一直是电动汽车研究的重点，纯电动汽车由于加装了动力电池组，轻量化问题更加突出，目前广泛采用的电结构优化是基于 CAE 技术的进步，以此得到大力发展并成为轻量化的首选方案。发展至今经历了尺寸优化→形状优化→拓扑优化→多学科优化的逐步转变，重点基于结构强度、刚度、振动、吸能、质量等诸多结构因素，达到实现结构轻量化的目标。除了结构优化设计之外，轻量化材料也是汽车轻量化的研究方向之一。选用轻量化材料（高强度钢、铝/镁/钛合金、增强塑料及复合材料）替代传统材料（普通钢等）运用在汽车车身、底盘、悬挂和转向零件上已经取得了良好的效果。另外，泡沫铝、编织复合材料等性能优越的新型吸能材料也被广泛运用于碰撞安全部件中。大量新型材料的运用，也使得与之相匹配的制造工艺得到了应用，如高强度钢板的热冲压成形工艺、液压成形工艺、结构连接的胶接和胶焊工艺等，显著减轻了零部件的质量。

对电动汽车进行轻量化设计，可从以下四个方面着手：

(1)对电池电压、容量，电机功率、转矩，整车性能等参数，综合考虑多学科、多目标交叉影响，进行整体匹配及优化；

(2)通过结构优化、集成化优化方法，对车载能源系统和动力驱动系统进行优化；

(3)大量采用轻质材料，如电池框、轮辋、油箱、贮气筒等采用轻质合金。

(4)利用 CAE 技术对车身承载结构件进行分析研究，设计合理的车身结构。

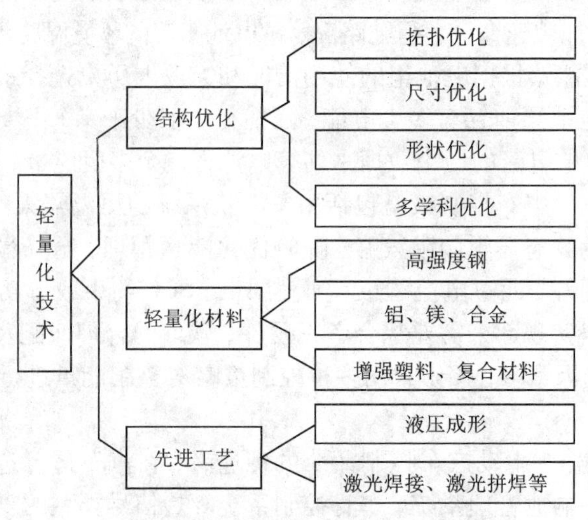

图 2-4 电动汽车轻量化技术方案

三、整车智能化技术

从汽车未来的发展趋势来看，汽车智能化无疑是一个重要的发展方向，它是指汽车通过智能化技术进步并与车辆整合，可以实现智能辅助驾驶、自动驾驶、车联网、人工智能等功能。车辆搭载的各种智能辅助设备，可以让车辆驾驶以及乘坐变得安全、便捷以及更具娱乐性。同时通过车联网技术、自动驾驶技术可以使汽车预测到路面的交通状况以及道路特点，达到更高的行驶效率，节省更多的能量。

2.2.4　电动汽车安全关键技术

一、电气安全

(1)通过电池热管理系统对动力电池组单体的温度进行控制，使电池组始终在安全的温度范围内工作，预测电池的热失控趋势，及时地预防危险的发生。

(2)电池箱体内除了合理布置单体电池外，还需设计安装能够切断高压回路的安全部件，当车辆发生故障时，能及时断开高压电输出。

(3)电池箱内安装绝缘电阻检测系统，对纯电动汽车上与高压母线相连的各个部件绝缘阻值进行检测。

(4)为高电压、大电流的功率部件设计软启动电路，保证其安全性。

二、行驶安全

汽车安全设计要从整体上来考虑，不仅要在事故发生时尽量减少乘员受伤的概率，而且更重要的是要在轻松和舒适的驾驶条件下帮助驾驶员避免事故的发生。现代汽车的安全系统包括主动安全系统和被动安全系统两方面，是保证汽车乘员安全的重要保障。被动安全系统包括安全带、安全气囊、保险杠、抗撞击车身结构和灭火系统系统等，图 2－5 所示为常见的轿车上的被动安全系统。除了以上被动安全系统，汽车上还有大量主动安全系统，例如制动防抱死、车辆电子稳定程序、汽车避撞系统、盲点探测器、自动转向大灯、车道偏离预警、自适应循环、换道辅助、疲劳驾驶提醒、轮胎压力监测警告系统、发动机火警预报系统、汽车间信息传输系统、道路交通信息引导系统、紧急呼叫(SOS)停车系统等，直至将来的完全自动驾驶以及汽车的网联化，实现人车路全面协调控制，提高驾驶的安全性。主动安全系统使汽车能够主动采取措施，避免事故的发生，图 2－6 为常见的轿车主动安全系统举例。

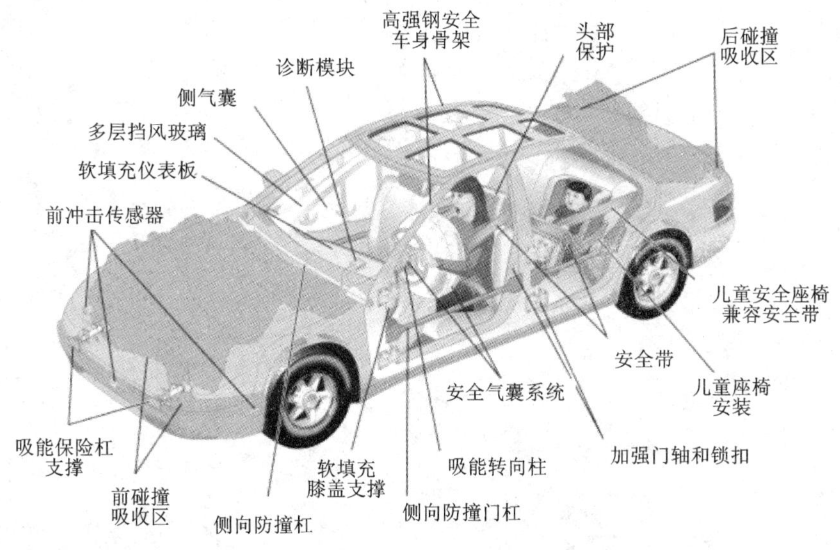

图 2－5　轿车上的被动安全系统

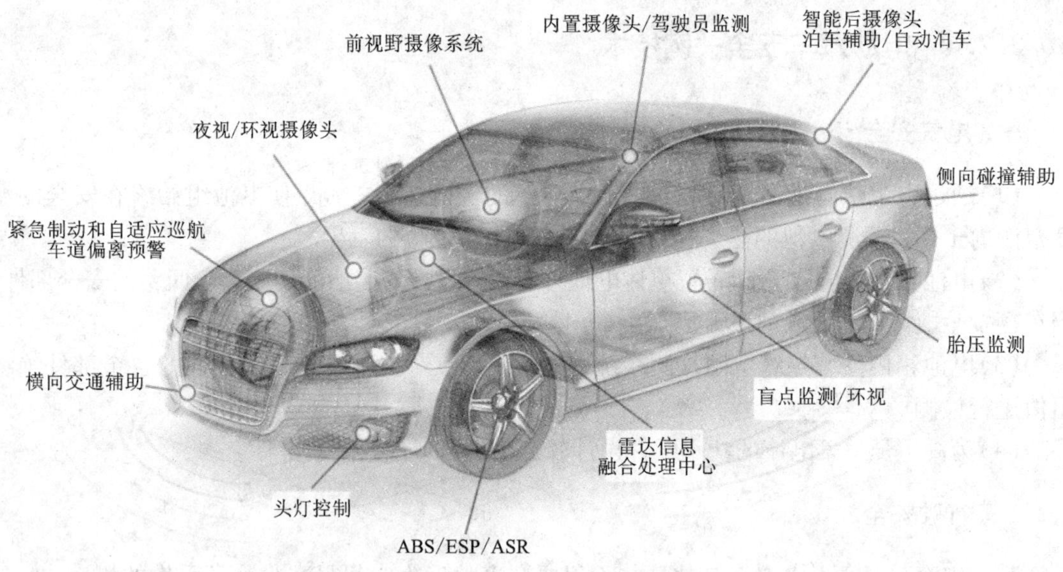

图 2-6　轿车上的主动安全系统

思考题

1. 电动汽车动力系统一般包括哪几个部分？
2. 电动汽车与传统内燃机汽车在系统组成上有哪些不同？在性能上有哪些不同？
3. 电动汽车动力电池关键技术一般包括哪些方面？
4. 电动汽车驱动系统关键技术包含哪些方面？
5. 电动汽车轻量化技术对性能有何影响？包括哪些方面？
6. 电动汽车与传统内燃机汽车相比，在安全性能方面要考虑哪些问题？

第 3 章　电动汽车车载储能装置

车载储能装置是电动汽车的关键部件，其质量、体积以及储存的电能，对电动汽车性能起决定性影响，也是发展电动汽车的主要研究和开发对象。本章介绍动力蓄电池（铅酸蓄电池、镍氢蓄电池、锂离子蓄电池）、超级电容和飞轮电池。

3.1　车载储能装置概述

3.1.1　车载储能装置定义和分类

车载储能装置是电动汽车上安装的能够存储电能的装置，包括所有动力蓄电池、超级电容和飞轮电池等或其组合。

按照国标 GB/T 19596—2004《电动汽车术语》的规定，动力蓄电池是为电动汽车动力系统提供能量的蓄电池。动力蓄电池即为车辆提供动力来源的电源。另外，将车上为辅助系统供电的蓄电池称为辅助蓄电池。

目前应用于电动汽车的动力蓄电池主要有铅酸蓄电池、镍氢蓄电池和锂离子蓄电池等几种，各种动力蓄电池各有优缺点。其中，铅酸蓄电池是以二氧化铅为正极活性物质，以海绵状负极活性物质，以硫酸溶液为电解液的蓄电池。镍氢蓄电池是以镍氧化物为正极，以可吸收释放氢的储氢合金为负极，以氢氧化钾为电解液的蓄电池；锂离子蓄电池是以钴酸锂、锰酸锂或镍酸锂等锂的化合物为正极，以可嵌入锂离子的碳材料为负极，使用有机电解液的蓄电池。

超级电容是电能与电位能转换的电池。飞轮电池是电能与机械能转换的电池。这两种储能器在理论上都具有很大的转换能力，而且充电和放电方便迅速，但尚处于研制阶段。

3.1.2　动力蓄电池的一般原理和组成

一、动力蓄电池的一般工作原理

动力蓄电池是一个能量储存与转换的装置。放电时，动力蓄电池将化学能转变为电能；充电时则将电能转化成为化学能储存起来。

动力蓄电池中的正负极是由不同的材料制成的，插入同一电解液中，正负极将建立自己的电极电势。此时，动力蓄电池中的电势分布如图 3－1 中的折线 *ABCB* 所示。正负极平衡电极电势的差就是蓄电池的电动势 E。

当动力蓄电池接上负载时，正极物质得到电子发生还原反应，产生阴极极化使正极电势下降；负极物质失去电子发生氧化反应，产生阳极极化使负极电势上升。外线路有电子流动，外电路电流方向由正极流向负极。电解液中靠离子的移动传递电荷，电流方向由负极流向正极，蓄电池工作时，电势的分布如图 3－1 中的折线 $A'B'C'D'$所示。

动力蓄电池进行充电时，情况与放电时相反，正极上进行氧化反应，负极上进行还原反应，溶液中离子的迁移方向与放电时相反，充电电压高于电动势，电势的分布如图 3－1 中的折线 $A''B''C''D''$所示。

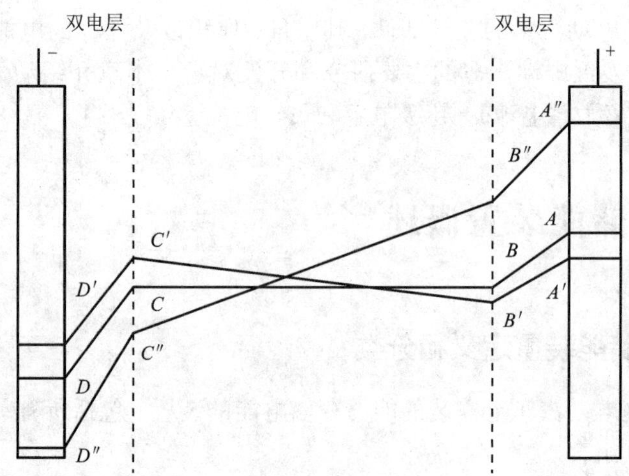

图 3－1　动力蓄电池的工作原理

二、动力蓄电池的组成

一般地说，一个单体动力电池包括电极、电解质、隔离物、外壳等基本组成部分。

电极是电池的核心部件，电极是由活性物质和导电骨架组成的，按照活性物质的不同电极区分为正极和负极。

蓄电池工作时电极上进行的产生电能的电化学反应称为成流反应，参加充/放电化学反应的物质称为活性物质。活性物质是指电池放电时，通过化学反应能产生电能的电极材料，活性物质决定了电池的基本特性。活性物质多为固体，但是也有液体和气体。

对活性物质的基本要求是：电化学活性高，即自发进行反应的能力强；电化学活性与活性物质的结构、组成有很大关系；正极活性物质的电极电势尽可能正，负极活性物质的电极电势尽可能负，组成电池的电动势就高；重量比容量和体积比容量大；在电解液中的化学稳定性好；其自溶速度应尽可能小；具有高的电子导电性；资源丰富，价格便宜；环境友好。

要完全满足以上要求是很难做到的，必须要综合考虑。目前，广泛使用的正极活性物质大多是金属的氧化物，例如二氧化铅、二氧化锰、氧化镍等，还可以用空气中的氧气。而负极活性物质多数是一些较活泼的金属，如锌、铅、镉、铁、锂、钠等。

导电骨架起到支撑活性物质的作用并能把活性物质与外线路接通，使电流分布均匀。对导电骨架的要求为机械强度好、化学稳定性好、电阻率低、易于加工。

电解质保证正负极间的离子导电作用，有的电解质还参与成流反应。对电解质的要求为：化学稳定性好，在储存期间电解质与活性物质界面不发生速度可观的电化学反应，从而减小电池的自放电；电导率高，电池工作时溶液的欧姆电压降较小。

不同的电池采用的电解质是不同的，一般选用导电能力强的酸、碱、盐的水溶液，在新型电源和特种电源中，还有采用有机溶剂电解质、熔融盐电解质、固体电解质等的。

除电极、电解液外，动力蓄电池部件和相关设备及其作用如下：

蓄电池壳——容纳极板、电解质的容器。

液孔塞——装在蓄电池盖上的有孔塞，它具有排气、防沫结构和防爆功能。

安全阀——防止蓄电池内部压力过高导致蓄电池破裂，并能防止外面的空气进入蓄电池的部件。

端子(极柱)——与外部回路电连接的部分。

排气装置——将充电时因电解产生的气体收集起来，并将其排出蓄电池外的装置。

端子盖——为防止端子(极柱)间发生短路的盖。

3.1.3 电动汽车对动力蓄电池的要求

为使电动汽车具有良好的使用特性，按照国际“电动汽车动力蓄电池系统通用要求”，对动力蓄电池的基本要求如下：

①系统应能安全充电和放电，可靠地为电动汽车行驶提供能源保证。

②系统应有信息显示、信息传递和安全监视功能。

③在车辆出现安全异常时，司机应采用手动方式，两个不同的操作动作切断动力蓄电池系统对整车的供电线路。切断装置应置于驾驶员可操作范围内。

④系统应有抗干扰能力，应满足国标《电动车辆的电磁场辐射强度的限值和测量方法》(GB/T 18387)的要求。

⑤电池箱的安全标志和铭牌应组装在正面，人接触时应清楚可见，该位置应不易碰擦和损坏，安全标志应符合国标 GB/T 18384.1《电动汽车安全要求 第1部分：车载储能装置》的要求。

3.1.4 动力蓄电池的性能参数

动力蓄电池的能量密度、功率密度、充放电性能、成本、使用寿命、单体一致性和安全性等性能是影响电动汽车能否实现产业化的关键因素。

一、端电压和电动势

动力蓄电池的端电压是指动力电池正极和负极之间的电位差。

按照国标 GB/T 19596—2004《电动汽车术语》的规定，动力蓄电池相关的电压定义如下：

标称电压——用于鉴别蓄电池类型的适当的电压近似值。

开路电压——蓄电池在开路条件下的端电压。

单体蓄电池电压——单体蓄电池的开路电压。

平均电压——在规定的充放电过程中，用功率除以电流所得到的值，它不是某一段时间内的平均电压(除了在定电流情况下)。

负载电压——蓄电池接上负载后处于放电状态下的端电压。

动力蓄电池的电动势等于组成蓄电池的两个电极的平衡电极电位之差。实际蓄电池中两个电极并非处于热力学可逆状态，这时电极电位为稳定电极电位而非平衡电极电位，故蓄电池的开路电压理论上并不等于蓄电池的电动势，但一般来说，动力电池的开路电压和其电动势近似相等。

二、电流

按照国标 GB/T 19596—2004《电动汽车术语》的规定，放电时蓄电池里输出的电流称为放电电流，额定放电电流(rated discharge current)是额定容量除以规定时间所得到的电流。

充电时蓄电池里流过的电流称为充电电流，蓄电池在放电或充电时所允许的电流最大值称为最大允许电流。

三、动力蓄电池的容量

蓄电池的容量是指完全充电的蓄电池在规定条件下所释放的总电量，单位为 A·h。其中“完全充电”是指蓄电池内所有可利用的活性物质都已转变成完全荷电的状态。动力蓄电池的容量表示蓄电池对外供电的能力，有理论容量、额定容量和实际容量之分。

理论容量——假设活性物质完全被利用，蓄电池可释放的容量。理论容量是根据法拉第定律计算所能给出的电量。理论容量是电池容量的最大极限值，电池实际放出的容量只是理论容量的一部分。

额定容量——在规定条件下测得的，由制造商给定的蓄电池容量。额定容量也称标称容量，额定容量是制造厂标明的安时容量，是验收蓄电池质量的重要技术指标。

实际容量——充满电的蓄电池在一定条件下所能输出的电量，它等于放电电流和放电时间的乘积。蓄电池的实际容量除与其本身的结构和制造工艺有关外，主要受其放电制度的影响，放电制度包括放电速率、放电形式(恒流、变流或脉冲)、终止电压和温度等因素。

除此之外，有时亦使用 n 小时率容量和可用容量来衡量蓄电池的容量。n 小时率容量是指完全充电的蓄电池以 n 小时率放电电流放电，达到规定终止电压时所释放的电量。可用容量是在规定条件下，从完全充电的蓄电池中释放的电量。

蓄电池的荷电状态(SOC)定义为蓄电池放电后剩余容量与全荷电容量(额定容量)的百分比。SOC 也是电池放电率、工作环境温度和蓄电池老化程度的函数。

蓄电池的放电深度(DOD)表示蓄电池放电状态的参数，等于实际放电容量与额定容量的百分比。

四、动力蓄电池的能量

动力蓄电池的能量是指在按一定标准所规定的放电制度下，电池所输出的电能，单位为 W·h。标称能量是指蓄电池的额定容量与其额定电压的乘积。

总能量——蓄电池在其寿命周期内电能输出的总和，单位为 W·h。

充电能量——通过充电器输入蓄电池的电能，单位为 W·h。

放电能量——蓄电池放电时输出的电能，单位为 W·h。

五、能量密度和功率密度

通常用能量密度（又称比能量）作为衡量各种动力蓄电池性能的一项重要指标。能量密度是指从蓄电池的单位质量或单位体积所获取的电能，用W·h/kg，W·h/L来表示。其中，质量能量密度是指从蓄电池的单位质量所获取的电能，用W·h/kg表示；体积能量密度是指从蓄电池的单位体积所获取的电能，用W·h/L表示。

蓄电池的质量能量密度指标比体积能量密度指标更为重要，因为蓄电池质量能量密度影响电动汽车的整车质量和续驶里程，而体积能量密度只影响到蓄电池的布置空间。质量能量密度是评价电动汽车的能量源是否能满足预定的续驶里程的重要指标。

功率密度是指从蓄电池的单位质量或单位体积所获取的输出功率，用W/kg或W/L表示。其中，质量功率密度是指从蓄电池的单位质量所获取的输出功率，用W/kg表示；体积功率密度是指从蓄电池的单位体积所获取的输出功率，用W/L表示。功率密度是评价能量源能否满足电动汽车加速和爬坡性能要求的重要指标。

六、输出效率

蓄电池的输出效率通常用容量效率和能量效率来表示。

容量效率——蓄电池放电时输出的容量与充电时输入的容量之比。

能量效率——蓄电池放电时输出的能量与充电时输入的能量之比。

对电动汽车而言，能量效率是比容量效率更重要的一个评价指标。

七、循环使用寿命

蓄电池充电和放电一次为一个循环，按一定测试标准，当电池容量降到某一规定值（一般规定为额定值的80%）以前，电池经历的充放电循环总次数称为蓄电池的循环使用寿命。循环使用寿命是评价动力电池寿命性能的一项重要指标。

八、电池的一致性

电池的一致性是指对于同一类型、同一规格、同一型号电池之间在电压、内阻、容量等参数方面存在的差别。

电动汽车的动力电池是成组使用的，一致性是评价电池组性能的关键指标之一。影响动力电池一致性的因素主要有单体电池的设计和制造水平、用户的使用方式等。

九、抗滥用能力

动力蓄电池对短路、过充电、过放电、机械振动、撞击、挤压以及遭受高温和着火等非正常使用情况的容忍程度称为电池的抗滥用能力。

3.1.5　动力蓄电池系统电池箱的型号和安装定位

按照行业标准《电动汽车用动力蓄电池系统通用要求》（QC/T 1023—2015）规定，动力蓄电池系统电池箱的型号所代表的意义如图3-2所示。

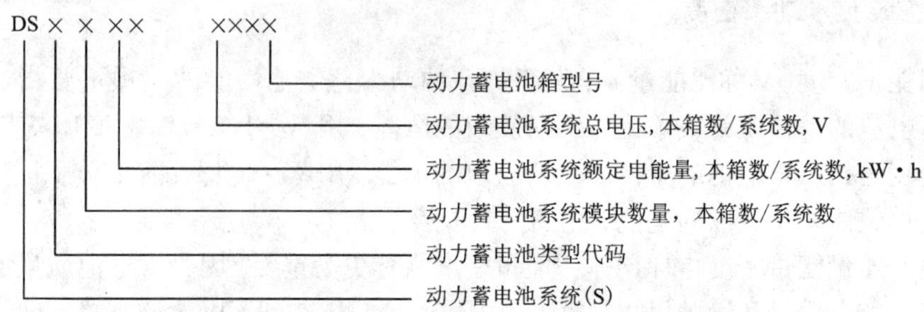

图 3-2　动力蓄电池系统电池箱的型号规定

表 3-1　动力蓄电池类型代码表

电池类型	铅酸蓄电池	镍氢蓄电池	镍镉蓄电池	锌空气蓄电池	钴酸锂蓄电池	锰酸锂蓄电池	磷酸铁锂蓄电池	三元材料蓄锂电池	钒酸锂蓄电池
代码符号	Pd	MH	Cd	Zn	Co	Mn	Fe	CM	V

动力蓄电池在车上的安装位置如图 3-3 所示，电池箱一般以定位销定位，与框架型车身骨架相连。

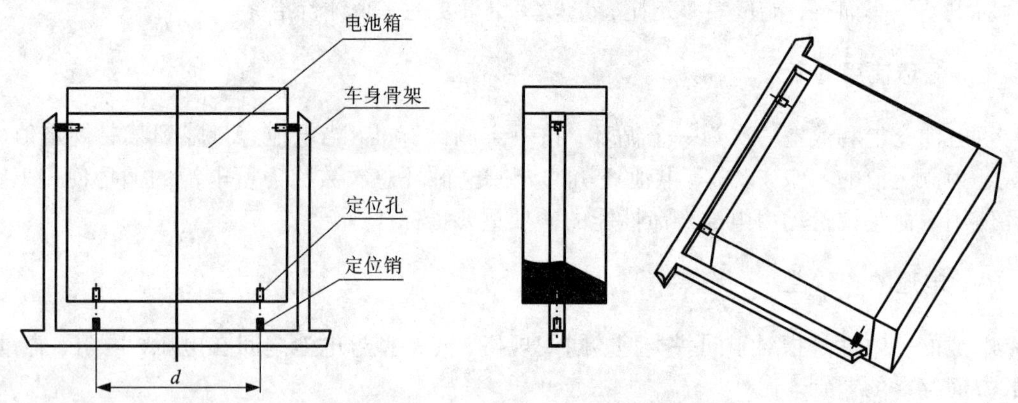

图 3-3　动力蓄电池在车上的安装位置

3.2　铅酸蓄电池

铅酸蓄电池自 1859 年发明以来，其使用和发展已有 150 余年的历史，被广泛用作内燃机汽车的启动动力源。铅酸蓄电池作为纯电动汽车动力电源，在比能量、深放电循环寿命、快速充电等方面均比镍氢蓄电池、锂离子蓄电池差，不适合于电动轿车。但由于其价格低廉，国内外将它的应用定位在速度不高、路线固定、充电站设立容易规划的车辆上。铅酸蓄电池的主要发展方向是提高比能量，增大循环使用寿命。

3.2.1　铅酸蓄电池的结构

一只铅酸蓄电池由多个互不相通的单格电池串联而成，每个单格电池的标称电压为 2 V，串联成 12 V 的铅酸蓄电池，以满足传统内燃机汽车用电设备的需要。铅酸蓄电池由极板、隔板、电解液、外壳等组成，如图 3 – 4 所示。

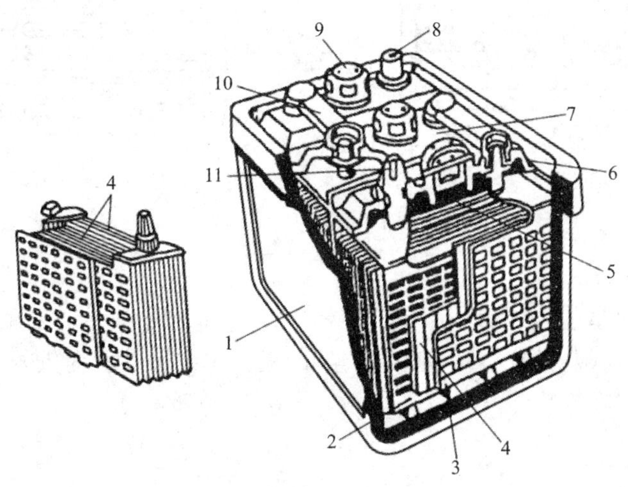

图 3 – 4　12 V 铅酸蓄电池组成示意图

1—外壳；2—正极板；3—负极板；4—隔板；5—护板；6—封板；
7—电池盖；8—负极桩；9—加液孔；10—连接条；11—正极桩

一、极板组

极板是蓄电池的核心部分，由栅架和活性物质组成，如图 3 – 5 所示。活性物质和电解液发生电化学反应，以实现铅蓄电池电能和化学能的转化。根据活性物质的不同，极板分为正极板和负极板。正极板的活性物质是二氧化铅（PbO_2），呈深棕色；负极板的活性物质是海绵状铅（Pb），呈青灰色。正、负极板上的活性物质分别填充在铅锑合金铸成的栅架上。铅锑合金中含锑 6%~8.5%，加入锑是为了提高栅架的机械强度并改善浇铸性能，但铅锑合金栅架耐电化学腐蚀性能比纯铅差，锑易从正极板栅架中解析出来，引起蓄电池的自放电和栅架的膨胀、溃烂，因而新型蓄电池中已使用低锑的栅架。

极板的制造过程如下：铅粉是极板活性物质的主要原料，它是用铅块放入球磨机中研磨成粉，在研磨中铅粉与空气接触氧化成二氧化铅，然后加入一定的添加剂和硫酸溶液，调和成膏状涂在栅架上。待其干燥后放入硫酸溶液中，经过长时间充电（蓄电池生产中称为“化成”，一般为 8 ~ 20 h），使正极板变成棕色的二氧化铅，负极板变成青灰色的海绵状铅。为了防止负极板上活性物质收缩，增加其多孔性，铅膏里常加入添加剂，如腐殖酸、硫酸钡、木素磺酸钠、炭黑等，同时还在活性物质中放入天然纤维，以防止活性物质脱落和裂纹。

为了增加蓄电池的容量，可将多片正、负极板分别并联，用横板焊接，组成正负极板组。横板上联有电桩，各片间留有间隙，安装时正负极板相互嵌合，中间插入隔板。在每单格电池中正极板比负极板少一片，这样正极板都处于负极板之间，使两侧放电均匀，否则由于正极板的机械强度差，单面工作会使两侧活性物质体积变化不一致，导致极板拱曲、活性物质脱落。

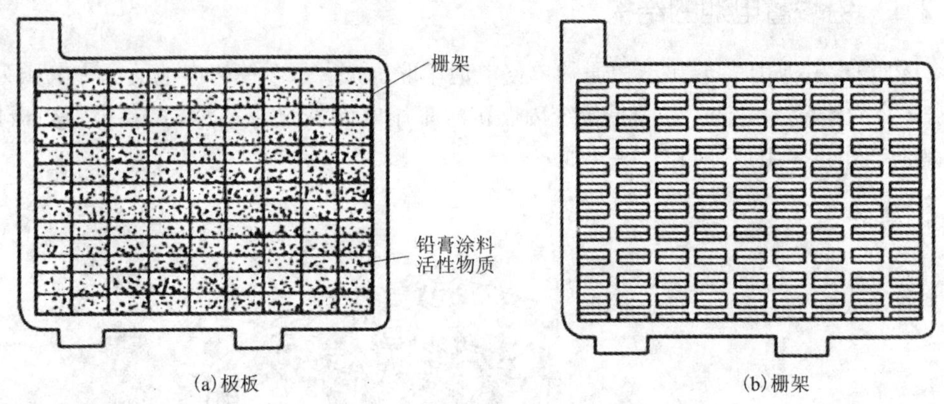

(a)极板　(b)栅架

图3－5　极板

传统的负极板的厚度为1.8 cm，正极板为2.2 cm，国外大多采用薄型极板，厚度为1.1～1.5 mm，薄型极板对提高蓄电池的比容量（极板单位尺寸所提供的容量）和改善启动性能都很有利。

二、隔板

为了减少蓄电池的内阻和尺寸，蓄电池内部正负极板应尽可能地靠近，但为了避免彼此接触而短路，正负极板之间要用隔板隔开。隔板材料应具有多孔性，以便电解液渗透，且化学性能要稳定，即具有良好的耐酸性和抗氧化性。常用的隔板材料主要有木质、微孔橡胶、微孔塑料、玻璃纤维和纸质等。其中木质隔板价格低，但耐酸性能差，在硫酸和高温作用下易炭化发黑变脆。微孔塑料的耐酸、耐高温性能好，价格日渐便宜，因此使用渐多。玻璃纤维隔板常和木质、微孔塑料等隔板组合使用。由于操作工艺复杂、不易实现机械化而逐渐被淘汰。

隔板安装时，带有沟槽的一面应朝向正极板。这是因为正极板在充电、放电过程中反应激烈，沟槽能使电解液顺利地上下流通。

三、电解液

电解液是硫酸的水溶液，由纯硫酸（密度1.84 g/cm^3）和蒸馏水按一定比例配制而成，密度一般为1.24～1.28 g/cm^3。电解液的纯度是影响蓄电池的电气性能和使用寿命的主要因素，工业用硫酸和一般的水中含铁、铜等有害杂质，会加剧蓄电池自行放电和损坏极板，不能用于蓄电池，因此选用GB 4554—1984《蓄电池用硫酸》规定的二级专用硫酸和蒸馏水。

四、外壳

蓄电池的外壳用来盛放电解液极板组及隔板，因此要求其必须耐酸、耐热、耐振。国内多采用硬橡胶外壳。近年来，由于工程塑料发展很快，很多电池外壳是用工程塑料来做的。工程塑料材料外壳质量轻、外形美观、透明、耐酸性好，已成为发展趋势。目前，国内已开始生产聚丙烯塑料外壳。

外壳为整体式结构，壳内由间壁分成3个或6个互不相同的单格，底部有突起的肋条，肋条间的空隙用来积存脱落下来的活性物质，以防止极板间短路。每个单格的盖子中间有加液孔，可用来检查液面高度和测量电解液相对密度。加液孔盖平时必须拧紧，孔盖上的通气孔应保持畅通，使蓄电池化学反应放出的气体能随时逸出。在极板组上部常装有耐酸塑料护板，以防止测量电解液相对密度、液面高度或加液时，损坏极板上部。盖子与外壳之间的缝隙用封口胶密封，封口胶要达到35℃不溢流、-30℃不产生裂纹的要求。传统的封口胶配方为63%沥青、14%润滑油和19%石棉粉。

五、链条(连接条)

铅酸蓄电池总成的单格电池之间靠铅制链条连接起来，链条装在盖子上面。这是一种传统的连接方式，其缺点是不仅浪费材料，而且使电池的内阻增大，所以此种连接方式将被尺寸更小的穿壁式所代替。

六、加液孔盖

旋下加液孔盖，可以加注电解液，旋紧加液孔盖可以防止电解液溅出。加液孔盖上有气孔，可随时排出蓄电池内化学反应产生的 H_2 和 O_2，以免发生事故。如果在加液孔盖上安装一个氧化铝过滤器，还可以避免水蒸气逸出，减少水的消耗。

3.2.2　铅酸蓄电池的工作原理

铅酸蓄电池主要是由浸渍在电解液中的正极板(PbO_2)、负极板(海绵状的纯铅 Pb)和电解液等组成的，电解液是硫酸(H_2SO_4)的水溶液，蓄电池中发生的化学反应是可逆的。

根据双硫化理论(双极硫酸盐化理论)，铅酸蓄电池中参与电化学反应的物质是正极板的活性物质二氧化铅、负极板上的海绵状铅、电解液中的硫酸和水，当蓄电池外载荷接通放电时，正极板的 PbO_2 和负极板上的 Pb 都变成 $PbSO_4$，电解液中的 H_2SO_4 减少，相对密度下降。

充电时，按相反的方向进行，正极板、负极板的 $PbSO_4$ 分别恢复成 PbO_2 和 Pb，电解液中的 H_2SO_4 增加，相对密度变大，如略去中间的化学反应过程，可用下式表示：

$$PbO_2 + Pb + 2H_2SO_4 \rightleftharpoons 2PbSO_4 + 2H_2O$$

一、电势的建立

当极板浸入电解液时，在负极板处，金属铅受到两个方面的作用：一方面，它有溶解于电解液的倾向，因而有少量的铅进入溶液，生成 Pb^{2+}，在极板上留下两个电子2e，使极板带负电；另一方面，由于正负电荷的吸引，Pb^{2+} 有沉附于极板表面的倾向，当两者达到平衡时，溶解即“停止”(动态平衡)，此时极板具有负电位约0.1 V。

在正极板处，少量 PbO_2 溶入电解液，与水生成 $Pb(OH)_4$，再分离成四价铅离子和氢氧根离子。即：

$$PbO_2 + 2H_2O \rightleftharpoons Pb(OH)_4 \rightleftharpoons Pb^{4+} + 4OH^-$$

Pb^{4+} 沉附于极板的倾向大于其溶解的倾向，使极板呈负电位，当达到平衡时，约为2.0 V。

因此，当外电路未接通，反应达到相对平衡状态时，蓄电池的静止电动势约为：$E_0 = 2.0 - (-0.1) = 2.1$ V。

二、放电时的电化学反应

蓄电池接上负载，在电动势作用下，电流 I_f 从极板经过负载流往负极(即电子从负极到正极)，使正极电位降低、负极电位升高，破坏了原来的平衡，放电时的化学反应如图 3-6 所示。

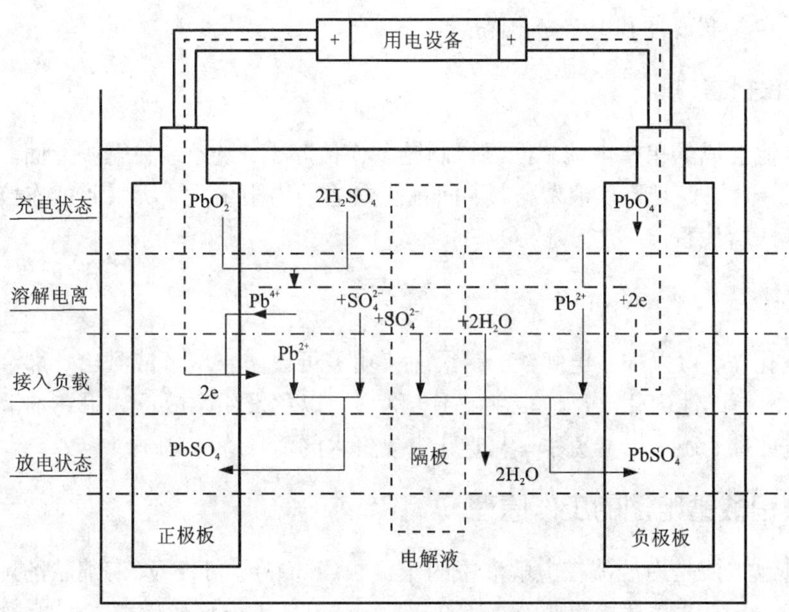

图 3-6　放电时的电化学反应

在正极板处 Pb^{4+} 和电子结合变成 Pb^{2+}，与电解液中的 SO_4^{2-} 结合生成 $PbSO_4$，沉附于极板上。即：

$$Pb^{4+} + 2e \longrightarrow Pb^{2+}$$

$$Pb^{2+} + SO_4^{2-} \longrightarrow PbSO_4$$

在负极板处，Pb^{2+} 与电解液中的 SO_4^{2-} 结合生成 $PbSO_4$ 沉积在负极板上，而极板上的金属铅继续溶解生成 Pb^{2+} 和电子，如果电路不中断，上述化学反应继续进行，使正极板的 PbO_2 和负极板上的 Pb 都逐渐转变为 $PbSO_4$，电解液中的 SO_4^{2-} 逐渐减少而水增多，电解液浓度下降。

理论上，放电过程进行到极板上的活性物质全部变为硫酸铅为止，而实际上是不可能的，因为电解液不能渗透到活性物质的最内层。使用中，所谓放完电的蓄电池，实际上只有 20% ~30% 的活性物质变成了硫酸铅，因此采用薄型极板增加多孔性，提高极板活性物质的利用率是蓄电池工业的发展方向。

三、充电时的电化学反应

充电时，应将蓄电池接直流电源，当电源电压高于蓄电池电动势时，在电源力的作用下，电流从蓄电池正极流入、负极流出(即驱使电子从负极经外电路流入正极)，这时正负极板发生的反应正好与放电过程相反，其化学反应如图 3-7 所示。

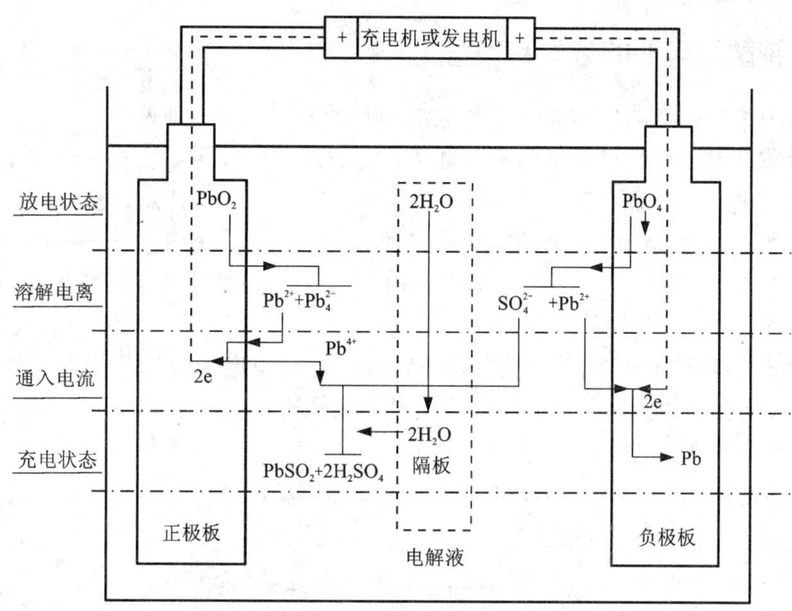

图 3-7　充电时的电化学反应

在负极板处有少量的 $PbSO_4$ 进入电解液中，电离为 Pb^{2+} 和 SO_4^{2-}，即：

$$PbSO_4 \rightleftharpoons Pb^{2+} + SO_4^{2-}$$

Pb^{2+} 在电源作用下获得两个电子，变为金属 Pb，沉附于极板上，而 SO_4^{2-} 和电解液中的 H^+ 结合生成硫酸，即：

$$Pb^{2+} + 2e \longrightarrow Pb$$

$$SO_4^{2-} + 2H^+ \longrightarrow H_2SO_4$$

负极板上的总反应为：

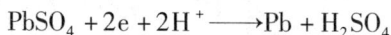

$$PbSO_4 + 2e + 2H^+ \longrightarrow Pb + H_2SO_4$$

正极板处也有少量 $PbSO_4$ 进入电解液中，电离生成 $Pb^{2+} + SO_4^{2-}$，Pb^{2+} 在电源作用下失去两个电子，变为 Pb^{4+}，它又和电解液中的 OH^- 结合生成 $Pb(OH)_4$，$Pb(OH)_4$ 分解为 PbO_2 和 H_2O，PbO_2 沉附在正极板上，而 SO_4^{2-} 又与电解液中的 H^+ 结合生成硫酸：

$$SO_4^{2-} + 2H^+ \longrightarrow H_2SO_4$$

其反应式如下：

$$PbSO_4 \rightleftharpoons Pb^{2+} + SO_4^{2-}$$

$$Pb^{2+} - 2e \longrightarrow Pb^{4+}$$

$$H_2O \rightleftharpoons H^+ + OH^-$$

$$Pb^{4+} + 4OH^- \longrightarrow Pb(OH)_4$$

$$Pb(OH)_4 \longrightarrow PbO_2 + 2H_2O$$

正极总反应为：

$$PbSO_4 - 2e + 2H_2O + SO_4^{2-} \longrightarrow PbO_2 + 2H_2SO_4$$

可见，在充电过程中，正负极板上的 $PbSO_4$ 将逐渐恢复为活性物质，电解液中的 H_2SO_4 成分逐渐增多，水逐渐减少。

3.2.3 铅酸蓄电池的分类和型号

电动汽车用铅酸蓄电池分为免维护蓄电池和阀控密封式蓄电池两类。

免维护铅酸蓄电池具有自身结构上的优势，电解液的消耗量非常小，在使用寿命内基本不需要补充蒸馏水。它具有耐振、耐高温、体积小、自放电小的特点，使用寿命一般为普通铅酸蓄电池的两倍。市场上的免维护铅酸蓄电池有两种：一种在购买时一次性加电解液以后使用中不需要添加补充液；另一种是电池本身出厂时就已经加好电解液并封死，用户根本就不能添加补充液。

阀控密封式铅酸蓄电池的结构(图 3－8)当蓄电池在规定的设计范围内工作时保持密封状态，但当内部压力超过预定值时，气体可通过安全阀逸出。

电动汽车用蓄电池的型号以“电”的汉语拼音“D”表示，阀控密封式铅酸蓄电池以“M”表示，免维护铅酸蓄电池以“W”表示。例如，6－DM－55 型电动汽车车用铅酸蓄电池。

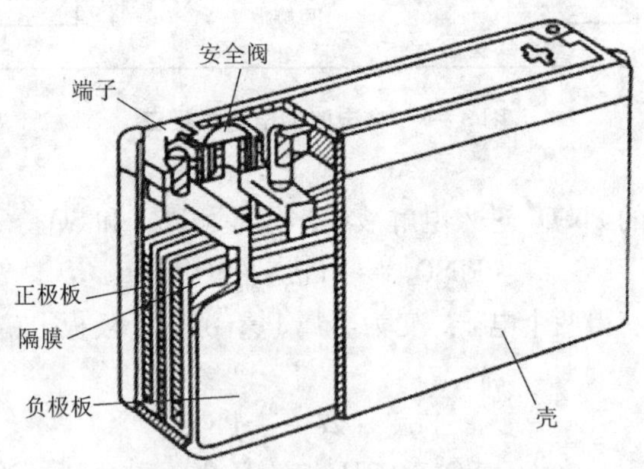

图 3－8　阀控密封式铅酸蓄电池

3.2.4 铅酸蓄电池的特点

铅酸蓄电池具有以下优点：

(1)除锂离子蓄电池外，在常用蓄电池中，铅酸蓄电池的电压最高，为 2.0 V。

(2)价格低廉。

(3)可制成小至 1 A·h、大至几千安时的各种尺寸和结构的蓄电池。

(4)高倍率放电性能良好，可用于发动机启动。

(5)高低温性能良好，可在 40～600℃条件下工作。

(6)电能效率高达 60%。

(7)易于浮充使用，没有“记忆”效应。

(8)易于识别荷电状态。

铅酸蓄电池具有以下缺点：

(1)比能量低，在电动汽车中所占的质量和体积较大，一次充电续驶里程短。

(2)使用寿命短，使用成本高。

(3)充电时间长。

(4)铅是重金属，易造成环境污染。

3.3　金属氧化物镍电池

在电动汽车上使用的金属氧化物镍电池主要有镍氢电池和镉镍电池两种。

3.3.1　镍氢蓄电池

镍氢蓄电池(MH－Ni电池)属于碱性电池，是20世纪90年代发展起来的一种新型绿色电池。1988年美国Ovonic公司以及1989年日本松下、东芝、三洋等公司先后开发成功MH－Ni电池。在国家863计划的推动下，我国MH－Ni电池的综合性能有了很大提高，生产能力大，成为MH－Ni电池产销第一大国。专家预计，环境友好、高容量、寿命长的MH－Ni电池将是21世纪应用最广的动力电池之一。

一、镍氢蓄电池的结构和原理

镍氢蓄电池主要由正极、负极、极板、隔膜、电解液等组成。

镍氢蓄电池正极是活性物质氢氧化镍；负极采用储氢材料作为活性物质。金属氢化物能够在电池放电和充电时释放和吸收氢气；在金属铂的催化作用下，完成充电和放电的可逆反应。

镍氢蓄电池的极板有发泡体和烧结体两种。发泡体极板的镍氢电池放电电压不能低于0.9 V，工作电压也不太稳定，特别是在存放一段时间后，会有近20%的电荷流失，老化现象比较严重。为避免老化所造成的内阻增高，发泡镍氢蓄电池在出厂前必须进行预充电。而经过改进的烧结体极板的镍氢蓄电池，其烧结体极板本身就是活性物质，不需要进行活性处理，也不需要进行预充电，电压平衡、稳定，具有低温放电性能好、不易老化和寿命长的优点。

在正负极之间有隔膜，共同组成镍氢单体电池。主要采用尼龙纤维、聚丙烯纤维和维纶纤维等作为电池隔膜。

电解质为氢氧化钾水溶液。

金属外壳，带有可重新密封式安全阀的密封盖帽以及其他配件等。

目前开发出来的镍氢蓄电池，其外形主要有扣式、圆柱形和方形。当电池容量小于10 A·h时，圆柱形电池占多数，因为其成本低、生产周期短；容量为10～20 A·h时，圆柱形和方形结构均可采用；容量大于20 A·h时，圆柱形结构的设计和制造变得较为困难，多采用方形结构。

镍氢蓄电池是将物质的化学反应产生的能量直接转化成电能的一种装置，其性能特点主要取决于本身体系的电极反应。

镍氢蓄电池电化学反应方程式为：

正极：$Ni(OH)_2 + OH^- - e \rightleftharpoons NiOOH + H_2O$

负极：$M + H_2O + e \rightleftharpoons MH + OH^-$

电池总的反应方程式为：

$$Ni(OH)_2 + M \rightleftharpoons NiOOH + MH$$

式中：M 为储氢合金；MH 为金属氢化物。

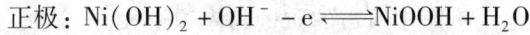

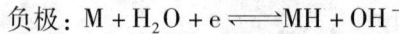

电池充电时，水在电解质溶液中分解为氢离子和氢氧离子，氢离子被负极吸收，负极从金属转化为金属氢化物。在放电过程中，氢离子离开负极，氢氧离子离开正极，氢离子和氢氧离子在电解质氢氧化钾中结合成水并释放电能。镍氢电池在充放电过程中，正负极上在进行电化学反应时不产生任何中间态的可溶性金属离子，电解液中也没有任何组分的消耗和生成，因而可以做到电池全密封。

二、镍氢蓄电池的性能

(1)充电放电特性。

MH－Ni 电池的充电曲线如图 3－9 所示，充电速率对充电电压有明显的影响，充电速率快，充电电压高。MH－Ni 电池的标称电压是 1.2 V，放电曲线与镍镉电池(Cd－Ni 电池)相似，但放电容量几乎是 Cd－Ni 电池的 2 倍。电池放电容量和电压与放电倍率有关。一般放电量越大，放电电压越低，放电容量也越少。

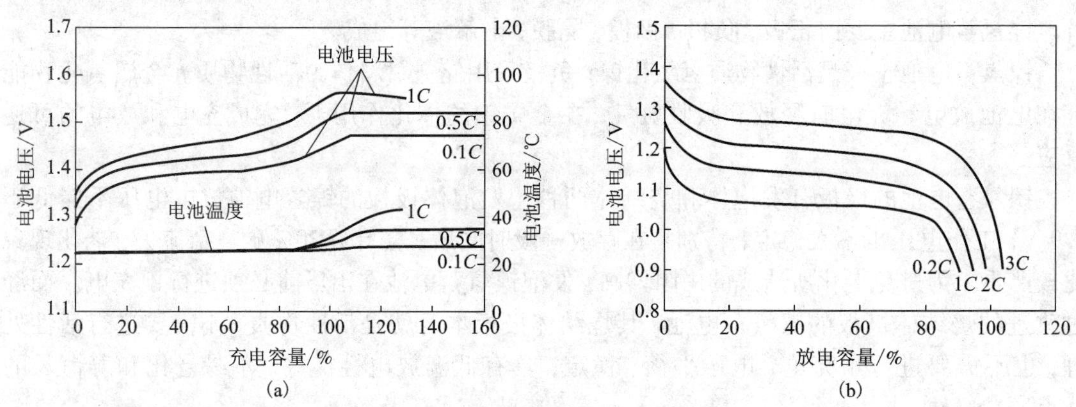

图 3－9　MH－Ni 电池充电放电曲线

(2)温度特性。

在各种环境温度下，当充电容量接近额定容量的 75% 时，由于正极电势升高开始析氧，MH－Ni 电池电压升高，当充电容量达额定容量的 100% 时，电池电压达最大值。随后，由于MH－Ni 电池内部氧的复合放热，电池温度升高，导致 MH－Ni 电池电压的降低。引起这种现象的原因是 MH－Ni 电池电压有一个负的温度系数。随着放电倍率提高，温度对放电容量的影响越来越显著，特别是在低温条件下放电时，放电容量下降更明显。图 3－10 和图 3－11是不同环境温度下 MH－Ni 电池的充放电性能。

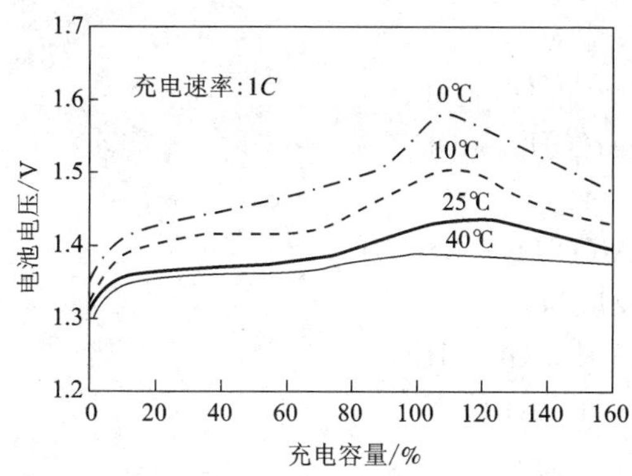

图 3－10　MH－Ni 电池在不同温度下的充电曲线

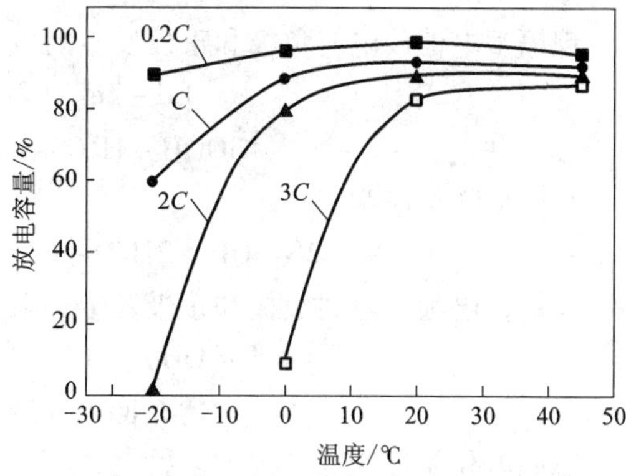

图 3－11　MH－Ni 电池放电容量与温度的关系

三、镍氢蓄电池的特点

与铅酸蓄电池相比，镍氢蓄电池具有以下特点：

(1) 比功率高。目前商业化的镍氢功率型电池能做到 1350 W/kg。

(2) 循环次数多。目前应用在电动汽车上的镍氢蓄电池，80% 放电深度(DOD)循环可以达 1000 次以上，为铅酸蓄电池的 3 倍以上，100% DOD 循环寿命也在 500 次以上，在混合动力汽车中可使用 5 年以上。

(3) 无污染。镍氢蓄电池不含铅、镉等对人体有害的金属，为“绿色环保电源”。

(4) 耐过充过放。

(5) 无记忆效应。

(6) 使用温度范围宽。正常使用温度范围为 －30～55℃；储存温度范围为 －40～70℃。

(7) 安全可靠。经短路、挤压、针刺、安全阀工作能力、跌落、加热、耐振动等安全性及可靠性试验，无爆炸、燃烧现象。

3.3.2　镍镉蓄电池

一、镍镉蓄电池的结构和原理

镍镉蓄电池的结构、原理与镍氢蓄电池相似。

镉镍电池是采用金属镉作为负极活性物质，氢氧化镍作为正极活性物质的碱性蓄电池。正、负极材料分别填充在穿孔的附镍钢带(或镍带)中，经拉浆、滚压、烧结、化成或涂膏、烘干、压片等方法制成极板，用聚酰胺非织布等材料作为隔离层，电极经卷绕或叠合组装在塑料或镀镍钢壳内。

电解液通常为氢氧化钠或氢氧化钾溶液。当环境温度较高时，使用相对密度为 1.17～1.19(15℃时)的氢氧化钠溶液；当环境温度较低时，使用相对密度为 1.19～1.21(15℃时)的氢氧化钾溶液；在 －15℃以下时，使用相对密度为 1.25～1.27(15℃时)的氢氧化钾溶液。为兼顾低温性能和荷电保持能力，密封镍镉蓄电池采用相对密度为 1.40(15℃时)的氢氧化钾溶液。为了增加蓄电池的容量和循环寿命，通常在电解液中加入少量的氢氧化锂(每升电解液加 15 ~20 g)。

镍镉蓄电池放电时负极和正极发生的电化学反应为:

$$Cd-2e^{-}+2OH\longrightarrow Cd(OH)_2$$

$$NiOOH+H_2O+e^{-}\longrightarrow Ni(OH)_2+OH^{-}$$

总的化学反应为

$$2NiOOH+2H_2O+Cd\longrightarrow 2Ni(OH)_2+Cd(OH)_2$$

镍镉蓄电池充电时负极和正极发生的电化学反应为:

$$Ni(OH)_2-e^{-}+OH^{-}\longrightarrow NiOOH+H_2O$$

$$CdOH_2+2e^{-}\longrightarrow Cd+2OH$$

总的电化学反应为

$$2Ni(OH)_2+Cd(OH)_2\longrightarrow 2NiOOH+Cd+2H_2O$$

与其他电池相比,镍镉蓄电池的自放电率适中。镍镉蓄电池在使用过程中,如果放电不完全就又充电,下次再放电时,就不能放出全部电量,例如,放出 80% 电量后再充足电,该电池只能放出 80% 的电量,这就是所谓的记忆效应。当然,几次完整的放电/充电循环将使镍镉电池恢复正常工作。为避免镍镉电池的记忆效应,若未完全放电,应在充电前将电池放电至 1 V 以下。

二、镍镉蓄电池的容量

镍镉蓄电池的容量与多种因素有关。

(1)放电电流直接影响放电终止电压。在规定的放电终止电压下,放电电流越大,蓄电池的容量越小。

(2)使用不同成分的电解液,对蓄电池的容量和寿命有一定的影响。通常,在高温环境下,为了提高电池容量,常在电解液中添加少量氢氧化锂,组成混合溶液。实验证明:电容量可提高 20%。然而,电解液中锂离子的含量过多,不仅使电解液的电阻增大,还会使残留在正极板上的锂离子慢慢渗入晶格内部,对正极的化学变化产生有害影响。

(3)电解液的温度对蓄电池的容量影响较大。这是因为随着电解液温度升高,极板活性物质的化学反应也逐步改善。电解液中的有害杂质越多,蓄电池的容量越小。电解液中主要的有害杂质是碳酸盐和硫酸盐,它们能使电解液的电阻增大,并且低温时容易结晶,堵塞极板微孔,使蓄电池容量显著下降。此外,碳酸根离子还能与负极板作用,生成碳酸镉附着在负极板表面上,从而引起导电不良,使蓄电池内阻增大,容量下降。

在正常使用的条件下,镍镉蓄电池的容量效率为 67% ~75%,电能效率为 55% ~65%,循环寿命约为 2000 次。

3.4 锂离子蓄电池

锂离子蓄电池(俗称“锂电”)是 20 世纪 90 年代由日本索尼公司首先推向市场的新型高能蓄电池,在短短的时间里得到了空前的发展。锂离子动力电池是在二次锂电池技术的基础上发展起来的一种蓄电池,被认为是极具发展潜力的动力电池。锂离子蓄电池的优势十分明显，如工作电压高、体积小、质量轻、能量高、无记忆效应、无污染、自放电小、循环寿命长等。它已成为未来电动汽车较为理想的动力电源。

我国锂离子蓄电池方面的研究有多项指标超过了美国先进电池联盟提出的长期目标所规定的指标，目前，我国已经把锂离子蓄电池作为电动汽车用动力电池的重要发展目标。

3.4.1　锂离子蓄电池的结构

锂离子蓄电池结构主要包括正极材料、负极材料、正极集流体(铝箔)、隔膜、电解液和负极集流体。除此之外，锂离子蓄电池在最初几次循环后，电池的负极和电解液之间还会形成固体电解质界面膜(solid electrolyte interphase)，简称 SEI 膜。锂离子蓄电池内部结构示意如图 3 - 12 所示。

图 3 - 12　锂离子蓄电池的内部结构示意

圆柱形锂离子蓄电池结构如图 3 - 13 所示。电池内部采用螺旋绕制结构，用一种非常精细而渗透性很强的聚乙烯薄膜隔离材料在正、负极间间隔而成。正极由锂和二氧化钴组成的锂离子收集极及由铝薄膜组成的电流收集极组成。负极由片状碳材料组成的锂离子收集极和铜薄膜组成的电流收集极组成。电池内充有有机电解质溶液，另外还装有安全阀和 PTC 元件，以便电池在不正常状态及输出短路时保护电池不受损坏。方形锂离子蓄电池结构与圆柱形锂离子蓄电池结构相似，如图 3 - 14 所示。

一、正极材料和负极材料

作为锂离子蓄电池的正极材料，它不仅能接纳锂离子的位置和扩散的路径，还需要参与电化学反应的物质，同时也决定了电池的电压、能量密度、容量等重要特性。锂离子蓄电池正极材料主要有钴酸锂($LiCoO_2$)、镍酸锂[$Li(Ni_{0.8}Co_{0.2})O_2$]、锰酸锂($LiMn_2O_2$)、三元材料[$Li(NiCoMn)O_2$]、磷酸铁锂($LiFePO_4$)等多种，其中钴酸锂由于含有稀缺的钴元素而价格昂贵，而且在充电和高温状态下存在安全问题，不宜在大容量高功率电池中采用；镍酸锂成本比钴酸锂低，比容量高，但安全性比钴酸锂更差；锰酸锂电池具有成本低、环保性能好、安全性好等优点，但同时也具有高温不稳定、循环性能差等缺点；磷酸铁锂电池由于成本低、安全性和循环性能良好等优点，并且其导电性差、制备困难等缺点正逐步找到解决方法，成为近期国内外研究和推广的首选。

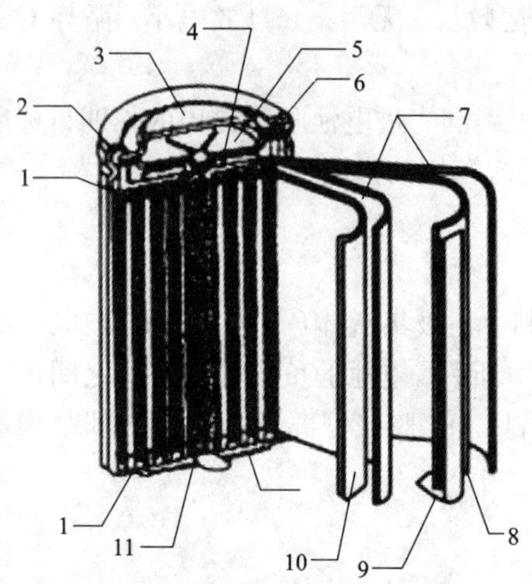

图 3－13　圆柱形锂离子电池结构

1—绝缘层；2—密封圈；3—顶盖(正极)；4—正极引线；5—安全排气阀；6—正温度系数端子；7—隔膜；8—负极；9—负极引线；10—正极；11—中心销

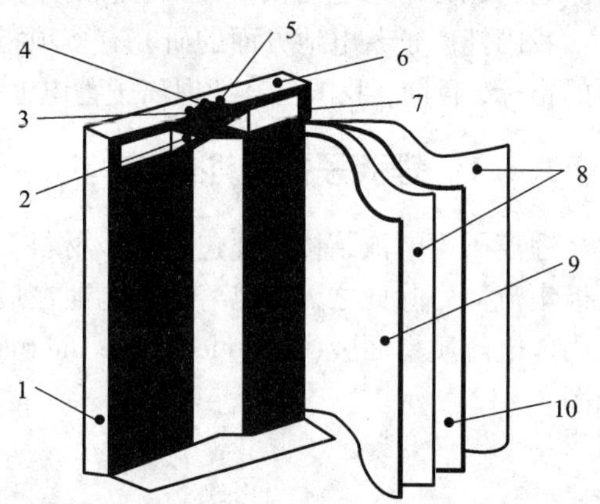

图 3－14　方形锂离子蓄电池结构

1—铝壳(正极)；2—集流体；3—垫圈；4—负极终端；5—排气孔；6—密封板；7—绝缘板；8—隔膜；9—正极；10—负极

锂离子蓄电池的负极活性材料常以碳基材料为主，包括中间相碳微球(MC－MB)、天然石墨(NGR)和硬碳(HC)等。MC－MB 为球形，流动性好，易于制成优良的高密度电极，但价格较高。NGR 比容量大，价格低，缺点是不可逆容量较大，而且由于辊压电极时表面上的石墨片层取向平行于导流体，影响锂离子的扩散途径，对高倍率放电不利，所以 NGR 的改性与表面修饰是研究的主要方法，目前 NGR 与其他碳材混用较为普遍。HC 是指难于石墨化的碳材，具有较大比容量和大于石墨的锂离子扩散系数，缺点是不可逆容量较大，有电位滞后现象。

二、集流体

电池的集流体本身是金属，是与外电路连接的一部分，同时也是正负极材料的载体，其电特性满足欧姆定律，可视为有一定阻值的纯电阻。其功能主要是把电流汇集起来，以形成较大电流来对外输出。

三、电解液

电解液在电池组成部分中担任着非常重要的角色，在电池内部的正负极之间起传输离子的作用，同时它对锂电池的容量、循环使用性能、工作耐温范围和安全性能等方面都有影响。传统电池中通常电解时以水作为溶剂，水溶剂作为电解液不适合于锂离子蓄电池，因为锂离子蓄电池的工作电压一般至少高达 3 V 以上。目前常采用六氟磷酸锂 $LiPF_6$ 为电解质盐，碳酸乙烯酯(EC)和碳酸二甲酯(DMC)的混合溶剂电解液。

四、隔膜

作为电池的隔膜，它的主要作用是将锂电池的正、负极隔开，使得电子不能从电池内部穿过，防止两极接触而短路。但由于隔膜本身对电子和离子是绝缘的，所以不可避免地会降低电池正负极之间的离子导电能力，对外呈现为有一定的电阻。隔膜还有一个重要的作用是，当电池内部出现过热时，隔膜能自动地关闭孔，并将电池的正负极断开，避免过热的延续，对电池起到保护作用。锂离子蓄电池隔膜的材料主要有聚丙烯(PP)单层微孔膜、聚乙烯(PE)单层微孔膜，以及由 PP 和 PE 复合的多层微孔膜。

五、相际

电极体系是由正、负极材料和电解液构成，由于它们是两个不同状态的两个相，相接触的过渡部分就被称为相际。带电粒子和偶电极子在相界面中会因为非均匀分布的原因导致它们之间出现一定的电位差，这也就是电化学反应发生的地方，进而出现一定的电压降。相际最重要的特征是具有双电层结构。

六、SEI 膜

在锂离子蓄电池的首次充电过程中，碳负极与电解液将不可避免地要在相界面上发生一些反应，反应的结果是形成了覆盖在碳电极表面的薄层，人们把这薄层结构称为 SEI 膜。膜在形成的过程中消耗了电池内部的锂离子，同时也增大了电极和电解液界面之间的电阻值，于是在此膜上出现一定的电压值。优良的 SEI 膜具备有机溶剂的不溶性，能允许锂离子自由地进出电极而溶剂分子不能穿越，从而大大地阻止了溶剂分子对电极的破坏，提高了电极的循环寿命。当 SEI 膜遭到破坏时，就需要消耗新的锂离子来重新修复，如此循环多次后，电池的 SEI 膜就会变厚，相应地电池的内阻将会增加。

七、安全阀

一般来说，为了确保锂离子蓄电池使用时的安全性，通常会对外部电路进行控制或者在蓄电池内部设有异常电流切断的安全装置。但是即便这样，在使用过程中也可能会因为一些意想不到的原因引起蓄电池内压异常升高，此时就可以通过安全阀来释放气体，防止蓄电池破裂。安全阀是一次性非修复式的破裂膜，当它进入工作状态时，蓄电池就会停止工作。

3.4.2　锂离子蓄电池的工作原理

锂离子蓄电池使用锂碳化合物(Li_xC)作负极，锂化过渡金属氧化物($Li_{(1-x)}M_yO_z$)作正极，液体有机溶液或固体聚合物作电解液。在充放电过程中，锂离子在电池正极和负极间往返流动。锂离子蓄电池充放电的电化学反应方程式如下：

正极反应：　$LiM_yO_z \rightleftharpoons Li_{(1-x)}M_yO_z + xLi^+ + xe^-$

负极反应：　$6C + xLi^+ + xe \rightleftharpoons Li_xC_6$

锂离子蓄电池的总反应方程为：

$$LiM_yO_z + 6C \rightleftharpoons Li_{(1-x)}M_yO_z + Li_xC_6$$

锂离子蓄电池中的电解液采用的是有机电解液，而不再使用诸如铅酸蓄电池或者镍氢蓄电池的水溶液作为电解液。其在充电过程中，正极中的锂以离子态的形式存在，在电解液中移动，并被负极中的碳物质吸附。放电过程中则与充电过程相反，放电时，负极上释放锂离子，通过电解液流向正电极并被吸收。充电时，反应过程相反，如图 3－15 所示。

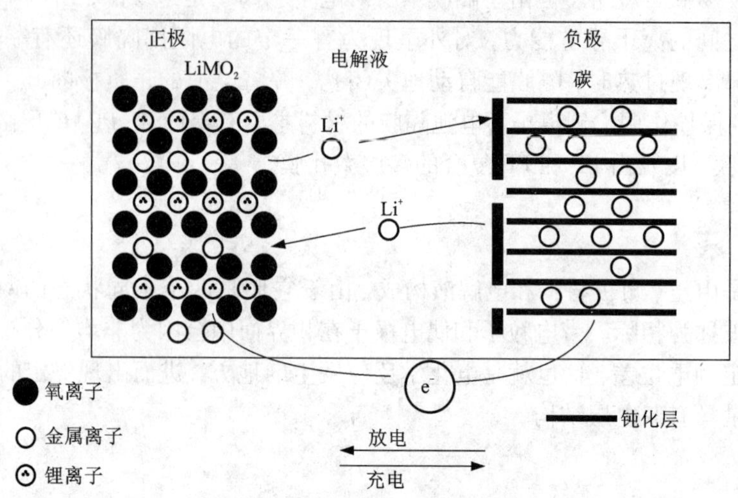

图 3-15 锂离子蓄电池充放电过程

锂离子蓄电池有很多种，在反应式中 M 可以是 Fe、Co、Ni、Mn 或其他。从化学反应式可以看出，在锂离子蓄电池充电的过程中，电子和锂离子产生在电池的正极反应中。在电池的外电路上，电子从正极迁移到负极，从而形成了电子流，对外表现为充电电流，电流的大小直接与单位时间内参加化学反应产生的电荷数量有关系。对于电流的方向，在物理上一般规定是正电荷的流动方向，或者负电荷流动的反方向。因此在充电时，从正极脱嵌出来的锂离子经过电解质而嵌入到电池的负极上，此时正极处于贫锂态，而负极就处于富锂态；外电路电流流动的方向是从电池的负极到电池的正极。同理，在电池内部，锂离子从电池的正极迁移到电池负极，就形成了所谓的正电荷流，且在数量上，电荷量和外电路的完全一样；外电路流动的方向从电池的正极流到电池的负极，外电路过来的电子与电池的负极与负极材料碳结合生成了 Li_xC_6，此过程中就形成与外电路同样大小的电流，而放电过程则相反。在正常的充放电过程中，锂离子在电池内部的嵌入和脱出，一般只会引起电池层面间距的变化，而晶体的化学结构不会发生变化。因此，从充放电反应的可逆性来看，锂离子蓄电池反应是一种非常理想的可逆反应。电池在整个充放电过程中，锂元素始终以离子态在电池的正负极之间嵌入和脱出。

3.4.3 锂离子蓄电池的充放电性能

一、充电特性

锂离子蓄电池充电时，Li^+ 从正极活性物质中脱嵌到电解质中，同时电解质中的 Li^+ 嵌入负极，结果导致正极电势升高、负极电势降低。当充电接近完成时，电池的充电电压升高加剧。

由于锂离子蓄电池使用的是有机溶剂电解液，存在特定的电化学窗口，充电电压过高会发生电解液的分解，一般锂离子蓄电池采用恒流 - 恒压（CC/CV）充电制度，充电限制电压一般为 4.2 V。图 3-16 所示为锂离子蓄电池的充电特性曲线，$t_0 \sim t_1$ 为恒流充电阶段，截止电压为 4.2 V；$t_1 \sim t_2$ 为恒压充电阶段，终止充电电流为电池 0.05C 对应的电流。对于锂离子蓄电池组的充电，由于存在单体电池的差异，需要在充电过程中对各单体电池电压进行均衡控制，尽量实现各电池在充电结束时电压一致，保证电池的稳定性和使用寿命。

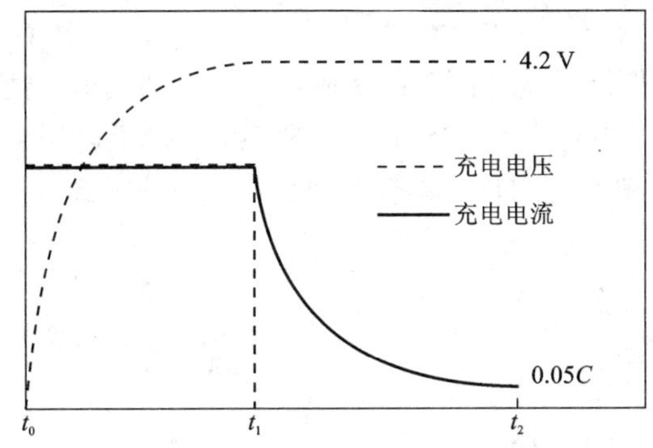

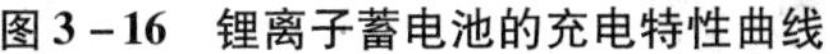
图 3－16　锂离子蓄电池的充电特性曲线

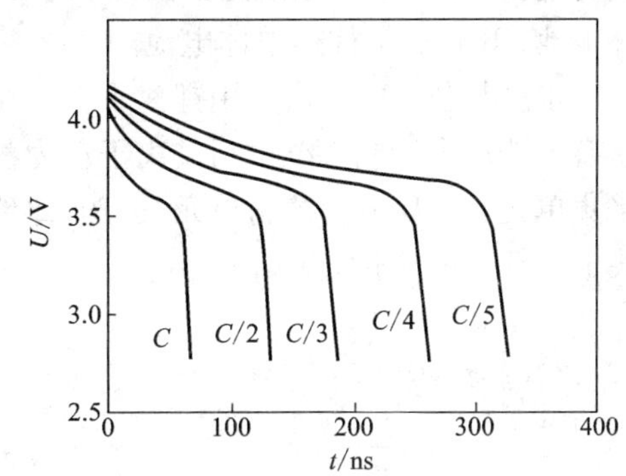

图 3－17　锂离子蓄电池不同倍率的放电特性曲线

二、放电特性

锂离子蓄电池的放电电压与电池材料有关，以碳材料为负极时，$LiCO_2$ 为正极材料的锂离子蓄电池的放电电压平台为 3.6 V 左右，而 $LiFePO_4$ 为正极材料的锂离子蓄电池的放电电压平台为 3.4 V 左右。

正极材料中锂离子的扩散能力对电池的放电性能影响较大，特别是在低温和高倍率条件下，锂离子在正负极中的扩散是限制电池充放电性能的主要因素。与常温相比，电池低温放电压平台低，放电容量小。

对锂离子蓄电池充放电性能的评价指标主要有电池的充放电时间、充放电效率、充放电电压平台、不同充放电倍率下的容量等。电池的放电倍率越高，放电电压平台和放电容量越低，图 3－17 是锂离子蓄电池不同倍率的放电特性曲线。

3.4.4　锂离子蓄电池的分类

按照锂离子蓄电池的外形形状，可以分为方形锂离子蓄电池和圆柱形锂离子蓄电池。

按照锂离子蓄电池所用电解质材料的不同，可以分为聚合物锂离子蓄电池和液态锂离子蓄电池。

按照锂离子蓄电池正极材料的不同，可以分为锰酸锂离子蓄电池、磷酸铁锂离子蓄电池、镍钴锂离子蓄电池或镍钴锰锂离子蓄电池。

第一代车用锂离子蓄电池是锰酸锂离子蓄电池，成本低、安全性较好，但循环寿命欠佳，在高温环境下循环寿命更短，高温时会出现锰离子溶出的现象。第二代车用锂离子蓄电池是具有美国专利的磷酸铁锂离子蓄电池，是锂离子蓄电池的发展方向，它的原材料价格低，磷、铁、锂的资源丰富，工作电压适中，充放电特性好，放电功率高，可快速充电，循环寿命长，高温和高热稳定性好，储能特性强，完全无毒。

为了避开磷酸铁锂离子蓄电池的专利纠纷，一些国家开发了镍钴锂离子蓄电池或镍钴锰锂离子蓄电池。由于钴价格昂贵，所以该电池成本较高，安全性比磷酸铁锂离子蓄电池稍差，循环寿命优于锰酸锂离子蓄电池。

锂离子蓄电池型号所表达的意义如图 3 – 18 所示，在锂离子蓄电池的型号中：I 代表锂离子蓄电池，C 代表氧化钴锂正极，N 代表氧化镍锂正极，M 代表氧化锰锂正极，P 代表方形单体电池，R 代表圆柱形单体电池。

哈尔滨某公司电动汽车用锂离子蓄电池动力储能系统如图 3 – 19 所示。该电动汽车用锂离子蓄电池动力储能系统包括锂离子动力蓄电池、电池箱、BMS 电池管理系统、BVT 电压温度采集单元、BCU 电池控制单元及 IDU 绝缘检测单元等组件，具有模块化、可快速拆卸、管理集成化等功能，主要应用于纯电动车、油电混合电动汽车等车型。

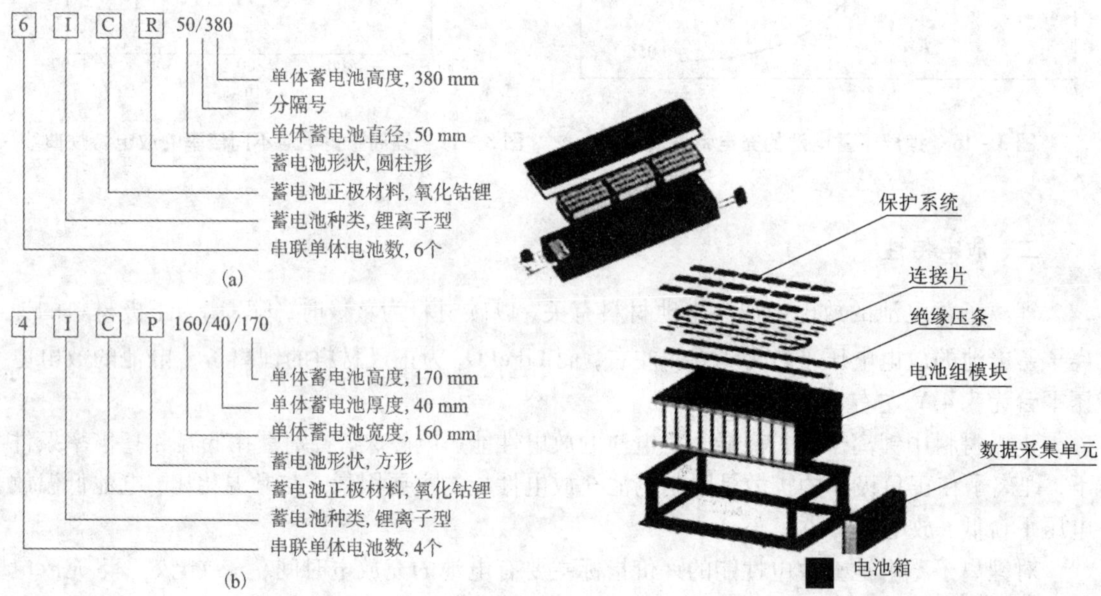

图 3 – 18　锂离子蓄电池型号规定

图 3 – 19　电动汽车用锂离子蓄电池动力储能系统

3.5　超级电容器

超级电容器是一种介于电解质电容器和电化学蓄电池之间的新型储能装置，其电容量可高达法拉级甚至上万法拉级。

3.5.1　超级电容器概述

超级电容器是 20 世纪 70 年代末出现的产品，它颠覆了传统储能方法，不经过化学能的过程，直接存储电能，释放电能，是储能设备的一次革命。超级电容器的能量损失很小，充放电效率高达 98%，而铅酸蓄电池只有 70%。超级电容器是一种电化学元件，但在其储能的过程并不发生化学反应，这种储能过程是可逆的，也正因为此超级电容器可以反复充放电数十万次，故对环境没有污染。同时，超级电容器还具有循环寿命长、功率密度大、充放电速度快、高温性能好、容量配置灵活、免维护、便于能量回收等优点。

超级电容器、电容器和蓄电池的性能比较见表 3－2。

表 3－2　超级电容器、电容器和蓄电池性能比较

指标	电容器	超级电容	蓄电池
放电时间	10^{-6}～10^{-3}s	1～数分钟	0.3～3 h
充电时间	10^{-6}～10^{-3}s	1～数分钟	1～5 h
能量密度/($W \cdot h \cdot kg^{-1}$)	<0.1	1～15	20～200
功率密度/($W \cdot kg^{-1}$)	10000	1000～5000	50～1000
充放电效率/%	约 100	>95	70～85
循环寿命/次	>106	>105	200～1000

由于以上优点，超级电容器在电动汽车中应用越来越广泛。超级电容器作为混合动力车中的辅助动力源，可以提高车辆的加速、启动、爬坡性能，在制动时可以迅速吸收制动能量。由于超级电容器有大电流充放电的特性，它可以作为主能源用在短距离、线路固定的电动汽车上。

3.5.2　车用超级电容器的分类和型号

行业标准《车用超级电容器》QC/T 741—2006 对超级电容的定义和型号规定如下。

超级电容器（ultracapacitors）是一种介于普通电容器和蓄电池之间的电化学储能器件。电动汽车用电容器分为能量型超级电容器和功率型超级电容器。其中，能量型超级电容器是以高比能量为特点，主要用于高能量输入、输出的电容器；功率型超级电容器是以高比功率为特点，主要用于瞬间高功率输入、输出的电容器。

超级电容器的型号规定如图 3－20 所示，标准中规定，UC 代表超级电容器，P 代表功率型电容器，E 代表能量型电容器，F 代表方形单体电容器，Y 代表圆柱形单体电容器。

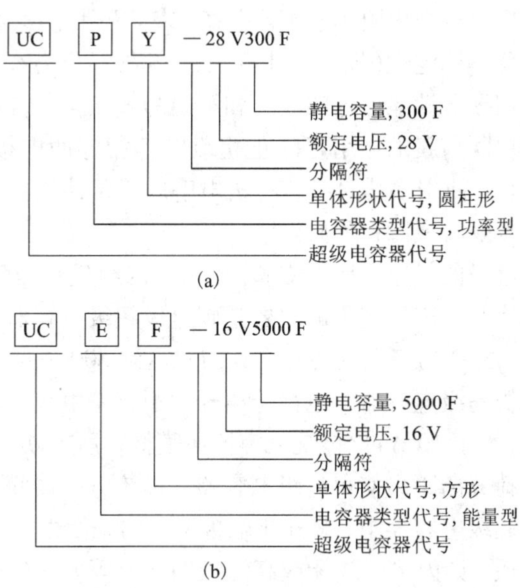

图 3－20　超级电容器型号规定

3.5.3 超级电容器的结构和工作原理

一、超级电容器的结构

超级电容器的组成结构与化学电池非常相似，也是由正极、负极、隔膜、电解液等组成，如图 3－21 所示。

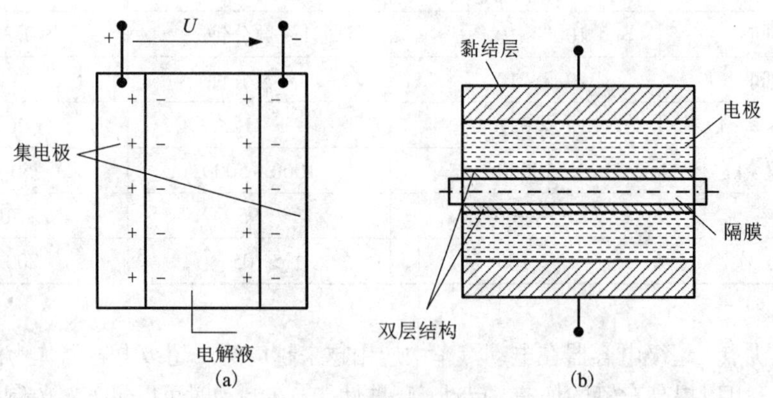

图 3－21 超级电容器的结构

超级电容单体主要由电极、电解质、集电极、隔离膜连线极柱、密封材料和排气阀等组成。电极材料一般有碳电极材料、金属氧化物及其水合物电极材料、导电聚合物电极材料等。要求电极内阻小、电导率高、表面积大、尽量薄。电解质需有较高导电性(内阻小)和足够电化学稳定性(提高单体电压)，其材料分为有机类和无机类，或分为液态和固态类。集电极选用导电性能良好的金属和石墨等来充当，如泡沫镍、镍网(箔)、铝箔、钛网(箔)及碳纤维等。隔离膜的作用是防止超级电容相邻两电极短路，保证接触电阻较小，因此需要尽量薄，通常使用多孔隔膜。有机电解质通常使用聚合物或纸作为隔膜，水溶液电解质可采用玻璃纤维隔膜或陶瓷隔膜。

电极的材料、制造技术、电解质的组成和隔膜质量对超级电容器的性能有较大影响。在电动汽车上广泛使用的主要是碳电极超级电容器。碳电极超级电容器的面积是基于多孔碳材料，该材料的多孔结构允许其面积达到 2000 m/g，通过一些措施还可以实现更大的表面积。碳电极超级电容器的电荷分离开的距离是由被吸引到带电电极的电解质离子尺寸决定的，该距离(小于 10 A)比传统电容器薄膜材料所能实现的距离更小。这种庞大的表面积和非常小的电荷分离距离使得超级电容器较传统电容器而言有巨大的静电容量。

超级电容器中，多孔化电极采用的是活性炭粉、活性炭或活性炭纤维，电解液采用有机电解质，如丙烯碳酸酯或高氯酸四乙氨等。工作时，在可极化电极和电解质溶液之间的界面上形成的双电层中聚集电容量，其多孔化电极在电解液中吸附电荷，因而可以存储很大的静电能量，超级电容器的这一储电特性介于传统的电容器与蓄电池之间。尽管其能量密度比电池低，但是其能量的储存方式有快充快放的特点，可以应用在传统蓄电池难以解决的短时高峰值电流问题中，目前已经研制出的活性炭材料表面积可以达到 2000 m/g，单位质量的电容量可达 100 F/g，并且电容器的内阻还能保持在很低的水平；而且碳材料还具有成本低、技术成熟等优点，使得该类超级电容器在汽车上应用广泛。

(二)超级电容器的工作原理

超级电容器根据储能机理的不同，可分为双电层超级电容器和法拉第准电容器。

(1)双电层超级电容器。

双电层超级电容器是利用在电极/溶液界面通过电子或离子的定向排列来造成电荷的对峙，从而实现电荷和能量的储存。一个电极/溶液体系，电子导电的电极和离子导电的电解质溶液界面上会形成双电层，如图3－22所示。当在两个电极上施加电场后，电解液中的阴、阳离子分别向正、负电极迁移，在电极表面形成双电层；撤销电场后，电极上的正负电荷与溶液中的相反电荷离子相吸引而使双电层稳定，在正负极间产生相对稳定的电位差。这时，对某一电极而言，会在一定距离内(分散层)产生与电极上的电荷等量的异性离子电荷，使其保持电中性；当两极与外电路连通时，电极上的电荷迁移而在外电路中产生电流，溶液中的离子迁移到溶液中呈电中性，这便是双电层超级电容器的充放电原理。

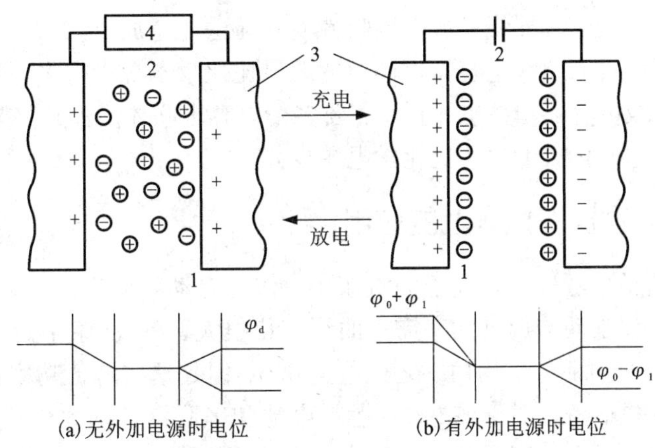

图3－22　双电层电容器的工作原理

1—双电层；2—电解液；3—电极；4 —用电设备

(2)法拉第准电容器。

法拉第准电容器主要利用电极表面、内部快速的氧化还原反应所产生的法拉第“准电容”来实现电荷和能量的储存，其电荷与能量的储存方式与双电层超级电容器不同。对于法拉第准电容器，其储存电荷的过程不仅包括双电层上的存储，而且包括电解液离子与电极活性物质发生的氧化还原反应。所以法拉第准电容器的容量远高于双电层超级电容器的容量，可以是后者的10～100倍。

法拉第准电容器一般使用金属氧化物和导电聚合物为电极材料，当电解液中的离子(如H^+、OH^-、K^+或Li^+)在外加电场的作用下由溶液中扩散到电极电解液界面时，会通过界面上的氧化还原反应而进入到电极表面活性氧化物的体相中，从而使得大量的电荷被存储在电极中。放电时，这些进入氧化物中的离子又会通过以上氧化还原反应的逆反应重新返回到电解液中，同时所存储的电荷通过外电路而释放出来，这就是法拉第准电容器的充放电机理。

3.5.4 超级电容器的特点

超级电容器具有以下优点:

(1)高功率密度。超级电容器的内阻小,输出功率密度高,是一般蓄电池的数十倍。

(2)循环寿命长。超级电容器具有至少10万次以上的充电寿命,没有"记忆效应"。

(3)充电速度快。可以用大电流给超级电容器充电,充电10 s~10 min即可达到其额定容量的95%以上。

(4)工作温度范围宽。超级电容器能在-40~70℃的环境温度中正常工作。

(5)简单方便。超级电容器充放电线路简单,无须蓄电池那样的充电电路,安全系数高,长期使用免维护,同时检测方便,剩余电量可直接读出。

(6)绿色环保。超级电容器在生产过程中不使用重金属和其他有害化学物质,因而在生产、使用、储存及拆解过程中均没有污染,是一种新型的绿色环保电源。

超级电容器自身存在如下缺点:

(1)线性放电。超级电容器线性放电的特性使它无法完全放电。

(2)低能量密度。目前超级电容器可储存的能量比化学电源少得多。

(3)低电压。超级电容器单体电压低,需要多个电容串联才能提升整体电压。

(4)高自放电。它的自放电速率比化学电源要高。

3.5.5 超级电容器在汽车上的应用

目前超级电容器被广泛应用于新能源汽车中,作为启动、制动、爬坡时的辅助动力。汽车频繁的起步、爬坡和制动造成其功率需求曲线变化很大,在城市路况下更是如此。一辆高性能的电动汽车的峰值功率与平均功率之比可达0.6,但是这些峰值功率持续的时间一般都比较短,需要的能量并不高。对于纯电动、燃料电池和串联混合动力汽车而言,这就意味着要么汽车动力性不足,要么电压总线上要经常承受大的尖峰电流,这无疑会大大损害电池、燃料电池或其他辅助动力装置的寿命。如果使用比功率较大的超级电容器,当瞬时功率需求较大时,由超级电容器提供尖峰功率,并且在制动回馈时吸收尖峰功率,那么就可以减轻对电池、燃料电池或其他辅助动力装置的压力,从而可以大大增加起步、加速时系统的功率输出,而且可以高效地回收大功率的制动能量,这样做还可以提高电池的使用寿命,改善其放电性能。

超级电容器除了用于动力驱动系统外在汽车零部件领域也有广泛的应用前景。例如未来汽车设计使用的42 V电系统(转向、制动、空调、高保真音响、电动座椅等)。如果使用长寿命的超级电容器,可以使需求功率经常变化的子系统性能大大提高,另外还可以减少车内用于电制动、电转向等子系统的布线,同时减少汽车子系统对电池的功率消耗,延长电池使用时间。

超级电容器的快速充放电特点使其十分适合为公交车提供主动力。超级电容器具有很高的功率密度,放电电流可以达到数百安培,在大电流应用场合,特别是高能脉冲环境中,能更好地满足功率要求。同时,超级电容器充放电时间短、效率高,可在很短的时间内完成一个充放电循环,所用时间远远低于可充电电池,特别适合短距离行驶车辆。超级电容器的循环使用寿命可达10万次以上,比目前最好的电池要高出100倍,在使用过程中也不需要经常性维护，同时其适用温度范围宽，可保证车辆动力系统在低温环境下的启动，安全性高，这些优势使它成为城市公交动力理想的选择。

3.6　飞轮电池

飞轮储能技术是一种新兴的电能存储技术，它与超导储能技术、燃料电池技术等一样，都是近年来出现的有很大发展前景的储能技术。作为一门新兴的高科技储能技术，飞轮电池的理论论证已经比较成熟，而且它的技术特点非常符合未来能源储存技术的发展方向。飞轮电池有望具有比其他任何电池都高的比能量和比功率，甚至有可能超过内燃机，另外，飞轮电池的使用寿命不受限制(至少高于车辆寿命)，克服了其他能量源存在的使用寿命有限的问题。

3.6.1　飞轮电池概述

使用飞轮以机械能的形式存储能量并不是一个新的设计理念。早在 20 世纪 50 年代，瑞士 Oerlikon 工程公司就设计出了首辆使用飞轮作为动力的客车，该飞轮重 1500 kg、工作转速 3000 r/min，在汽车停靠站对飞轮进行充电。普通的飞轮采用厚重的钢材质转子，总重有上百千克而工作转速仅有上百转。相反，先进的飞轮设计使用轻质复合材料转子，质量仅有几十千克而转速可达上万转，因此被称为超高速飞轮。

飞轮的基本工作原理是将外界输入的电能通过电动机转化为飞轮转动的动能储存起来，当外界需要电能的时候，又通过发电机将飞轮的动能转化为电能，输出到外部负载。

3.6.2　飞轮电池的结构和工作原理

在实际使用的飞轮电池中，主要包括飞轮、轴、轴承、电机、真空容器和电力电子变换器，如图 3 - 23 所示。为了减少空闲运转时的损耗，提高飞轮的转速和飞轮电池的效率，飞轮电池轴承一般都选择非接触式的磁悬浮轴承，而且将电机和飞轮都密封在一个真空容器内，以减少风阻。通常发电机和电动机使用一台电机来实现，通过轴承直接和飞轮连接在一起。

当外设通过电力电子交换装置给电机供电时，电机就作为电动机使用，它的作用是给飞轮加速，储存能量；当负载需要电能时，飞轮给电机施加转矩，电机又作为发电机使用，通过电力电子变换装置给外设供电；当飞轮空闲运转时，整个装置就可以以最小损耗运行。这样利用电机的四象限运行原理、使发电机和电动机共用一台电机的方法，不但可以提高效率，还可以减少整个储能装置的尺寸，使储能密度大大提高。

飞轮电池包括三个核心部分：飞轮、电动机/发电机和电力电子变换装置，其工作原理如图 3 - 24 所示。

从原理图可看出，电力电子变换装置从外部输入电能驱动电动机旋转，电动机带动飞轮旋转，飞轮储存动能(机械能)。当外部负载需要能量时，用飞轮带动发电机旋转，将动能转化为电能，再通过电力电子变换装置变成负载所需要的各种频率、电压等级的电能，以满足不同的需求。由于输入、输出是彼此独立的，设计时常将电动机和发电机用一台电机来实现，输入输出变换器也合并成一个，这样就可以大大减少系统的大小和重量。

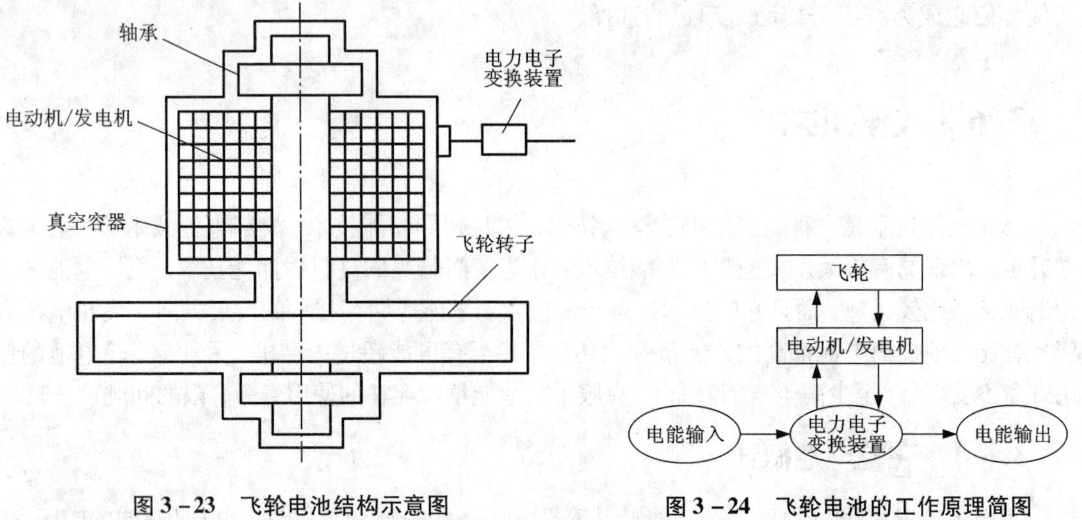

图 3-23　飞轮电池结构示意图

图 3-24　飞轮电池的工作原理简图

由于在实际工作中，飞轮的转速可达 40000～50000 r/min，一般金属制成的飞轮无法承受这样高的转速，所以飞轮大都采用碳纤维制成，以减少整个系统的重量。

飞轮储能的关键在于降低机械能的损失，这部分损失主要由空气摩擦阻力和旋转摩擦阻力两部分组成。根据降低空气摩擦阻力方式不同，可以将飞轮分为高速飞轮和低速飞轮。其中低速飞轮通过增加飞轮质量来降低空气摩擦所带来的影响，而高速飞轮则通过降低飞轮工作环境的空气压力来降低空气摩擦阻力。高速飞轮由于采用新型高强度复合材料而具有轻质量和高转速的特点，体积小，适合车载使用。其理想工作环境为真空环境，但由于技术限制，通常只是将空气摩擦阻力降低至可以接受的程度。为了减小高速旋转时所产生的旋转摩擦力，飞轮电池系统通常通过两个磁悬浮轴承的非接触式支撑被固定在真空空间内。

3.6.3　飞轮电池与其他电池性能的比较

现在广泛使用的储能电池是基于电化学原理的化学电池，它将电能转变为化学能储存，再转化为电能输出，主要优点是价格低廉、技术成熟，但存在污染严重、效率低下、充电时间长、用电时间短、使用过程中电能不易控制等缺点。

另一种储能电池是超导电池，它把电能转化为磁能储存在超导线圈的磁场中，由于超导状态下线圈没有电阻，所以能量损耗非常小，效率也高，对环境污染也小。但由于超导状态是线圈处于极低温度下才能实现，维持线圈处于超导状态所需要的低温需耗费大量能量，而且维持装置过大，不易小型化，民用的市场前景并不看好。

飞轮电池则兼顾了两者的优点，虽然近阶段的价格较高，但伴随着技术的进步，必将有一个非常广阔的应用前景。

3 种典型储能电池的性能见表 3-3。

表 3-3　3 种典型储能电池的性能

性能	储能电池		
	化学电池	飞轮电池	超导电池
储能方式	化学能	机械能	磁能
使用寿命/年	3~5	>20	≈20
技术状态	成熟	验证	验证
温度范围	受限制	不限	不限
外形尺寸(同功率)	大	最小	中等
储能密度	小	大	大
放能深度	浅	深	深
价格	低	高	较高
环境影响	污染	无污染	无污染

3.6.4　飞轮电池的特点

一、能量密度高

转子转速大于 60000 r/min 的飞轮电池在 75% 放电深度下产生大于 20 W·h/L 的比能量；而镍氢电池只有 5~6 W·h/L 的比能量，其放电深度一般被限制为 30%~40%。

二、无过充电、过放电问题

化学电池一般不能深度放电，也不能过充电，否则其寿命会急剧下降。而飞轮电池在深度放电时，其性能完全不受影响。通过限制转子的最高转速，能非常容易地防止过充电。飞轮电池的寿命主要取决于其电力电子变换器的寿命，故一般可达到 20 年左右。

三、容易测量放电深度，充电时间较短

飞轮电池只要测出转子的转速，就能确切知道其放电深度，化学电池相对难度较大。飞轮电池的充电一般在几分钟之内即可完成，而化学电池则需要几个小时。

四、对温度不敏感

温度对飞轮电池的工作参数几乎没有影响，而化学电池在高温或低温时其性能会急剧下降。

五、对环境友好

化学电池在报废后会对环境产生恶劣影响，回收难度大、回收成本较高。飞轮电池是一种绿色电池，对环境产生影响小，故它在电动汽车方面的应用极具潜力。

3.6.5　飞轮电池在汽车上的应用

由于技术和材料价格的限制，飞轮电池的价格相对较高，在小型场合还无法体现其优

势，但在一些需要大型储能装置的场合，使用化学电池的价格也非常昂贵，飞轮电池已得到逐步应用。

飞轮电池充电快，放电完全，非常适合应用于混合能量动力的车辆中。车辆在正常行驶和制动时，给飞轮电池充电，飞轮电池则在加速或爬坡时给车辆提供动力，保证车辆运行在一种平稳、最优的状态下，可减少燃料消耗、空气和噪声污染、发动机的维护，延长发动机的寿命。美国 TEXAS 大学已研制出汽车用飞轮电池，电池在车辆需要时，可提供 150 kW 的能量，满载车辆能加速到 100 km/h。

美国国防部预测未来的战斗车辆在通信、武器和防护系统等方面都广泛需要电能，飞轮电池由于其充放电快速，能量输出独立而稳定，质量轻，能使车辆工作处于最优状态，减少车辆的噪声，提高车辆的加速性能等优点，已成为美国军方首要考虑的储能装置。

作为一种新兴的储能方式，飞轮电池拥有传统化学电池无法比拟的优点已被人们广泛认同，它非常符合未来储能技术的发展方向。目前，飞轮电池正在向小型化、低廉化的方向发展。可以预见，伴随着技术和材料学的进步，飞轮电池将在未来的各行各业中发挥重要作用。

3.7 动力电池的回收与循环再利用

3.7.1 动力电池回收与循环再利用的发展现状

一、多国制定相关法规并建立回收体系

发达国家主要以法律作为防治电池污染和实现循环利用的重要保障。通过建立健全完善的法律机制，充分实施“生产者责任延伸”制度，利用法律强制力对各个环节进行规定，约束整个电池生命周期的各个相关主体，使其必须按照法律规定承担责任和履行义务，并对违反法律规定的主体进行严厉的惩罚。

(1)美国。

美国历来相当重视环境管理方面的工作，针对废旧电池的生产、收集、运输和贮存等过程提出技术规范，并采取生产者责任延伸和押金制度。

立法方面。针对废旧电池的立法涉及联邦、州及地方 3 个层面，其中《资源保护和再生法》《清洁空气法》《清洁水法》从联邦法规角度，采用许可证管理办法，加强对电池生产企业和废旧电池资源回收利用企业的监管。《含汞电池和充电电池管理法》主要针对废旧二次电池的生产、收集、运输、贮存等过程提出相应技术规范，同时明确了有利于后期回收利用的标识规定。纽约和加利福尼亚州的产品管理法案中覆盖到锂离子蓄电池产品，要求制造商在不牺牲消费者和零售商利益的前提下制订电池收集和回收的计划。

回收方面。美国国际电池协会制订了押金制度，促使消费者主动上交废旧电池产品。同时美国政府推动建立电池回收利用网络，采取附加环境费的方式，通过消费者购买电池时收取一定数额的手续费和电池生产企业出资一部分回收费，作为产品报废回收的资金支持，同时废旧电池回收企业以协议价将提纯的原材料卖给电池生产企业。此种模式既能促使电池生产企业很好地履行相关责任义务，在一定程度上又保证了废旧电池回收企业的利润，落实了

生产者责任延伸制度。

(2)欧盟。

欧盟采用生产者承担回收费用的强制回收制度，并对电池使用者提出了法定义务。

自 1990 年开始，欧洲的车厂已开始强调在汽车中使用可回收的材质及零组件的再利用。2000 年欧盟通过 2000/53/EC《关于废弃汽车的技术指令》(即 ELV 指令)，目标在于建立收集、处理、再利用的机制，鼓励将废弃汽车的部件重复利用，减少汽车产品对环境的破坏，并致力于环境保护、资源保护以及能源节约。欧盟 2006/66/EC《电池指令》与电池回收直接相关，涉及所有种类的电池，并要求汽车电池生产商建立汽车废旧电池回收体系。从 2008 年开始欧盟强制回收废旧电池，回收费用由生产厂家负担。

以回收领域较为成熟的德国为例。德国已建立较完善的回收利用法律制度，依据欧盟和德国关于电池回收法规的规定，在德国：电池生产和进口商必须在政府登记；经销商要建立收回机制，配合生产企业向消费者介绍在哪儿能免费回收电池；最终用户有义务将废旧电池交给指定的回收机构。

(3)日本。

日本在回收处理废电池方面一直走在世界前列，建立了“蓄电池生产—销售—回收—再生处理”的回收利用体系。

相关法律法规可以分为三个层面：第一层指基本法，即《促进建立循环型社会基本法》；第二层指综合性法律，包括《固体废弃物管理和公共清洁法》《资源有效利用促进法》《节能法》《再生资源法》等。第三层指专门法，包括根据各种产品的性质制度的专门法规。

从 1994 年 10 月起，日本电池生产厂商开始启动电池回收计划，建立起“蓄电池生产—销售—回收—再生处理”的电池回收利用体系。这种回收再利用系统是建立在每一位厂家自愿努力的基础上，零售商家、汽车销售商和加油站免费从消费者那里回收废旧电池。电池遵循与其分布路线相反的方向，由回收公司进行分解。

(4)中国。

中国动力电池回收体系正不断完善，并明确了动力电池回收责任主体，各城市对电池回收利用政策也进行了积极探索，但在落实方面差距与发达国家甚远。

2012 年，国务院在《节能与新能源汽车产业发展规划(2012—2020)》中明确规定，要加强动力电池梯级利用和回收管理，制定动力电池回收利用管理办法，建立动力电池梯级利用和回收管理体系，明确各相关方的责任、权利和义务。

2014 年 7 月，《国务院办公厅关于加快新能源汽车推广应用的指导意见》提出要研究制定动力电池回收利用政策，探索利用基金、押金、强制回收等方式促进废旧动力电池回收，建立健全废旧动力电池循环利用体系。2016 年以来，工信部相继出台了《电动汽车动力蓄电池回收利用技术政策(2015 年版)》《新能源汽车动力蓄电池回收利用溯源管理暂行规定》和《新能源汽车动力蓄电池回收利用管理暂行办法》3 项文件，明确废旧电池回收责任主体，加强行业管理与回收监管。

为鼓励生产企业回收动力电池，不少地方政府也在积极探索。2014 年上海市发布《上海市鼓励购买和使用新能源汽车暂行办法》，要求车企回收动力电池，政府给予 1000 元/套的奖励。2015 年深圳发布《深圳市人民政府关于印发深圳市新能源汽车推广应用若干政策措施的通知》，要求制定动力电池回收利用政策，由整车制造企业负责新能源汽车动力电池强制回收，并由整车制造企业按照每千瓦时20元专项计提动力电池回收处理资金，地方财政按照经审计的计提资金额给予不超过50%比例的补贴，建立健全废旧动力电池循环利用体系。

但实际上，由于我国新能源汽车的高速发展仅从2014年开始，目前多数动力电池还在质保期内，车企包括电池企业尚未将其落实。

二、各国重视动力电池回收并进行工程示范

动力电池回收利用虽然已经引起政府部门、科研机构以及部分企业的关注和研究，发展潜力巨大，但还没有大量的资源投入。美国、日本、欧洲和我国在退役电池的回收再利用方面进行了不同的尝试。表3－4为国内外典型的动力电池回收再利用示范项目，涉及储能、移动电源、分布式发电、商业可行性研究及拆解、回收等多个方面。

表3－4　动力电池回收再利用示范项目概况

国家	领域	时间	项目描述	参与主体
中国	锂离子蓄电池回收	2012年	万向公司承担科技部863项目期间，开发出一整套绿色回收处理再资源化工艺技术及一条废旧动力蓄电池回收中试线，可实现20吨/年的锂离子蓄电池无害化回收，在项目实施过程中，以循环制造为目标，通过对废旧电池材料属性变化和原料的有效分离提纯分析，实现电池安全、环保、有价值的回收，打通锂离子电池的循环价值产业链。	万向电动汽车有限公司
中国	商业储能	2012年	100 kWh梯次利用电池储能系统的示范工程，由中国电科院、国网北京市电力公司与北京交通大学共同完成，于2014年6月19日通过验收。	中国电力科学研究院、国网北京市电力公司与北京交通大学
中国	电网储能	2014年	河南省于2014年8月建成退役动力电池储能示范工程，该工程位于郑州市尖山真型输电线路试验基地，是国内首个真正意义上的基于退役动力电池的混合微电网系统。	国网河南电力公司、南瑞集团等
中国	低速电动车/电网储能	—	利用退役的动力电池，在电动场地车、电动叉车和电力变电站直流系统上进行改装示范，经实测回收电池性能相较传统铅酸蓄电池有一定优势，且经济性较好。	国网北京市电力公司、北京工业大学和北京普莱德公司
中国	可再生能源接入	—	250 kW/1 MWh梯次利用磷酸铁锂电池储能系统，2016年4月完成安装调试，目前已通过第三方认证。	中国电力科学研究院
中国	可再生能源接入	—	国家电网公司在张北风光储输示范基地规划9 MW梯次利用电池储能系统，初期3 MW梯次利用电池储能项目正在进展中。	国家电网、许继集团、中国电力科学研究院、国网冀北电力公司等

续表 3-4

国家	领域	时间	项目描述	参与主体
美国	锂离子蓄电池回收	1993 年	采用低温破碎分离法回收处理锂离子蓄电池，目前已经建成年加工处理废旧锂离子蓄电池规模达 3500 吨的工厂，并投入运行，由于采用了液氮，无论是原材料成本还是工艺技术能耗都相对较高。	Toxco 公司
美国	综合	2002 年	2002 年，美国国家能源部首次立项委托 Sandia 国家实验室开展车用淘汰电池的二次利用研究，该项目主要针对电池梯次利用的领域、过程、步骤、经济性和示范规模进行初步研究。	美国 Sandia 国家实验室
美国	分布式发电微网	2010 年	2010 年，美国可再生能源国家实验室开始进行插电式混合动力汽车及纯电动汽车用锂离子蓄电池二次利用的研究，提出淘汰电池可以用于风力发电、光伏电池、边远地区独立电源等。	美国可再生能源国家实验室
美国	经济效益	2010 年	加州大学戴维斯分校的混合电动汽车研究中心对动力锂电池的二次利用和价值分析等方面进行了研究。西北太平洋国家实验室开展了动力电池在电网系统中二次利用的经济效益问题研究。	加州大学、西北太平洋国家实验室
美国	技术/商业可行性	2010 年	Duke 能源和 ITOCHU 公司合作，对二次利用的电动汽车电池进行评价和测试。对于用于补充家庭能源供应、存储可再生能源的旧电池，确定其在技术上的可行性和商业可行性。	Duke 能源、ITOCHU 公司
美国/瑞典	智能电网	2011 年	美国通用公司与瑞典 ABB 集团联合开展了车载锂电池(针对 2010 年底量产的插电式混合动力车 Volt)再利用的调查与研究，包括智能电网方面，如太阳能存储电池系统和风力发电系统等所产生的电力。	美国通用公司、瑞典 ABB 集团
美国	移动电源	2014 年	美国 FreeWire 公司推出了一款电动汽车充电宝产品，充电对象是所有的电动汽车，这款产品名为 Mobi Charger，装有滚轮，方便移动，主要面向写字楼等工作区域。	FreeWire 公司
美国/日本	家庭储能	2010 年	美国 EnerDel 公司和日本伊藤忠商事在部分新建公寓中推广梯次利用电池。	美国 EnerDel 公司，日本伊藤忠商事
日本	家庭和商业储能	2010 年	日产汽车和住友集团合资成立了 4R Energy 公司，从事电动汽车废弃电池的再利用，在日本和美国销售或租赁日产 Leaf 汽车的二手电池，用作住宅和商用的储能设备。	4R Energy 公司

续表 3-4

国家	领域	时间	项目描述	参与主体
日本	镍氢电池	2011 年	由丰田公司负责开展电池回收业务，并对回收的电池进行加热、粉碎及筛选处理，住友金属公司开展金属镍的提取及再利用，该项目实现了对金属镍的回收再利用。	丰田公司与住友金属公司
比利时	锂离子蓄电池回收	1993 年	Toxco 公司在 1993 年就开始商业化的电池回收。通过对 TeslaRoadster 的动力电池组回收证明了自己的工艺水平。主要利用机械和湿法冶金工艺回收锂离子蓄电池中的铜、铝、铁、钴等有价值的金属。回收过程中的气体排放被控制在最小的范围内，并且不需要高温环境。通过该工艺流程能够回收 60% 的电池组材料。	Toxco 公司
德国	电网储能	2010 年	2010 年南德意志集团受德国联邦建筑会的委托，参与电动汽车电池阶梯利用的研究项目，并在德国柏林建立储能应用示范工程。该项目得到德国能源与气候研究机构的资金支持。	TUV 南德意志集团
德国	电网储能	2015 年	博世集团利用宝马的 ActiveE 和 i3 纯电动汽车退役的电池建造 2 MW/2 MWh 的大型光伏电站储能系统。该储能系统由瓦腾福公司负责运行和维护。	博世集团、BMW、瓦腾福公司

三、我国动力电池回收利用的情况

动力电池的再利用的一般过程是将废旧电池失效、拆解、检测、筛选，接着二次重组再利用。通常对废旧锂离子蓄电池的回收过程是：首先彻底放电，然后对电池进行拆解分离出正极、负极、电解液和隔膜等各组成部分，再对电极材料进行碱浸出、酸浸出、除杂后进行萃取，以实现有价金属的富集。回收处理方法按提取工艺可分为 3 大类：干法回收技术、湿法回收技术和生物回收技术。

我国已基本掌握相应的回收处理技术，但是回收工艺水平较低。一方面，国内针对动力电池的回收工艺路线还处于探索阶段，以循环制造为目标的回收技术还没有开展。另一方面，国内对动力电池的回收处理普遍还停留在废物处理的阶段，资源回收再利用以及锂离子蓄电池的循环再制造技术的研究仍未开展，对锂离子蓄电池回收所涉及的安全生产和环境保护等问题没有具体的工艺措施和装备保证。

四、动力电池回收利用的意义

(1)动力电池回收有利于环境保护和资源节约。

车用动力电池报废后如不进行必要的处理，会造成环境污染和资源浪费。我国车用动力电池绝大多数为锂离子蓄电池，锂离子蓄电池虽然不含汞、镉、铅等毒害性较大的重金属元素，但废旧锂离子蓄电池如果处理不当仍能够对环境造成极大的污染。比如废旧锂离子蓄电池的电极材料进入环境中，可与环境中其他物质发生水解、分解、氧化等化学反应，产生重金属离子、强碱和负极碳粉尘，造成重金属污染、碱污染和粉尘污染；电解质进入环境中，可发生水解、分解、燃烧等化学反应，产生 HF、含砷化合物和含磷化合物，造成氟污染和砷污染。

有研究表明，回收锂离子蓄电池可节约51.3%的自然资源，包括减少45.3%的矿石消耗和57.2%的化石能源消耗。锂离子蓄电池材料中包含着一些有价值的材料。以某三元材料电池为例，其中镍含量12%、钴5%、锰7%、锂1.2%，如果通过回收工艺，将有价值材料回收再利用，可达到节约资源的目的。

(2)动力电池再利用有利于提高电池全生命周期使用价值。

从新能源汽车上淘汰的动力电池，仍基本保持70%~80%的初始能量，如果直接拆解回收，是对电池剩余使用能力的浪费，动力电池报废后除了化学活性下降外，电池内部的化学成分并没有改变，这些电池的能量完全可以继续满足家庭储能、分布式发电、微网、移动电源、后备电源、应急电源等中小型储能设备和大型商业储能和电网储能市场的使用，如果废旧动力电池梯次利用技术提高、经济成本下降，在梯次利用领域，动力电池的全生命周期使用价值将会得到充分利用。

3.7.2　动力电池回收和再利用面临的主要问题

一、退役电池复杂性高，拆解不便

退役动力电池回收复杂程度很高，包括不同类型电池制造和设计工艺的复杂性以及串并联成组形式、服役和使用时间、应用车型和使用工况的多样性。比如，电池有方形、圆柱形等不同形状，其叠片、绕组形式各不相同，由于集成形式不同，成组后电池包也各异。

这些复杂性导致电池回收再利用或者拆解极为不便。如果进行自动化拆解，对生产线的柔性配置要求比较高，从而导致处置成本过高，因此，在目前自动化水平不高的情况下，多数工序是人工完成的，工人的技能水平将影响电池回收过程中的成品率，同时手工拆解过程中，电池短路、漏液可能导致起火或者爆炸，有潜在安全隐患。

二、退役电池一致性差，品质不高

退役电池的再利用必须经过品质检测，包括安全性评估、循环寿命测试等，将电芯分选分级，再重组后才可以被再利用。但是如果动力电池在服役期间没有完整的数据记录，在再利用过程中进行电池寿命预测时，准确度可能会下降，电池的一致性无法保障，同时测试设备、测试费用、测试时间、分析建模等成本都会增加。由于不同电池的内阻特性、电化学特性、热特性不同，电池的不一致性和可靠性可能也无法保证，如果一些存在问题的电池在筛选过程中没有被检验出来，而再次被使用，会增加整个电池系统的安全风险。

三、回收拆解成本较高，经济性欠佳

目前，动力电池回收产业还未形成规模效应，国内还未建立成熟的回收体系，一些企业虽然涉及了动力电池回收业务，但效率较低，投入超出电池价值，缺乏盈利点。比如一家采用机械法和湿法回收废旧磷酸铁锂电池的公司，回收处理1吨废旧磷酸铁锂动力电池的成本

为8540元，而再生材料的收益仅为8110元，亏损430元。由于锂离子蓄电池回收技术路线比较复杂，回收工艺成本高，而除了三元系正极回收价值高外，像锰酸锂、磷酸铁锂系正极回收价值偏低。

在动力电池再利用领域，由于电池检测和重组时设备和人工投入成本较高，导致电池出厂价格偏高，用于储能并不具有经济性。根据中国电力科学研究院数据，2015年锂离子蓄电池储能综合成本为0.73元/(kW·h)，而铅碳电池、抽水蓄能成本目前已经接近0.4元/(kW·h)，目前锂离子蓄电池储能经济成本还不具备优势。

四、回收政策缺乏监管，执行不乐观

我国2016年发布了《电动汽车动力蓄电池回收利用技术政策(2015年版)》，明确采用生产者责任延伸制度，电动汽车生产企业承担电动汽车废旧动力蓄电池回收利用的主要责任，动力蓄电池生产企业承担电动汽车生产企业售后服务体系之外的废旧动力蓄电池回收利用的主要责任，梯级利用电池生产企业承担梯级利用电池回收利用的主要责任，报废汽车回收拆解企业应负责回收报废汽车上的动力蓄电池。但是，由于该政策并不是强制性的，且缺乏明确的奖惩机制，加上动力电池回收再利用经济性不高，目前各级动力电池相关主体对政策的执行情况并不乐观。

3.7.3 结论和建议

随着新能源汽车的快速发展，我国动力电池报废也将成规模，车用动力电池退役后，如果不进行必要的回收和处理，不仅会造成资源的浪费，也会对环境造成一定的污染。应积极完善政府、企业及消费者联动机制，推动动力电池回收和再利用产业的发展，减少动力电池的污染和浪费问题，延长动力电池使用寿命和价值链。

一、研究电池标准化并落实可追溯体系

动力电池的标准化影响了其回收和再利用过程中拆解、检测等装备的复杂程度、一致性、安全性和经济性，因此有必要对动力电池的结构设计、连接方式、工艺技术、集成安装等标准化进行研究。

进一步落实《电动汽车动力蓄电池回收利用技术政策(2015年版)》中要求的动力电池编码制度及可追溯体系，尽快制订动力电池编码强制标准，将可追溯系统与新能源汽车产品公告管理挂钩，保证电池有全生命周期信息记录，提高检测评估的便利性和准确性。

二、制订和实施动力电池回收奖惩措施

《电动汽车动力蓄电池回收利用技术政策(2015年版)》明确了电池回收责任主体和追责方式，但是对新能源汽车动力电池回收，目前尚未有明确的赏罚机制，企业也没有将动力电池回收看成是有利可图的事情。目前，亟须制订动力电池回收再利用激励实施细则，建立明确的赏罚机制。比如对未按照回收政策履行责任义务的企业进行必要的惩罚，包括行政处罚和经济处罚，甚至与车辆公告和电池目录挂钩；可以对电池回收企业和电池再利用企业按照电池套数、容量等方式进行补贴、税收优惠，保证回收再利用企业的经济性。对消费者可以采用押金和奖励并行的制度，消费者主动上交废旧电池时，退回押金并增加额外补偿，培养消费者动力电池回收的意识。

三、加大回收再利用关键技术研发力度

需要加大对废旧电池拆解、重组、测试和寿命预测等关键技术进行攻关，提高其技术成熟度和生产过程的安全性；同时提高电池拆解、重组及回收技术的工艺水平和自动化水平，提高拆解、重组和回收过程的效率，使动力电池回收的材料和再利用电池出厂具有经济可行性和安全性。

四、鼓励商业模式创新试点

在开展技术经济分析和评价的基础上开展创新商业模式试点，积累经验之后，对具有推广价值的循环经济发展模式进行复制，避免一哄而上。落实动力电池回收再利用体系建设，并利用补贴机制和优惠政策提高企业和消费者的积极性，但要避免一些投机企业为了补贴跟风进入这个行业，形成公平和良性的竞争机制，以利于产业健康发展。

思考题

1. 调研国内市场常见的电动汽车所使用的车载储能装置的类型和主要性能。
2. 调研国内市场常见的车载储能装置厂商提供的车载储能装置的类型和主要性能。
3. 通过调研和学习，为自选的一种电动汽车匹配车载储能装置。
4. 简述铅酸蓄电池的结构和工作原理。
5. 简述镍氢蓄电池的结构和工作原理。
6. 简述锂离子蓄电池的结构和工作原理。
7. 简述超级电容器的结构和工作原理。
8. 简述飞轮电池的结构和工作原理。

第 4 章　电动汽车动力装置

电动汽车用驱动电机通常要求能够频繁地起步与停车、加速与减速，低速或爬坡时要求高转矩，高速行驶时要求低转矩，并要求变速范围大。本章介绍各种应用于电动汽车的驱动电机的基本结构和原理，简述其特性和控制方法。

4.1　电动汽车的车用电机概述

电机是将电能转换为机械能或将机械能转换为电能的装置，电机具有能相对运动的部件，是一种依靠电磁感应而运行的装置，其中发电机将机械能转换为电能；电动机将机械能转换为电能。在电动汽车中，为车辆行驶提供驱动力的电动机称为驱动电动机，驱动车辆以外的电动机称为辅助电动机。

4.1.1　电动汽车电动机驱动系统的组成

电动机驱动系统是电动汽车的心脏，它由电机、功率转换器、控制器、各种检测传感器和电源(蓄电池)组成，其任务是在驾驶人的控制下，高效率地将蓄电池的电量转化为车轮的动能，或者将车轮的动能反馈到蓄电池中。图 4－1 是电动机驱动系统的基本组成框图。

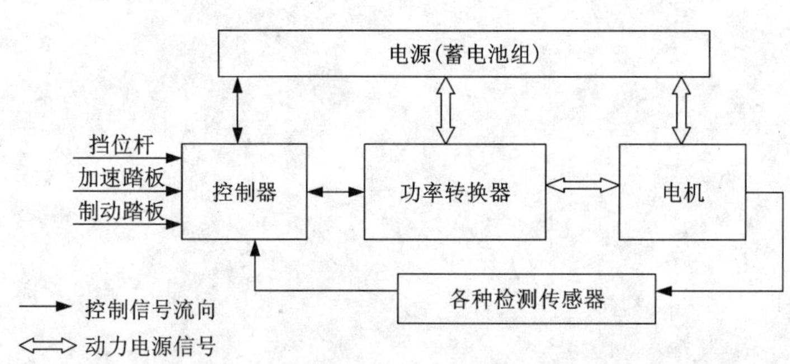

图 4－1　电动机驱动系统的基本组成框图

早期的电动汽车主要采用直流电动机系统，但直流电动机有机械换向装置，必须经常维护。随着电力电子技术的发展，交流调速逐渐取代直流调速。现代电动汽车常用的驱动系统有 3 种：异步电动机系统、永磁无刷电动机系统和开关磁阻电动机系统。

功率转换器按电动机类型分为DC/DC功率转换器、DC/AC功率转换器等形式，其作用是按所选电动机驱动电流的要求，将蓄电池的直流电转换为相应电压等级的直流、交流或脉冲电源。

检测传感器主要对电压、电流、速度、转矩及温度等进行检测，其作用是改善电动机的调速特性，对于永磁无刷电动机或开关磁阻电动机还要求有电动机转角位置检测。

控制器是按驾驶人操纵变速杆、加速踏板和制动踏板等，相应输入的前进、倒退、起步、加速、制动等信号，以及各种检测传感器反馈的信号，通过运算、逻辑判断、分析比较等，适时向功率转换器发出相应的指令，使整个驱动系统有效运行。

4.1.2　驱动电机的分类

按照电机学的一般分类方法，根据电机不同的结构特点及电源性质，电机分类如图4-2所示。

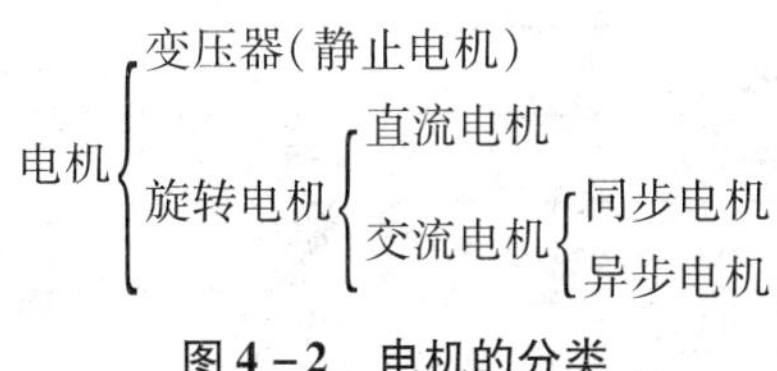

图4-2　电机的分类

目前电动汽车常用的驱动电机主要有以下几种：

(1)直流电机。

直流电机是电动汽车上应用最早、最广泛的一种驱动电机，对于以动力电池提供运行能量的情况，可以直接获得直流电。

(2)交流感应电机。

交流感应电机(induction electrical machine，AC)是定子及转子为独立绕组，双方通过电磁感应来传递力矩，其转子以低于/高于气隙旋转磁场的转速旋转的交流电机。

交流感应电机是现有最高效的电机，可以达到97%或更高的效率额定值。电动汽车上的电机控制器采用脉宽调制(pulse width modulation，PWM)方式实现高压直流到三相交流的变换，采用变频调速方式实现电机调速，采用矢量控制或直接转矩控制策略实现电机转矩控制的快速响应。

(3)永磁无刷直流电机。

无刷直流电机(brushless DC motor，BDCM)是用电子电路取代电刷和机械换向器的直流电机，它通常由永磁转子电机本体、转子位置传感器和电子开关线路三部分组成。

永磁无刷直流电动机在工作时，直接将近似方波的电流输入其定子绕组中，可以使电动机获得较大转矩，效率高、无电刷、高速性能好、结构简单牢固、免维护或少维护、质量轻。但目前这种电机存在损耗多、工作噪声大及脉冲式输出转矩的缺点。

(4)永磁同步电机。

永磁同步电机(permanent magnet synchronous motor，PMSM)是转子采用永磁材料励磁的同步电机。

(5)开关磁阻电机。

开关磁阻电机(switched reluctance motor, SRM)是采用定转子凸极且极数相接近的大步距磁阻式步进电机的结构，利用转子位置传感器通过电子功率开关控制各相绕组导通使之运行的电机。

开关磁阻电动机简称SR电机，它是一种新型的电动机，因其结构简单、坚固、工作可靠、效率高，其调速系统运行性能和经济指标比普通的交流调速系统好，具有很大的潜力，因而近几年来发展颇为迅速。

汽车用各种驱动电机的基本性能比较见表4-1。

表4-1 驱动电机的基本性能比较

项目	类型			
	直流电动机	交流电动机	永磁电动机	开关磁阻电动机
转速范围/($r \cdot min^{-1}$)	4000~6000	12000~20000	4000~10000	>15000
功率密度	低	中	高	较高
功率系数	—	82~85	90~93	60~65
峰值效率/%	85~89	94~95	95~97	85~90
负荷效率/%	80~87	90~92	85~97	78~86
过载能力/%	200	300~500	300	300~500
恒功率区比例	—	1:5	1:2.25	1:3
电动机质量	重	中	轻	轻
电动机外形尺寸	大	中	小	小
可靠性	一般	好	优良	好
结构坚固性	差	好	一般	优良
控制操作性能	最好	好	好	好
控制器成本	低	高	高	一般

4.1.3 电动汽车对驱动电机的要求

电动汽车的运行与一般的工业应用不同，面对的情况非常复杂，电动汽车用驱动电机通常要求能够频繁地起步、停车、加速、减速，其中低速或爬坡时要求高转矩，高速行驶时要求低转矩，并要求变速范围大。电动汽车对驱动电机的性能要求如下：

(1)要有较大的启动转矩，以保证电动汽车良好的启动和加速性能；为适应爬坡、频繁启动、停车的要求，要求过载能力强(过载系数应为3~4)，要达到加速性能好的要求，要求驱动电机转矩响应快、波动小、稳定性好。

(2)要有较宽的恒功率范围，以保证电动汽车具有高速行驶的能力；在恒功率区，要求低转矩时具有高的速度，以满足汽车在平坦的路面高速行驶的要求。

(3)要有较宽的调速范围，在低速时具有较大的转矩，在高速时具有高功率，能够根据驾驶员对加速踏板的控制调整电动汽车的行驶速度和相应的驱动力。要求电机最高转速是基速的2倍以上，电机要能四象限工作。

(4)具有良好的效率特性。电动汽车用电动机应在整个运行范围内具有高的效率，以提高 1 次充电的续驶里程。一般要求在典型的驾驶循环区，获得 85% 以上的效率。

(5)再生制动时的能量回收率高。电动汽车用电动机应能够在汽车减速时实现再生制动，将能量回收并反馈回蓄电池，使得电动汽车具有最佳能量的利用率。

(6)电动机的外形尺寸要求尽可能小，质量尽可能轻，以保证电动汽车整车轻量化的需求。

(7)电动机的可靠性好，耐温和耐潮性能强，能够在较恶劣的环境下长期工作。电磁兼容性好，运行时噪声低，维修方便。

(8)价格低，便于批量生产。

4.1.4　电机学的基本定律

安培环路定律、电磁感应定律和电磁力定律是分析电机的基本定律，可逆性原理是电机运行中的普遍规律，简要回顾如下。

(1)安培环路定律(全电流定律)。

在磁场中，磁场强度矢量沿任一闭合路径的线积分，等于该闭合路径所包围的电流的代数和，即

$$\int_l H\mathrm{d}l = \sum i$$

式中：$\sum i$ 为全电流(传导电流和位移电流)的代数和。

当电流的方向与闭合线上磁场强度的方向满足右手螺旋规律时，电流取正值，否则取负值。

(2)电磁感应定律。

设有一匝数为 N 的线圈位于磁场中，当与线圈交链的磁链 $\Psi = N\Phi$ 发生变化时，线圈中将有感应电动势产生。感应电动势的数值与线圈所交链的磁链的变化率成正比。如果感应电动势的正方向与磁通的正方向符合右手螺旋关系，则感应电动势为

$$e = -\frac{\mathrm{d}\psi}{\mathrm{d}t} = -N\frac{\mathrm{d}\Phi}{\mathrm{d}t}$$

式中：负号含义是线圈中的感应电动势倾向于阻止线圈内磁链的变化。

(3)电磁力定律。

位于磁场中的载流导体受到磁场力的作用，该力称为电磁力。如果磁场与载流导体相互垂直，则作用在导体上的电磁力为

$$F = Bli$$

式中：B 为磁通量；l 为导体在磁场中的有效长度；i 为导体中的电流。

(4)电机的可逆性原理。

电机可逆性原理说明，发电机和电动机只是一种电机的两种不同运行方式而已。实际上，某些电机常称为发电机(或电动机)，这说明该类电机作为发电机(或电动机)运行时性能较好，而不是说只能用作发电机(或电动机)。

4.1.5　电机的基本性能参数

GB/T 19596—2004《电动汽车术语》对电机的基本性能参数进行了规定，常用的性能参数

及其定义如下。

额定功率(rated power)——在额定条件下的输出功率。

峰值功率(peak power)——在规定的持续时间内，电机允许的最大输出功率。

额定转速(rated speed)——额定功率下电机的最低转速。

最高工作转速(maximum work speed)——相应于电动汽车最高设计车速的电机转速。

额定转矩(rated torque)——电机在额定功率和额定转速下的输出转矩。

峰值转矩(peak torque)——电机在规定的持续时间内允许输出的最大转矩。

堵转转矩(locked - rotor torque)——转子在所有角位堵住时所产生的转矩最小测得值。

电机及控制器整体效率(combination efficiency of electrical machine and controller)——电机转轴输出功率除以控制器输入功率乘以100%。

当电动机在额定运行情况下输出额定功率时，称为满载运行，这时电动机的运行性能、经济性及可靠性等均处于优良状态。输出功率超过额定功率时称为过载运行，这时电动机的负载电流大于额定电流，将会引起电动机过热，从而减少电动机使用寿命，严重时甚至烧毁电动机。电动机的输出功率小于额定功率时称为轻载运行，轻载时电动机的效率和功率系数数等运行性能均较差，因此应尽量避免电动机轻载运行。

4.2 直流电动机

直流电机按其能量转换方向的不同分为直流发电机和直流电动机，两者之间具有可逆性。对于直流电动机，当给电枢绕组通入直流电流时，通过电刷和换向器转换为交变电流，使处于主极磁场中绕组的线圈始终受到相同方向电磁转矩的作用，保证了电动机连续转动，从而实现电能到机械能的转换。对于直流发电机，当原动机拖动电枢转动时，电枢绕组的线圈切割主极磁场而产生交变感应电动势，再通过电刷和换向器转换为直流电动势，由电枢绕组输出直流电流，从而实现机械能到电能的转换。

4.2.1 直流电动机的结构和工作原理

直流电动机主要由定子(固定不动)和转子(旋转)两大部分组成，其基本组成如图4-3所示，结构如图4-4所示。

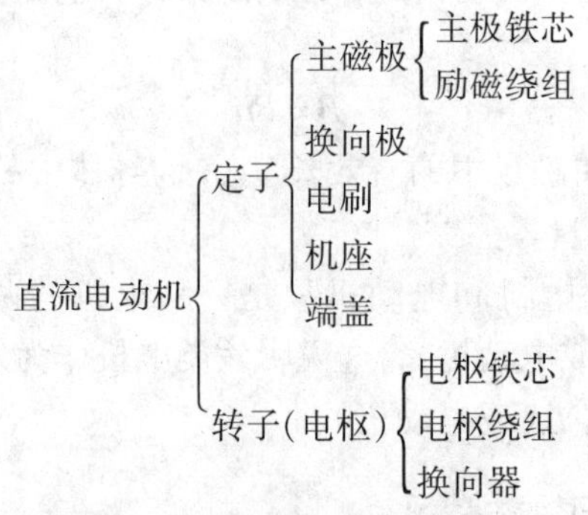

图4-3 直流电动机的基本组成

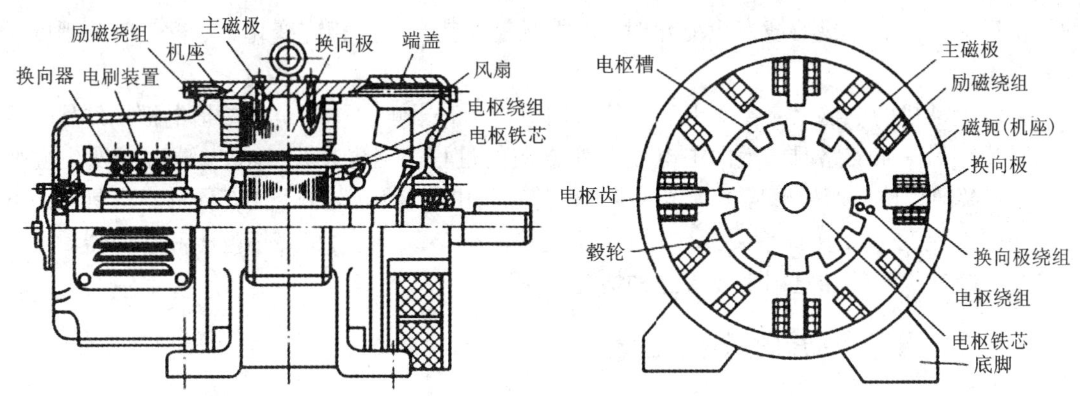

图4－4　直流电动机结构

直流电动机的定子与转子之间有空隙，称为气隙。其中定子部分又包括机座、主磁极（N、S极）、换向极、端盖、电刷等，转子部分又包括电枢铁芯、电枢绕组、换向器、转轴等。

直流电动机的工作原理比较简单，如图4－5所示。根据电磁力定律，当一载流导线放置在磁场中时，将产生作用于导线上的磁场力，该力垂直于导线和磁场。若把电刷接到电源上，在电枢线圈中就会有电流流过，由于电枢中有电刷和换向器，电枢绕组中产生的是交变电流，使得转子可以连续地朝一个方向旋转。

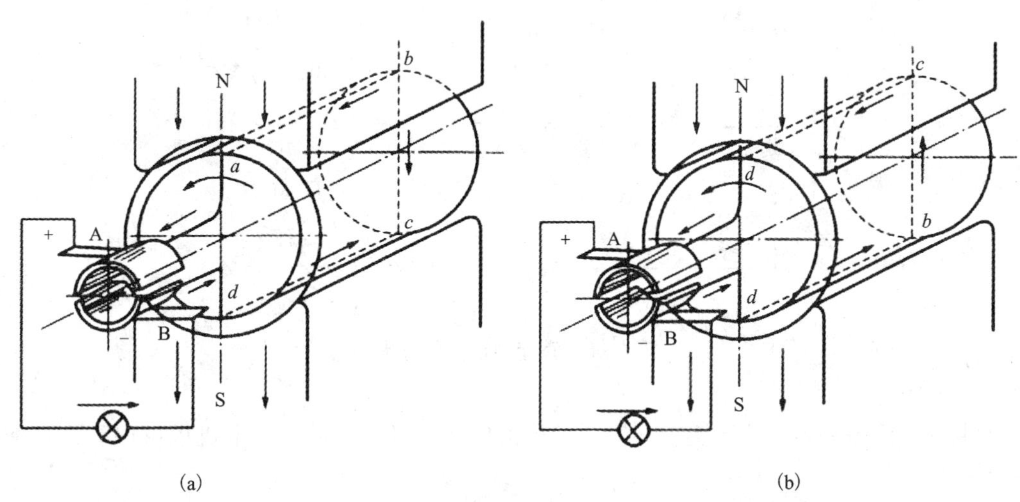

图4－5　直流电动机的工作原理

磁场是电机实现机电能量转换的耦合场。磁场能量主要储存在直流电动机定、转子之间的气隙中，因此，气隙磁场的分布直接关系到感应电动势的产生和机电能量的转换。直流电动机空载时，气隙磁场是由主极励磁磁动势单独产生，在几何中性线处径向磁通密度为零。直流电动机负载时，气隙磁场是由主极励磁磁动势和电枢磁动势共同产生，几何中性线处径向磁通密度不为零，电枢表面径向磁通密度为零的连线物理中性线偏离了几何中线一定的角度，即气隙磁场相对空载时发生了畸变，并使每极下的磁通量有所削弱。这就是直流电动机的电枢反应。当电动机负载发生变化时，电枢磁动势就会发生相应变化，电枢反应的程度就会有所不同。

直流电动机的电枢反应会对电动机的换向造成不利影响。所谓换向是指电枢元件从一条支路转换到另一条支路时，元件中电流改变方向的过程。当电枢反应使气隙磁场发生畸变后，会在换向元件中产生感应电动势，该电动势阻碍电流变化(另外，还有元件本身具有的电感也阻碍电流变化)，由此导致换向延迟，引起换向火花，严重时将烧坏电刷和换向器。可以通过加装换向极和移动电刷来改善这种情况。

4.2.2 直流电动机的分类和特点

(1)分类。

直流电动机可以分为永磁式和励磁式。直流电动机按照励磁方式又可分为自励和他励两大类。根据励磁绕组和转子绕组的连接关系，自励可分为并励、串励和复励三种，这样励磁式直流电动机可细分为四种，如图 4－6 所示。

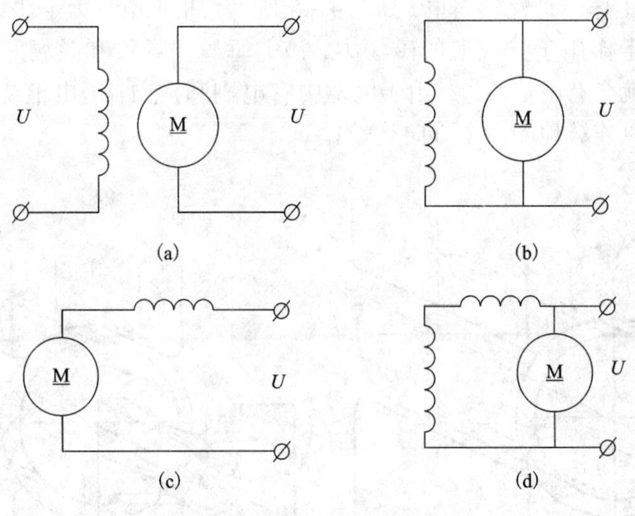

图 4－6 直流电动机的分类

①他励直流电动机：励磁绕组与转子电枢的电源分开，永磁直流电机也可以看作是他励直流电机。

②并励直流电动机：励磁绕组与转子电枢并联在同一电源上。

③串励直流电动机：励磁绕组与转子电枢串联到同一电源上。

④复励直流电动机：励磁绕组与转子电枢的连接有串有并，接在同一电源上。

(2)特点。

早期开发的电动汽车主要采用直流电动机驱动系统，有刷直流电动机的主要优点是控制简单、技术成熟，电动机可以频繁快速启动、制动和反转，可以在重负载条件下，实现均匀、平滑的无级调速，而且调速范围较宽。

但同时，由于存在电刷和机械换向器，限制了电机过载能力与速度的进一步提高，运行时碳刷和换向器会产生火花，长期运行需要维护，另外，由于损耗存在于转子上，使得散热困难，限制了电机转矩质量比的进一步提高。电动汽车专用的直流电动机和其他通用的电动机相比，应在耐高温性、抗振动性、低损耗性、抗负载波动性以及小型轻量化、免维护性等方面给予特殊考虑。

4.2.3 直流电动机的运行特性

直流电动机的运行特性主要包括工作特性和机械特性。

(1)工作特性。

不同直流电动机的工作特性是指在保持额定电压、额定励磁电流的情况下，电动机的转速 n、电磁转矩 T 和效率 η 随电枢电流 I_a(或输出功率 P_2)变化的特性。

不同直流电动机的励磁方式不同，其运行特性也有很大差异。并励电动机工作特性如图4-7所示；串励电动机工作特性如图4-8所示；复励电动机中既有并励绕组又有串励绕组，因此其特性介于并励电动机和串励电动机之间。当复励电动机以并励为主时，其特性接近于并励电动机；当复励电动机以串励为主时，其特性接近于串励电动机。

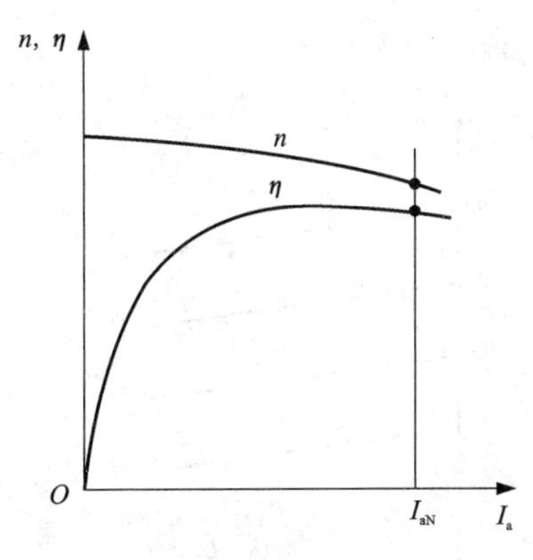

图4-7 并励电动机工作特性

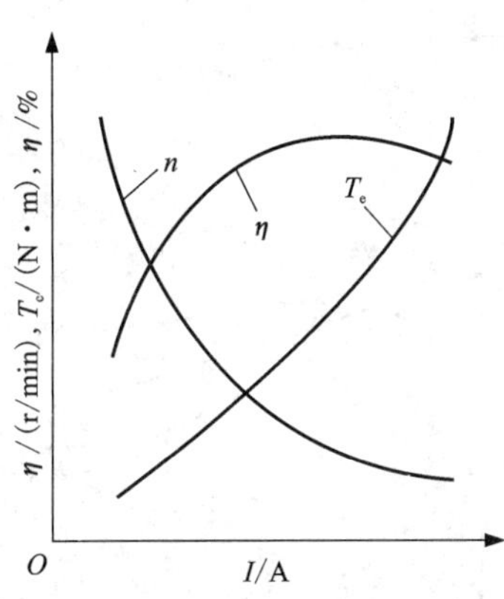

图4-8 串励电动机工作特性

(2)机械特性。

直流电动机的机械特性是指转速与电磁转矩之间的关系，如图4-9所示。由直流电动机的电压方程和转矩表达可知

$$n=\frac{U}{K_e\Phi}-\frac{R_a}{K_eK_t\Phi^2}T$$

式中：n 为电枢转速，r/min；U 为外加电枢电压，V；K_e 为与电机结构有关的常数；Φ 为对磁极的磁通，Wb；R_a 为电枢回路电阻，A；K_t 为与电机结构有关的常数，$K_t=9.55K_e$；T 为电磁转矩，N·m。

直流电动机的固有机械特性是指在额定条件(额定电压和额定磁通 Φ_N)下和电枢电路内不外接任何电阻时的特性：$n=f(T)$。直流他励电动机固有机械特性曲线如图4-10所示。

定义转矩 $T=0$ 时的转速为理想空载转速，用 n_0 表示。为了衡量机械特性的平直程度，引进一个机械特性硬度的概念，其定义为

$$\beta=\frac{\mathrm{d}T}{\mathrm{d}n}=\frac{\Delta T}{\Delta n}\times 100\%$$

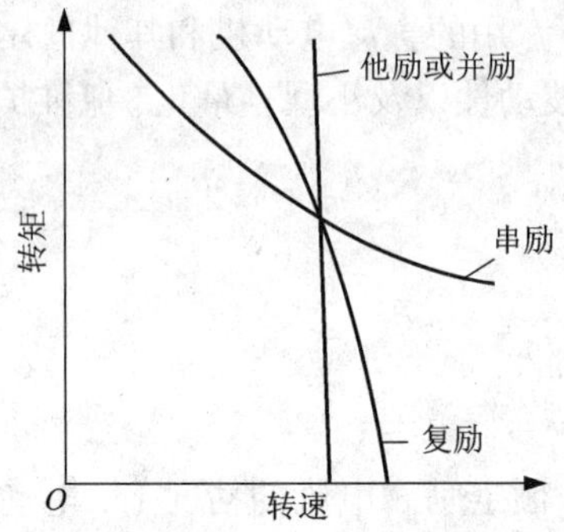

图 4-9　直流电动机的转矩-转速曲线

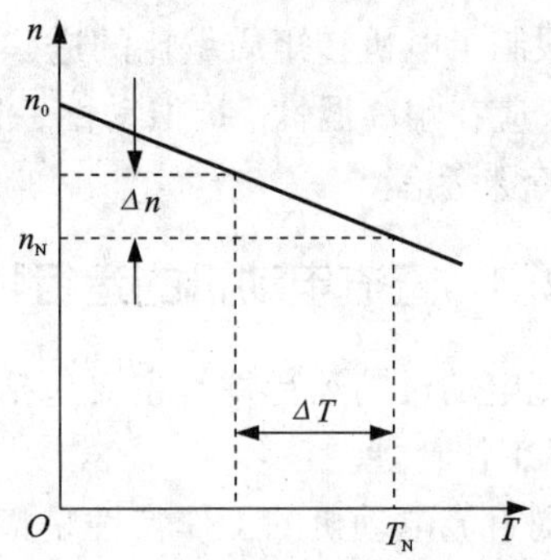

图 4-10　直流他励电动机固有机械特性

人为机械特性是指人为地改变电动机电枢外加电压 U 和励磁磁通 Φ 的大小以及电枢回路串接附加电阻 R_{ad} 所得到的机械特性。电枢回路中串接附加电阻时的人为机械特性如图 4-11所示，改变电枢电压 U 时的人为机械特性如图 4-12 所示，改变磁通 Φ 时的人为机械特性如图 4-13 所示。

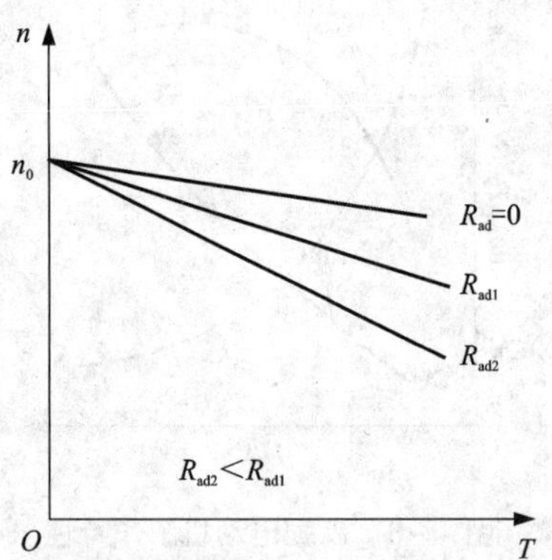

图 4-11　电枢回路中串接附加电阻时他励直流电动机的电路和人为机械特性

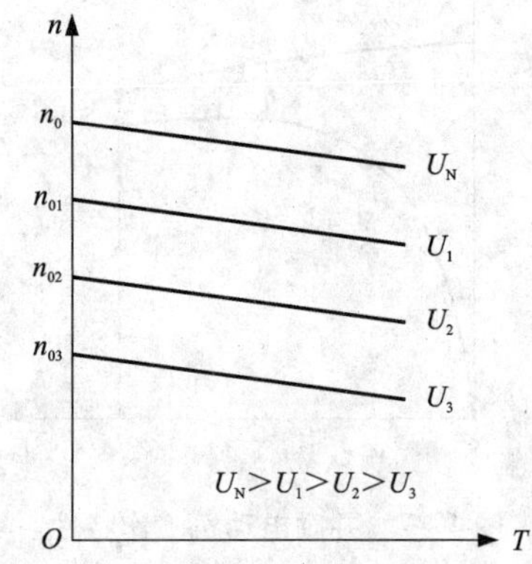

图 4-12　改变电枢电压时他励直流电动机的电路和人为机械特性

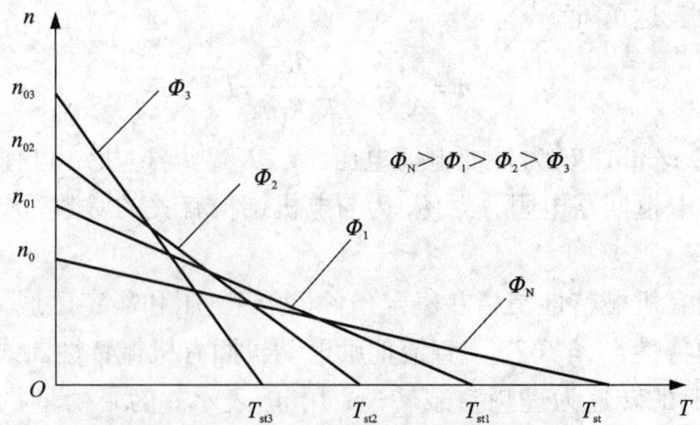

图 4-13　改变磁通他励直流电动机的电路和人为机械特性

4.2.4　直流电动机的控制

直流电动机的控制通常采用的是斩波控制，即通过改变直流电动机电枢两端的等效平均电压控制电动机的转速和转矩。

直流电动机的斩波控制如图 4 – 14 所示，斩波控制器根据信号分析后计算出的控制指令，通过控制励磁电流与电枢电压，达到控制驱动电动机的转矩和转速的目的。具体控制过程为当电动机运转在恒转矩区域时，在稳定励磁电流的条件下，该控制器通过改变电枢电压的大小来调整电动机的转速，而当电动机运转在恒功率区域时，该控制器将电枢电压保持恒定，调整励磁电流的大小来控制电动机的转矩与转速。

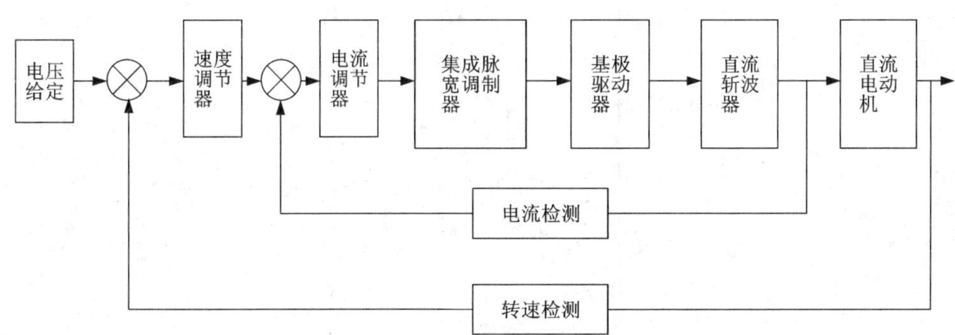

图 4 – 14　直流电动机的斩波控制

4.3　交流感应电动机

交流感应电动机又称异步电动机，随着电力电子及微电子技术的进步和运动控制理论的发展及新的控制技术的不断采用，感应电动机的控制技术得到质的飞跃，感应电动机驱动系统在大功率电动汽车中得到了广泛的应用。

4.3.1　交流感应电动机的结构和工作原理

交流感应电动机主要有笼形异步电动机和绕线转子异步电动机两类，以笼形异步电动机为例，其基本结构组成如图 4 – 15 和图 4 – 16 所示。

交流感应电动机主要由定子和转子两大部分组成，定子和转子之间是气隙。定子是用来产生旋转磁场的，它由机座、定子铁芯、定子绕组、铁芯外壳、支撑转子轴的轴承等组成。转子由转子铁芯、转子绕组和转子轴等组成。转子铁芯和定子铁芯由薄硅钢片叠加而成，以减少磁损。笼形转子采用铜条减少线圈损失，定子铁芯采用 C 级绝缘，可直接用低黏度的油来冷却，采用铸铝机座来减小电机总重量。

交流感应电动机横截面如图 4 – 17 所示。在电机定子上有三相对称的交流绕组，三相绕组各相差 120°，如图 4 – 18 所示，三相对称交流绕组通入三相对称交流电流时，将在电动机

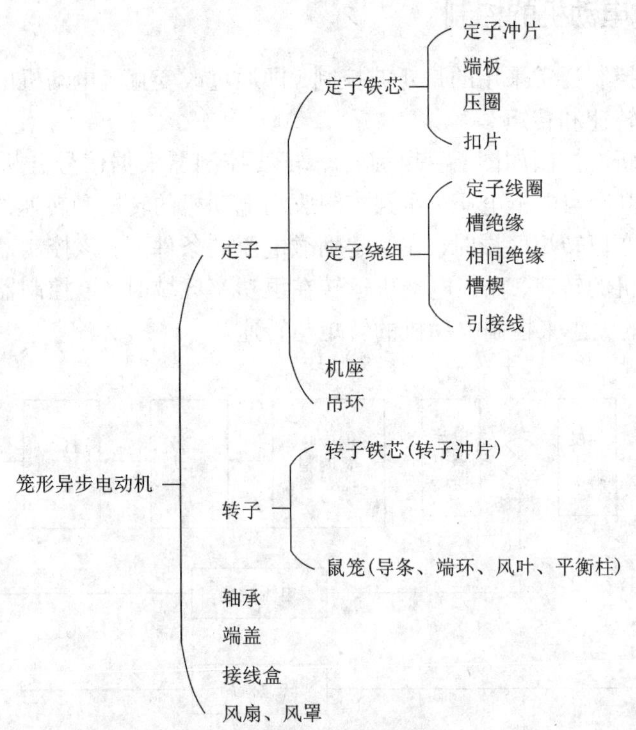

图 4-15　笼形异步电动机的基本组成

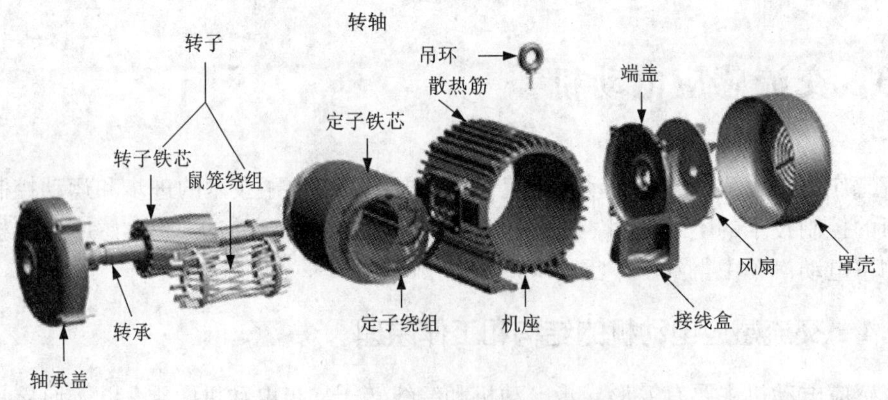

图 4-16　交流感应电动机的结构

气隙空间产生旋转磁场，转子绕组的导体处于旋转磁场中，转子导体切割磁力线，并产生感应电动势。由于转子导体通过端环自成闭路，在感应电动势的作用下，转子导体中将产生与感应电动势方向基本一致的感应电流。感应电流与旋转磁场相互作用产生电磁力，电磁力作用在转子上产生电磁转矩，驱动转子旋转。

在异步电机的定子三相对称绕组中通入对称三相电流，就会产生旋转磁动势，从而在电机中形成旋转磁场。基波旋转磁场的转速称为同步转速，其大小为

$$n_1 = \frac{60f_1}{p}$$

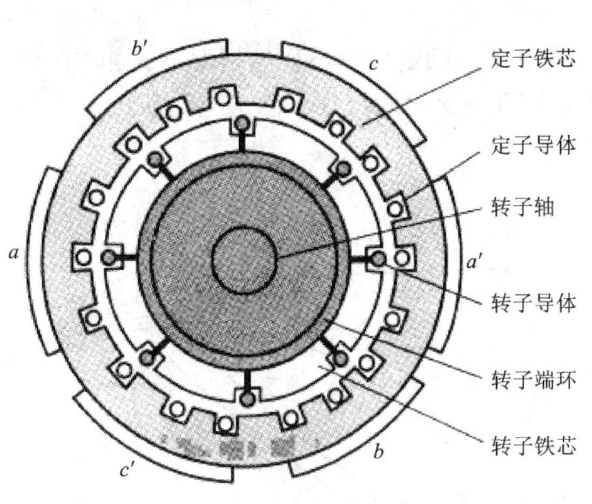

图4－17　交流感应电动机横截面

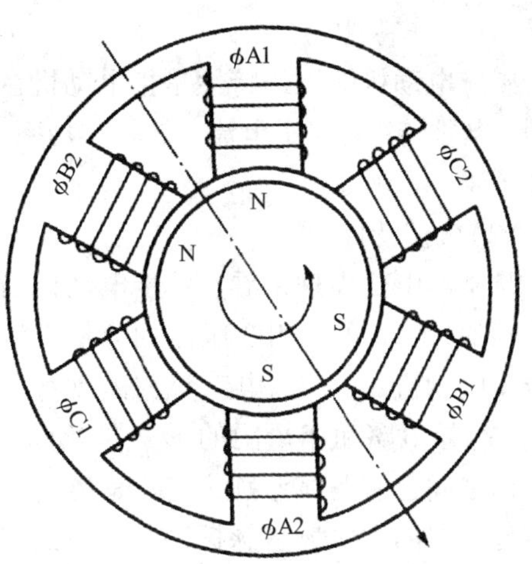

图4－18　对称分布的三相绕组

异步电机的转子与基波旋转磁场之间存在着相对运动，在闭合的转子导体中产生感应电动势、电流，于是产生电磁转矩。异步电机的转差率为

$$s = \frac{n_1 - n}{n_1}$$

s 是反映异步电机运行状态和负载情况的一个基本变量，当 $0 < s < 1$ 时，电机处于电动机状态；当 $s < 0$ 时，电机处于发电机状态；当 $s > 1$ 时，电机处于电磁制动状态。

4.3.2　交流感应电动机的分类和特点

(1)分类。

感应电动机可分为鼠笼式电动机和绕线式电动机，鼠笼式电动机结构简单，坚固耐用，工作可靠，价格低廉，维护方便，但调速困难，功率系数较低，启动性能较差，因此，在要求机械特性较硬而无特殊调速要求的一般生产机械的拖动时，应尽可能采用鼠笼式电动机。只有在不方便采用鼠笼式异步电动机时才采用绕线式电动机。

(2)特点。

感应电动机的优点包括：与直流电机相比，转子与定子之间没有相互接触的部件，结构简单，运行可靠，经久耐用；与同功率直流电机相比，效率较高，质量轻；功率容量覆盖面广，转速范围宽，可采用空气冷却或液体冷却方式，冷却自由度高，对环境适应性好；价格便宜，维修简单方便。

感应电动机的缺点包括：功率系数低；由于感应电机没有独立的励磁绕组，其电枢绕组(定子绕组)既是励磁绕组，又是转矩绕组，电机直轴和交轴的磁耦合作用使得其控制系统复杂，交流三相感应电动机的控制系统的造价远远高于交流三相感应电动机本身，因而增加了电动汽车的成本。

4.3.3 交流感应电动机的运行特性

(1)工作特性。

感应电动机的工作特性是指电动机在保持额定电压和额定频率不变的情况下，电动机的转速、电磁转矩、定子电流、效率和功率系数随输出功率变化的特性。感应电动机的工作特性如图 4－19 所示。

(2)机械特性。

从基本电磁原理来看，异步电动机与变压器很相似，因此可采用变压器的分析方法来研究异步电动机，它们的电动势与磁动势平衡方程式、等效电路和相量图的形式是相同的，但是它们之间也有明显差别，主要是磁场性质不同。变压器的主磁场是脉振磁场，一次绕组和二次绕组都是静止的，而异步电机的主磁场是旋转磁场，转子相对定子是转动的，因此转子电动势与定子电动势频率不同。但是转子电流产生的基波磁动势仍与定子基波磁动势相对静止，这正是采用变压器分析方法的依据所在。当然，因为定、转子感应电动势的大小、频率不同，异步电机的等效电路必须要同时进行绕组归算和频率归算。

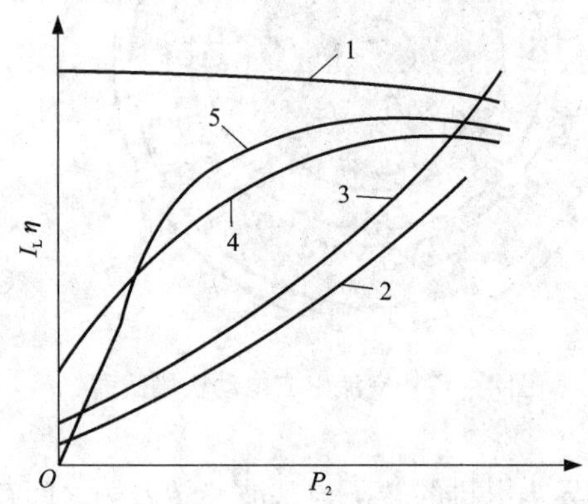

图 4－19 异步电动机的工作特性

1—转速特性曲线；2—转矩特性曲线；
3— 定子电流特性曲线；4—功率因数特性曲线；
5—效率特性曲线；P_2—电动机输出功率

在使用异步电动机等效电路时应注意以下问题：

①异步电动机产生的机械功率 P_m 在等效电路中用模拟电阻$\frac{1-s}{s}R_2'$所消耗的电功率来表示。

②由于异步电机的磁路中存在气隙，其励磁电流较变压器的大，励磁阻抗较变压器的小，因此等效电路的简化应做必要的修正。

③异步电动机的电磁功率 P_e、总机械功率 P_m 和转子铜耗 P_{Cu2} 三者之间存在固定的比例关系

$$P_e : P_m : P_{Cu2} = 1 : (1-s) : s$$

而转子的机械角速度 Ω 与同步角速度 Ω_1 之间有

$$\Omega = (1-s)\Omega_1$$

因此，电磁转矩 T_e 既可以用机械功率 P_m 除以转子的机械角速度 Ω 来计算，也可以用电磁功率 P_e 除以同步角速度 Ω_1 来计算，即

$$T_e = \frac{P_m}{\Omega} = \frac{P_e}{\Omega_1}$$

④异步电动机等效电路的参数可以通过空载试验和堵转(短路)试验来确定。

⑤异步电动机的电磁转矩是由气隙磁场和转子电流的有功分量共同作用产生的，其物理表达式为

$$T_e = \frac{1}{\sqrt{2}} p m_2 N_2 k_{w2} \Phi_m I_2 \cos\varphi_2$$

由等效电路可以求得其参数表达式

$$T_e = \frac{m_1 p U_1^2 \frac{R_2'}{s}}{2\pi f_1 \left[\left(R_1 + \frac{R_2'}{s} \right)^2 + \left(X_{1\sigma} + X_{2\sigma}' \right) \right]}$$

由于电动机的转子参数中一相的转子绕组电阻和感抗是一定的，电源频率也是一定的，故当电源电压一定时，异步电动机的电磁转矩 T 只与转差率 s 有关，因此函数式 $T=f(s)$ 表示异步电动机的转矩特性，画出其图像则称为转矩特性曲线，如图 4－20 所示。

分析 $T-s$ 曲线，在 $0<s\leqslant1$，电磁转矩 T 和转速 n 都为正(以旋转磁场方向为正)，T 与 n 同方向，电机在此范围内是电动机状态。在 $s<0$ 范围内，电磁转矩为负值，是制动性转矩，电磁功率也是负值，工作在发电机状态。在 $s>1$ 范围内，$n<0$，$T>0$，电机是电磁制动状态。图中，A 点($n=0$，$s=1$)为电机的启动点，这时的转矩为启动转矩 T_{st}；B 点为电磁转矩最大点，此时的转差率称为临界转差率 s_m，电磁转矩为最大转矩 T_{max}；C 点为额定运行点，其电磁转矩、转差率与转速均为额定值；D 点($n=n_1$，$s=0$)为理想空载运行点。

将异步电动机的转矩特性曲线顺时针转过 90°，并把转差率 s 换成转速 n，即得 $n=f(T)$，称为异步电动机的机械特性曲线，图 4－21 所示的曲线为恒压恒频的感应电动机机械特性。机械特性曲线是反映异步电动机运行特性的一条重要曲线。由此可导出异步电机的最大转矩、启动转矩、稳定工作区等物理量，还可分析运行参数(如电压、频率、转速及负载的大小和性质)及电机参数(如转子电阻、漏抗)对电机特性的影响。

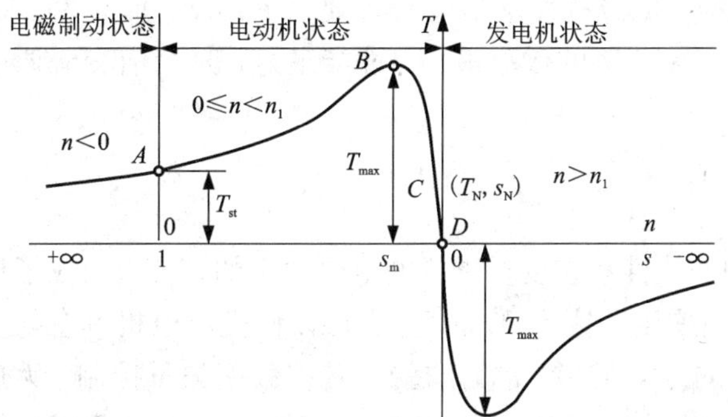

图 4－20　感应电动机的 $T-s$ 曲线

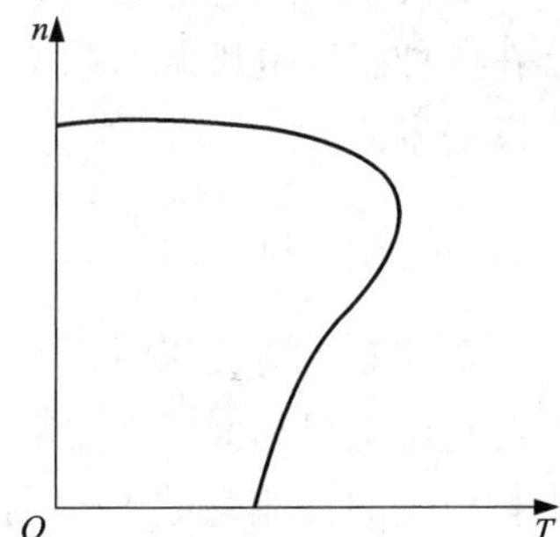

图 4－21　恒压恒频感应电动机机械特性曲线

4.3.4　交流感应电动机的控制

一、感应电动机的调速方法

调速就是在同一负载下能得到不同的转速，以满足电动机工作过程的要求。感应电动机的转速公式为

$$n=(1-S)n_0=(1-S)\frac{60f}{p}$$

由上式可知，感应电动机的基本调速方法分为变频调速、变极对数调速和调转差率调速三种。具体来说，常见的基本种类有降电压调速、电磁转差离合器调速、绕线转子感应电机转子回路串电阻调速、绕线转子感应电机串极调速、变极对数调速、变压变频调速等。

二、变压变频调速及变压变频系统

变压变频调速的优点在于：改变频率时转差率不变，因而转差损耗小，特性硬，调速范围宽，调速精度高，适用于调速性能要求较高的场合。感应电机变频调速控制特性如图 4－22 所示。变频调速的方法也有多种，按变频器的类型分主要有交－交变频器和交－直－交变频器两大类；在变频调速系统中，由变频器提供给电机的频率变化的电压或电流激励均是非正弦的，除基波外，还包含大量的谐波。分析表明，决定感应电机变频运行特性的主要还是基波，谐波分量只起着使电机电压或电流畸变、产生谐波损耗、恶化力能指标、引起转矩脉动的作用。

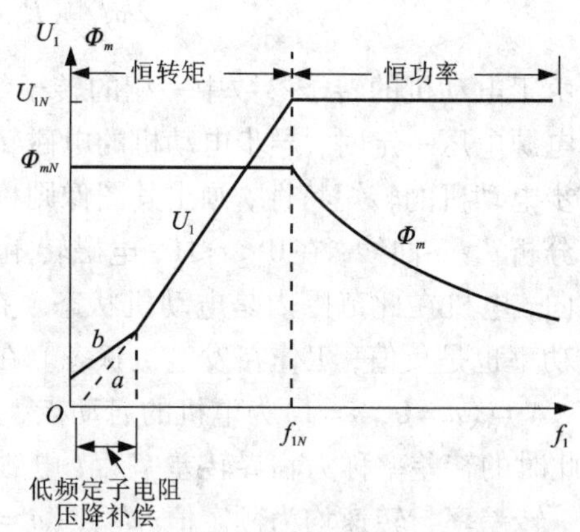

图 4－22　感应电机变频调速控制特性

由变压变频（VVVF）装置给感应电动机供电所组成的调速系统称为变压变频调速系统。和直流电机变压调速系统相似，在调速时，机械特性基本上平行地上下移动，而转差功率不变。在各种感应电机调速系统中，变压变频调速的效率最高，性能最好，是当前交流调速的主要发展方向。

三、矢量控制

矢量控制针对交流电机具有复杂的非线性和多变量耦合的电磁关系的特点，构成了控制模型与直流电机相似的交流电机磁场和力矩解耦控制的原理，它可以使交流电机具有与直流电机相媲美的性能，而且矢量控制策略的方案很多，常见的就有转差频率矢量控制、无速度传感器矢量控制、参数自适应补偿矢量控制等，而且由于其应用范围广泛，一些更新更好的控制方法不断涌现，不断丰富的矢量控制策略表现出强大的生命力。

矢量控制实现的基本原理是通过测量异步电机定子电流的矢量，根据磁场定向原理分别对异步电机的励磁电流和转矩电流进行控制，从而达到控制异步电机转矩的目的。具体是将异步电机的定子电流矢量分解为产生磁场的电流分量（励磁电流）和产生转矩的电流分量（转矩电流）分别加以控制，并同时控制两分量间的幅值和相位，即控制定子电流矢量，这种控制方式被称为矢量控制方式。

四、交流感应电动机直接转矩控制

直接转矩控制与矢量控制不同，它是直接将定子磁链和转矩作为控制变量，无须进行磁场定向、矢量变换和电流控制，因此更为简捷和快速，进一步提高了系统的动态响应能力。直接转矩控制是把转矩检测值与转矩给定值做比较，使转矩波动限制在一定的容差范围内，容差的大小由频率调节器来控制，并产生脉宽调制信号，直接对逆变器的开关状态进行控制，以获得高动态性能的转矩输出。

直接转矩控制系统原理如图4－23所示，直接转矩控制系统根据电机定子三相电压和电流的检测值可估计出定子磁链矢量的幅值和相位，同时给出转矩值。电压源逆变器能提供8个开关电压矢量。将定子磁链实际值与给定值比较后的差值输入磁链滞环比较器，同时将转矩实际值与给定值比较后的差值输入转矩滞环比较器，根据两个滞环比较器的输出，通过查表，可以选择到合适的开关电压矢量。

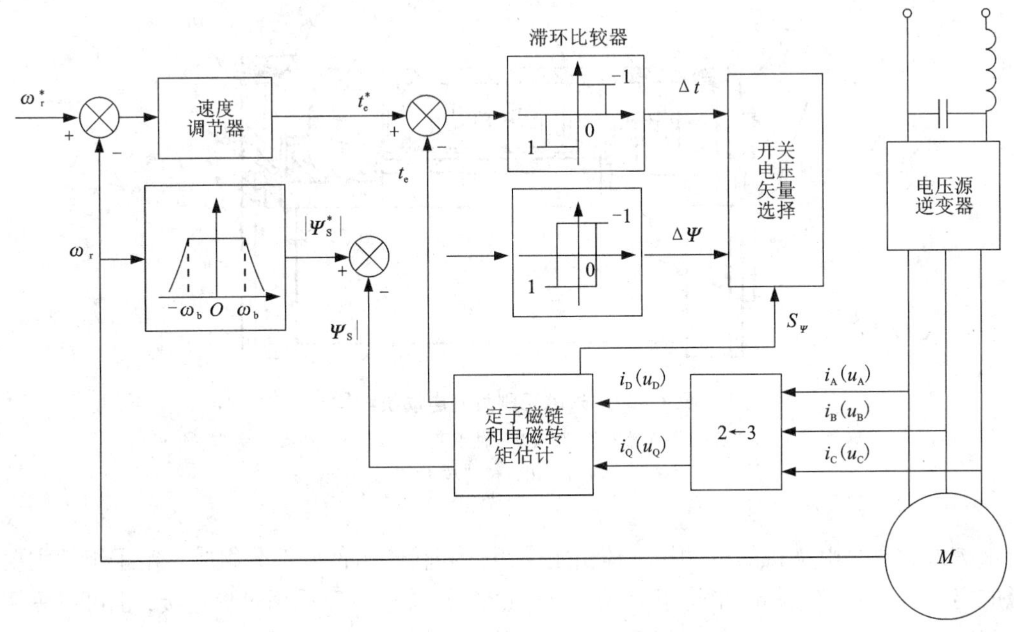

图4－23　直接转矩控制系统原理框图

4.4　永磁无刷直流电动机

永磁无刷电动机具有高功率密度、高效率、易散热、高可靠性、较好的动态性能等特点，成为当前驱动用电机的研究热点。永磁无刷电动机可以分为两类，一类是永磁无刷直流电动机，另一类是永磁同步电动机。

区别于永磁同步电动机，永磁无刷直流电动机由直流电动机发展而来，用位置传感器和逆变器构成的电子换向器取代机械换向器，把输入直流电流转换成交变的方波电流输入电枢绕组，其转矩产生方式、运行性能、控制方法等接近直流电动机。

本节介绍永磁无刷直流电动机。

4.4.1 永磁无刷直流电动机的结构和工作原理

(1)结构。

永磁无刷直流电动机是在传统直流电动机基础上发展起来的，其电磁结构和传统直流电动机一样，区别在于无刷直流电动机的电枢绕组放在定子上，转子则是采用永磁材料制成的永磁体。永磁无刷直流电机以电子换向器取代了机械电刷和换向器，消除了电刷的滑动接触机构。

永磁无刷直流电动机主要由电动机本体、电子换向器和转子位置传感器等零部件组成。其结构如图4-24所示。

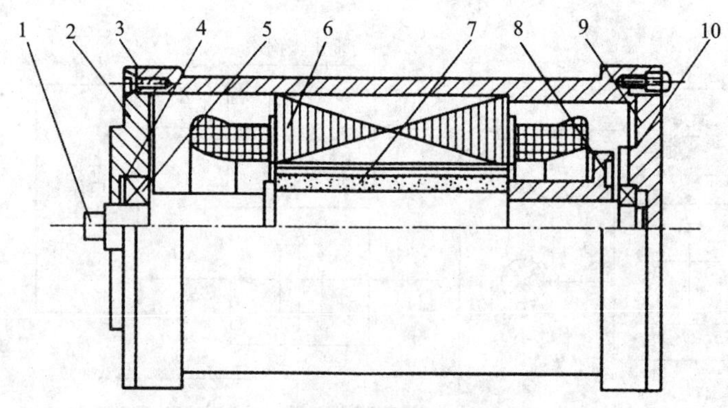

图4-24 永磁无刷直流电动机结构

1—转轴；2—前端盖；3—端盖安装螺钉；4—轴承调整垫片；5—轴承；6—定子组件；7—永磁转子组件；8，10—位置传感器；9—后端差

永磁无刷直流电动机的电动机本体由定子组件和转子组件两部分组成。定子组件主要由导磁的定子铁芯和导电的电枢绕组组成。电枢(定子)绕组可以采用星形连接，也可以采用角形(或称封闭形)连接。当绕组为星形连接时，其逆变器可以采用桥式电路，也可以采用半桥电路；当绕组为角形连接时，逆变器只能采用桥式电路。

转子是永磁无刷直流电动机产生激磁磁场的部件，由永磁体、导磁体和支撑零部件组成，如图4-25所示。常用的有三种结构形式：转子铁芯外圆粘贴瓦片形永磁体、转子铁芯中嵌入矩形板状永磁体以及转子铁芯外套上一个整体黏结永磁体环。为得到平顶部分足够宽的梯形波感应电动势，转子常采用表面式、嵌入式结构，转子磁钢呈瓦形，并采用径向充磁方式。由于内置式转子很难产生梯形波感应电动势，无刷直流电动机中一般不采用。

(2)工作原理。

由于取消了电刷和机械换向器，在无刷直流电机中将电机反装，即将永磁体磁极放在转子上，电枢绕组为定子绕组，为使定子绕组中电流方向能随其线圈边所处的磁场极性交替变化，须将定子绕组与逆变器连接，并安装转子位置检测器，检测转子磁极的空间位置，据转子空间位置控制逆变器中功率开关器件的通断，从而控制电枢绕组的导通情况，位置检测器和逆变器起到“电子换向器”作用。

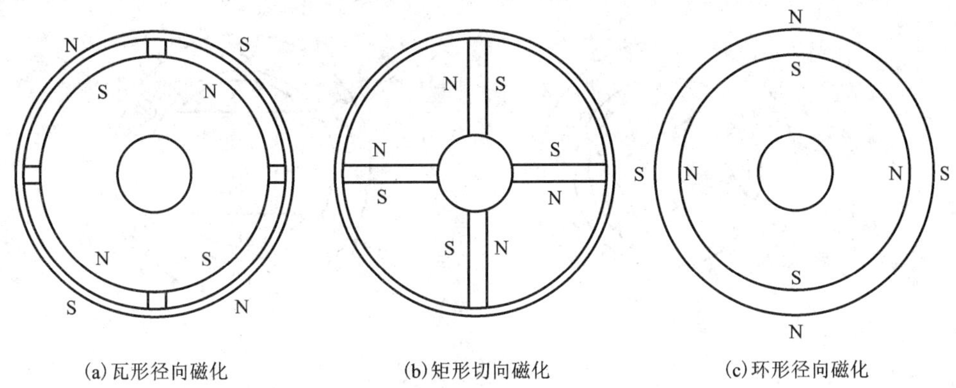

(a)瓦形径向磁化　　(b)矩形切向磁化　　(c)环形径向磁化

图4-25　永磁无刷直流电动机转子形式

以两相导通星形三相六状态永磁无刷直流电动机为例说明其工作原理。其原理电路如图4-26所示。

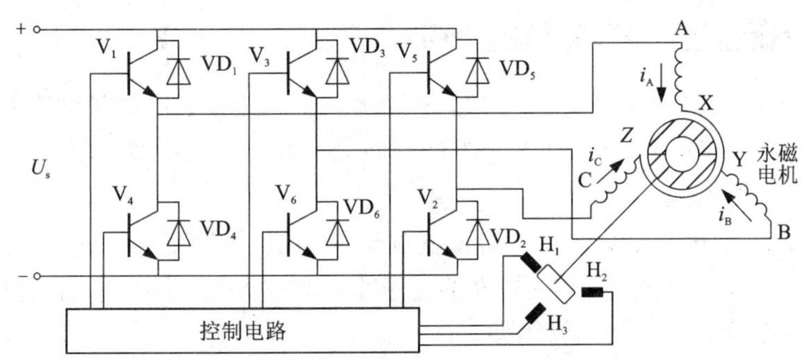

图4-26　永磁无刷直流电动机原理电路

当转子永磁体转到图4-27(a)所示位置时，转子位置传感器发出磁极位置信号，经过控制电路逻辑变换后驱动逆变器，使功率开关管VD_1、VD_6导通，电流A进B出，绕组AB通电，电枢电流在空间形成磁动势FA，如图4-27(a)所示。此时定子、转子磁场相互作用，拖动转子顺时针方向转动。此时电路为：电源U_s正极—开关管VD_1—A相绕组—B相绕组—开关管VD_6—电源U_s负极。

当转子转过60°电角度，到达图4-27(b)所示位置时，位置传感器输出的信号经过逻辑变换后使开关管VD_6截止，VD_2导通，此时开关管VD_1仍导通，绕组AC通电，电流A进C出，电枢电流在空间合成磁场，如图4-27(b)所示，定子、转子磁场相互作用，使转子继续顺时针转动。此时电路为：电源U_s正极—开关管VD_1—A相绕组—C相绕组—开关管VD_6—电源U_s负极。

依此类推，每当转子沿顺时针方向转过60°电角度时，导通功率开关管进行一次换流，电机在360°电角度内有6个磁状态，每一状态都是两相导通，每相绕组中流过电流的时间相当于转子旋转120°电角度，每个功率开关管的导通角为120°电角度。在360°电角度内，功率开

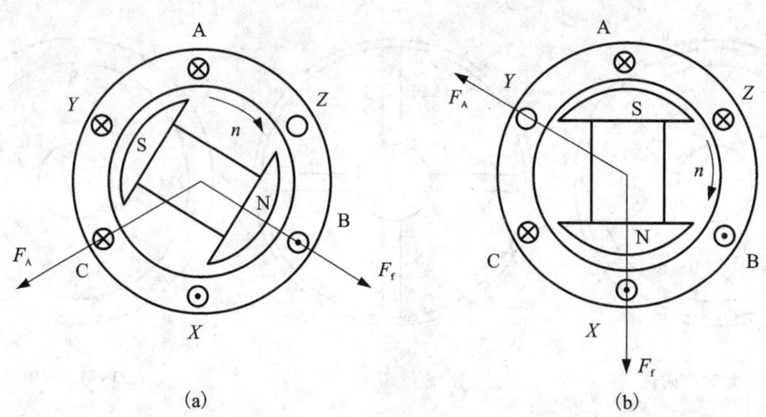

图 4-27　两相导通星形三相六状态永磁无刷直流电动机工作原理示意

关管的导通顺序依次为 VD_1VD_6—VD_1VD_2—VD_2VD_3—VD_3VD_4—VD_4VD_5—VD_5VD_6。定子绕组在控制电路的控制下，各相依次馈电，实现了各相绕组电流的换相。

4.4.2　永磁无刷直流电动机的特点

永磁无刷直流电动机在保持了传统直流电机优点的基础上，性能较之有很大提高，它既具备交流电动机的结构简单、运行可靠、维护方便等一系列优点，又具备直流电动机的运行效率高、调速性能好等诸多优点。

(1) 永磁无刷直流电动机没有换向器和电刷组成的机械接触结构，采用永磁体转子，没有励磁损耗；发热的电枢绕组又装在外面的定子上，散热容易，因此没有换向火花，没有无线电干扰，寿命长，运行可靠，维修简便。

(2) 永磁无刷直流电动机的转速不受机械换向的限制，如果采用空气轴承或磁悬浮轴承，可以以每分钟几十万转的高速度运行，与其他电机系统相比具有更高的能量密度和更高的效率。

(3) 永磁无刷直流电动机受到永磁材料工艺的影响和限制，使得其功率范围较小，永磁材料在受到振动、高温和过载电流作用时，其导磁性能可能会下降或发生退磁现象，导致永磁电动机的性能降低，严重时还会损坏电机，因此在使用中必须严格控制，使其不发生过载。

(4) 永磁无刷直流电动机在恒功率模式下操纵复杂，需要一套复杂的控制系统，从而使得其驱动系统造价很高。

(5) 永磁无刷直流电动机在换相时电流难以达到理想状况，所以会造成一定程度的转矩脉动及振动噪声。

4.4.3　永磁无刷直流电动机的运行特性

永磁无刷直流电动机的机械特性方程同他励直流电动机在形式上完全一致。图 4-28 给出了不同电源电压 U_d 下的机械特性曲线，图 4-29 给出了永磁无刷直流电动机在不同占空比下的机械特性。

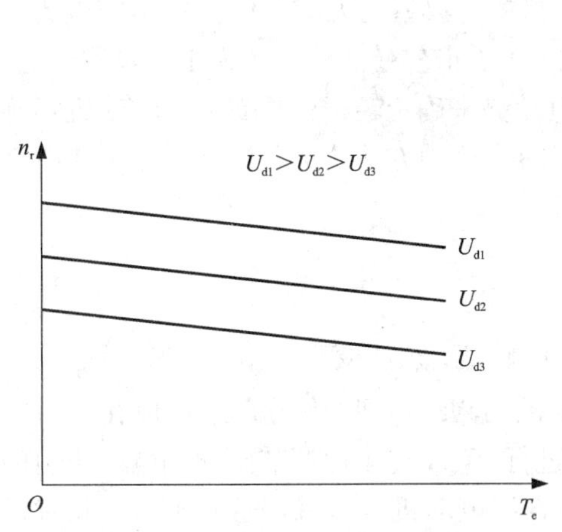

图4－28　永磁无刷直流电动机在不同电源频率下的机械特性曲线

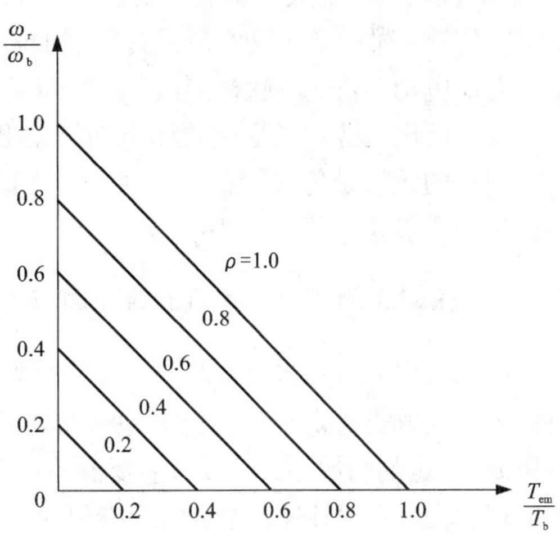

图4－29　永磁无刷直流电动机在不同占空比下的机械特性

永磁无刷直流电动机的机械特性较硬，具有和传统直流电机一样好的控制性能，可以通过改变供电电压实现无级调速，通过调节电枢电流达到转矩控制的目的。

4.4.4　永磁无刷直流电动机的控制

由上述永磁无刷直流电动机的运行原理可知，当转子的位置发生改变时，控制电路功率器件也会随之相应改变其不同触发状态，这样就可以实现永磁无刷直流电动机的运行。因此，准确地检测永磁无刷直流电动机转子的位置，并且根据转子位置来及时地切换功率器件的触发组合状态，是控制永磁无刷直流电动机正常运行的一个关键性问题。

一、永磁无刷直流电动机转子位置检测

(1)有转子位置传感器检测方法。在此方法中，转子位置传感器是永磁无刷直流电动机的关键部件，它对电动机转子位置进行检测，其输出信号通过控制器的逻辑变换来控制开关管的通、断，使电动机定子各相绕组按顺序导通，保证电动机连续工作。

转子位置传感器是由固定在电动机定子或者端盖上的传感器本体和与直流无刷电动机同轴的信号转子组成。三相无刷直流电动机运转过程中，转子每转过60°电角度，定子绕组导通状态就改变一次，转子位置传感器只需提供6个依次间隔60°的转子位置信息。

转子位置传感器的主要种类包括磁敏式、电磁式、光电式等。

以转子位置传感器检测转子位置使永磁无刷直流电动机的控制方法和控制电路比较简单，控制系统成本较低，因而得到了比较广泛的应用。然而，有转子位置传感器控制方法有其自身不可避免的许多缺点：转子位置传感器的存在使电动机结构变得复杂，增加了电动机成本和一定的安装以及接线的费用；电动机与控制部分的连接线增加，增添了一些潜在的故障因素，降低了系统的可靠性，且维修困难；若传感器损坏，还可能发生连锁反应引起逆变器等器件的损坏；传感器的安装精度对电动机的运行性能有较大的影响，相对增加了生产工艺的难度。因此，在很多特殊应用场合，无法使用转子位置传感器检测转子位置。

(2)无转子位置传感器检测方法。为减少上述传感器问题，已有多种技术开发出来，用于消除传感器故障，进而实现无传感器的转子位置检测。典型的无转子位置传感器检测方法主要有反电动势法、电感检测法、三次谐波检测法、扩展卡尔曼滤波法和人工神经网络法等。

其中反电动势法是通过检测电动机输出的反电动势来确定转子的位置，使电动机正确换相。现在的无转子位置传感器控制中，大部分使用的是这种方法。但是，此种方法在电动机旋转缓慢或静止时反电动势波形很弱或无法检测。

二、永磁无刷直流电动机的转速调节

由上述机械特性可知，要调节无刷直流电动机的转速，须改变直流电压 U_d，考虑到实际决定永磁无刷直流电动机转速的是施加到同时导通的两相绕组间的线电压，可以在直流电源电压 U_d 一定的情况下，通过对逆变器的功率开关进行 PWM 连续地调节施加到电机绕组的平均电压，从而实现转速调节，实际应用的永磁无刷直流电动机大多采用这种方式，此时逆变器同时承担换相控制和 PWM 电压或电流调节两种功能。图 4－30 是永磁无刷直流电动机采用 PWM 反馈控制方式的闭环调速系统框图。

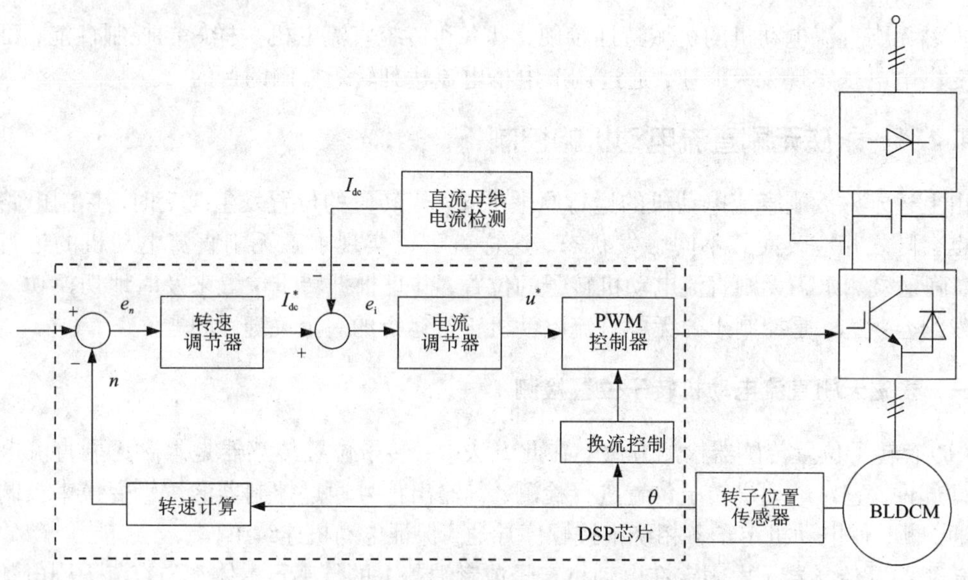

图 4－30　永磁无刷直流电动机的 PWM 调速系统

除了上述 PWM 方式外，由于永磁无刷直流电动机存在永久磁场，不能采用其他电动机的控制方法来控制磁通量实现调速，而通常采用“磁调速”技术，在不改变永磁场强度的条件下，来减少永久磁场的磁通量，实现对永磁无刷直流电动机高速运行时的转速和转矩的控制。永磁同步电动机使用的许多控制技术(如场定向控制)同样适用于永磁无刷直流电动机。

4.5　永磁同步电动机

正弦波永磁同步电动机，简称永磁同步电动机（PMSM）。定子组感应电动势为正弦波，为了产生恒定转矩，定子绕组通入正弦波电流。

4.5.1　永磁同步电动机的结构和工作原理

（1）结构。

永磁同步电动机是由定子三相绕组和转子铁芯构成。永磁同步电动机的定子与一般带电激磁的同步电动机基本相同，通常为星形连接的绕线式三相绕组。电动机的转子由永磁材料构成，永磁体常采用瓦片式或薄片式贴在转子表面或嵌在转子的铁芯中，无须直流励磁。以永磁体取代了绕线式同步电动机转子中的励磁绕组，从而省去了励磁线圈、滑环和电刷，以电子换向器实现无刷运行。图 4－31 为一台永磁同步电动机的横截面示意图。

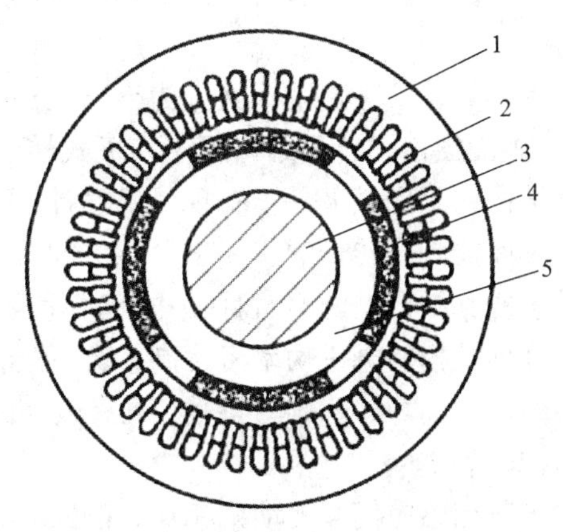

图 4－31　永磁同步电动机横截面示意图

1—定子铁芯；2—定子绕组；3—转轴；4—稀土永磁体；5—转子铁芯

（2）工作原理。

永磁同步电动机的驱动电路如图 4－32 所示，定子转组产生旋转磁场的机理与感应电动机是相同的，其转子通过永久磁铁产生磁场，两个磁场相互作用产生转矩，定子绕组产生的旋转磁场，可看作是一对旋转磁极吸引转子的磁极随其一起旋转。永磁同步电动机带负载时，气隙磁场是永磁体磁动势和电枢磁动势共同建立的。电枢磁动势的基波对气隙磁场的影响称为电枢反应。

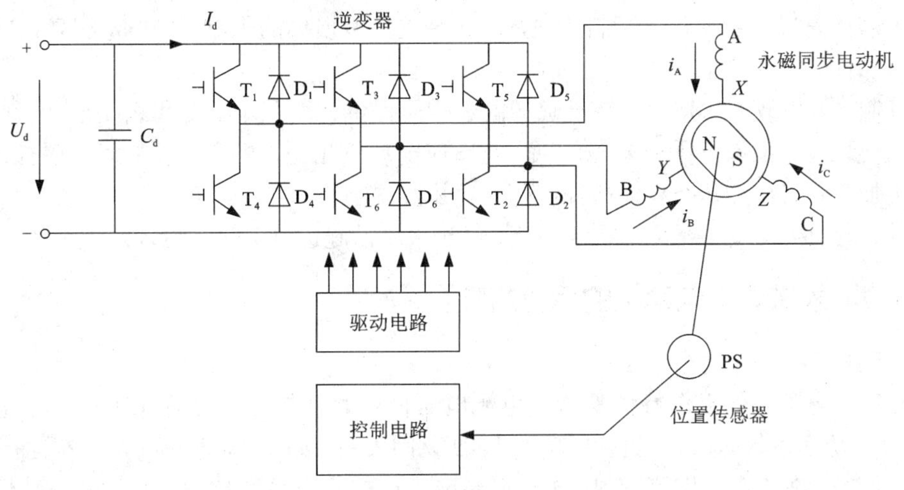

图 4－32　永磁同步电动机的驱动电路

4.5.2 永磁同步电动机的分类和特点

(1)分类。

永磁同步电动机种类繁多，按照工作主磁场方向的不同，分为径向磁场式电动机和轴向磁场式电动机；按照电枢绕组位置的不同，分为内转子式电动机和外转子式电动机；按照转子上有无启动绕组，分为无启动绕组电动机和有启动绕组电动机；按照供电电流波形的不同，分为矩形波永磁同步电动机和正弦波永磁同步电动机；按照永磁体在转子上安装位置的不同而形成的转子磁路结构的不同，可分为表面式永磁同步电动机和内置式永磁同步电动机。

表面式转子磁路结构又分为突出式和插入式。由于永磁材料的相对恢复磁导率十分接近于1，表面突出式转子结构属于隐极式转子结构，其纵、横轴电感相同，且与转子位置无关。这种结构的永磁磁极易于实现最优设计，能使电机气隙磁密度波形趋近于正弦波。

表面插入式转子的相邻永磁磁极间有着磁导率很高的铁磁材料，属于凸极转子结构。由于转子磁路结构上的不对称使电机产生磁阻转矩，其大小与电机纵横轴电感间的差值成正比。这种结构的电机功率密度高，动态性能也较好。在转子表面安装永磁体，可以获得足够的磁通密度和高的矫顽力特性，且有较大的转矩/量比。

(2)特点。

与三相感应伺服电动机相比，正弦波永磁同步电动机体积小、重量轻、效率高，转子无发热问题，控制系统也较简单；与无刷直流电动机相比，正弦波永磁同步电动机不存在换相转矩脉动问题，转矩脉动小。

永磁无刷电动机的优点如下：

①功率密度高。由于电机由高能永磁材料励磁，对于给定的输出功率，它的质量和体积能够大大减小，使得功率密度提高。

②效率高。由于转子无绕组、无铜损，其效率高于感应电动机。

③动态性能好。PMSM结构更加简单，体积更小而且质量更轻，转子电磁时间常数小，响应快。

④可靠性高。永磁励磁不受制造缺陷、过热或机械损坏的限制，PMSM在高速转动时有良好的可靠性。

⑤控制容易实现。PMSM的转子磁场由永磁体提供，若不计温度和磁路饱和影响，可认为转子磁链恒定，如果不需要弱磁的话，与感应电动机相比，相当于省去了励磁控制，使控制系统更加简化，并且PMSM弱磁控制相对容易实现。

另外，电动机发热主要集中在定子上，易于采取措施进行散热和冷却。

4.5.3 永磁同步电动机的运行特性

(1)工作特性。

永磁同步电动机的工作特性是指当电源电压恒定时，电动机的输入功率 P_1、电枢电流 I_a、效率 η、功率系数 $\cos\varphi$ 等随输出功率 P_2 变化的关系，如图4－33所示。

由图可知，在正常工作范围内，永磁同步电动机的功率系数比较平稳，效率特性也能保持较高的水平，电动机的输入功率和电枢电流近似与输出功率成正比例。

(2)机械特性。

永磁同步电动机稳态正常运行时，转速始终保持同步速不变，因此，其机械特性为平行于横轴的直线，调节电源频率来调节电动机转速时，转速将严格地与频率成正比例变化，如图4－34所示。

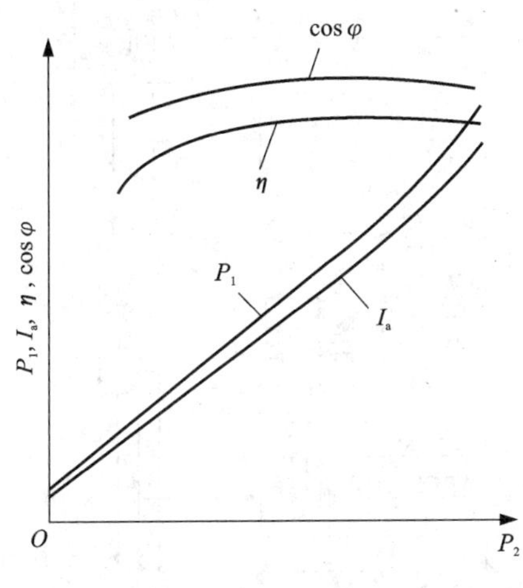

图4－33　永磁同步电动机的工作特性

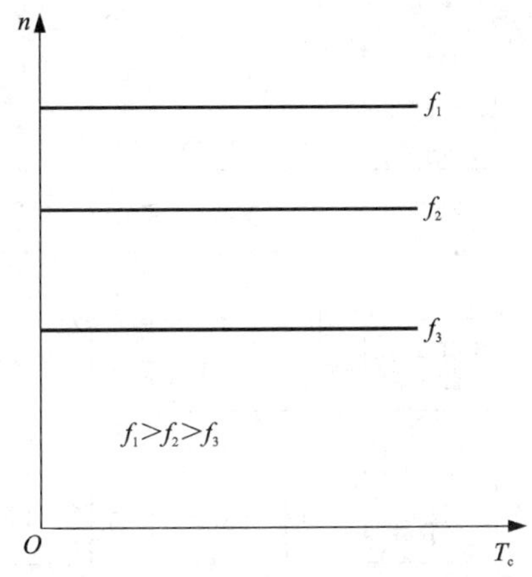

图4－34　永磁同步电动机机械特性曲线

4.5.4　永磁同步电动机的控制

(1)永磁同步电动机磁场定向控制。

磁场定向控制技术，又称为矢量控制技术，其基本思想是借鉴直流电动机中转矩电流和励磁电流直交解耦、分别可控的特点，通过旋转坐标变换将交流电动机等效成直流电动机，分别控制电枢电流中的励磁电流和转矩电流分量，使交流电动机获得像直流电动机一样优异的调速性能。

磁场定向控制理论以及基于磁场定向控制技术的交流调速系统目前得以广泛应用。磁场定向控制根据所选择的定向磁场的不同又可以分为气隙磁场矢量定向、定子磁场矢量定向和转子磁场矢量定向。对于永磁同步电动机而言，由于转子永磁体磁链恒定，一般采用转子磁场定向控制。

对电动汽车驱动电机的控制，本质上是对电机转矩的控制，而正弦波永磁同步电机磁场定向控制通过对直交轴电流的分别控制实现对电机转矩的间接控制。根据控制目标的不同，定子直交轴电流的具体控制方法可分为 $i_d=0$ 控制(将控制直轴电流为零作为目标)、最大转矩电流比控制、单位功率系数控制、恒磁链控制等。

传统磁场定向控制方法大都是通过电流环来实现对电机转矩的间接控制。基于磁场定向矢量控制的PMSM驱动器如图4－35所示。驱动器硬件中的DSP实现包括矢量变换、控制算法、PWM产生、编码器信号处理、故障诊断等功能。

(2)永磁同步电动机直接转矩控制。

和磁场定向控制相区别，直接转矩控制直接将电动机转矩作为控制对象，省去了中间控制环节。

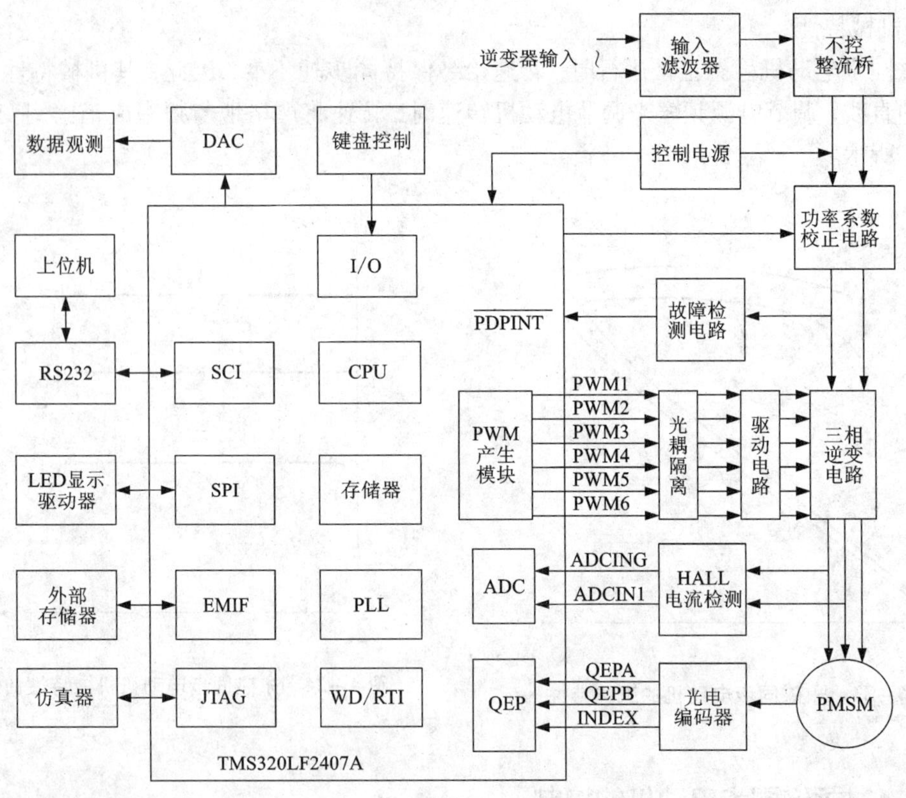

图 4－35　PMSM 驱动器的硬件结构

正弦波永磁同步电动机定子磁链与转子磁链之间的夹角称为转矩角，转矩角和电机转矩联系非常紧密，如图 4－36 所示。在控制定子磁链幅值恒定的条件下，通过控制转矩角即可实现对电机转矩的迅速控制，其基本实现过程是：首先通过磁链观测器观测电机的定子磁链，进而计算电机转矩，将电机实际磁链和转矩分别与给定值比较，经过磁链和转矩调节器得到输出结果，结合定子磁链扇区信号选择空间电压矢量，控制定子磁链幅值恒定和转矩角的变化，最终实现对电机转矩的直接控制。

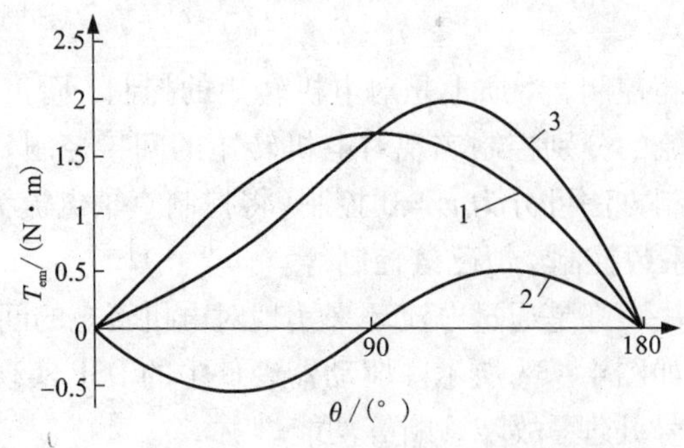

图 4－36　永磁同步电动机的矩角特性

4.6　开关磁阻电动机

开关磁阻电动机(switched reluctance motor, SRM), 又称可变磁阻电动机(variable eluctance motor), 是磁阻式电动机和开关电源组成的机电一体化的新型电动机。

4.6.1　开关磁阻电动机的结构和工作原理

开关磁阻电动机的结构和工作原理与传统的交、直流电动机有着很大的差别, 在结构上, 开关磁阻电动机的定子、转子均为凸极式, 由硅钢片叠压而成, 但定子、转子的极数不相等, 一般相差2个。如图4-37所示的四相8/6极开关磁阻驱动电机, 定子为8个极, 其上装有集中绕组, 径向相对极的绕组串联, 组成4个独立的四相绕组。转子上有6个齿, 其上不装绕组。工作时, 由开关电源向四相绕组供电。

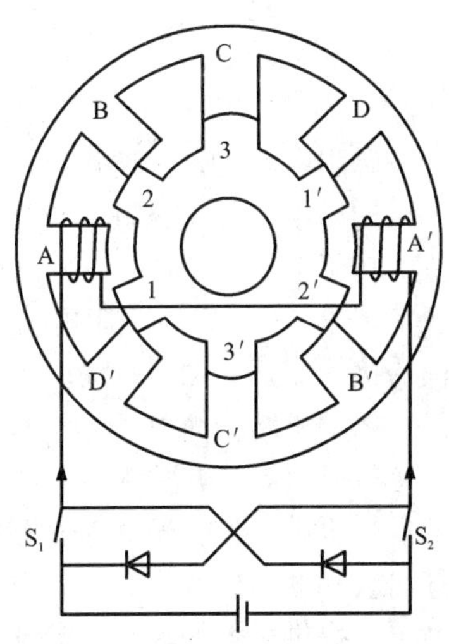

图4-37　四相8/6极开关磁阻驱动电机结构图

开关磁阻电动机是依靠磁阻效应运行的, 其运行原理遵循“磁阻最小原理”, 即磁通总要沿着磁阻最小的路径闭合, 在磁场中, 一定形状铁芯的主轴线有向与磁场轴线重合位置运动的趋势。利用这种趋势, 开关磁阻电机以定子凸极产生磁场, 转子铁芯凸极形成均匀分布的多个主轴线, 只要控制定子各相顺序产生磁场, 转子就总具有转向磁阻最小位置的趋势, 从而产生维持电机运转的连续转矩。

以图4-37所示的四相8/6极开关磁阻驱动电机为例, 图中仅画出了定子其中的A相绕组。当B相绕组受到激励时, 为减小磁路的磁阻, 转子顺时针旋转, 直到转子极2与定子极B相对, 此时磁路的磁阻最小(电感最大)。如果切断绕组B的激励, 给绕组A施加激励, 磁阻转矩使转子极1与定子极A相对。转矩方向一般指向最近的一对磁极相对的位置。因此, 根据转子位置传感器的反馈信号, 各相绕组按B→A→D→C的顺序导通, 使转子沿顺时针方向连续旋转; 反之, 若按D→A→B→C的顺序导通, 则电机会按逆时针方向连续旋转。通过控制加到电机绕组中电流脉冲的幅值、宽度及其与转子的相对位置, 即可控制开关磁阻电动机转矩的大小与方向。

4.6.2　开关磁阻电动机的分类和特点

(1)分类。

径向相对的两个绕组串联构成一个两极磁体, 成为“一相”。根据定转子极数的不同, 有多种电机结构, 最常用的是三相6/4结构和四相8/6结构, 如图4-38所示。

开关磁阻电动机的气隙磁场有三类形式: 径向磁场、轴向磁场和混合磁场。

(2)特点。

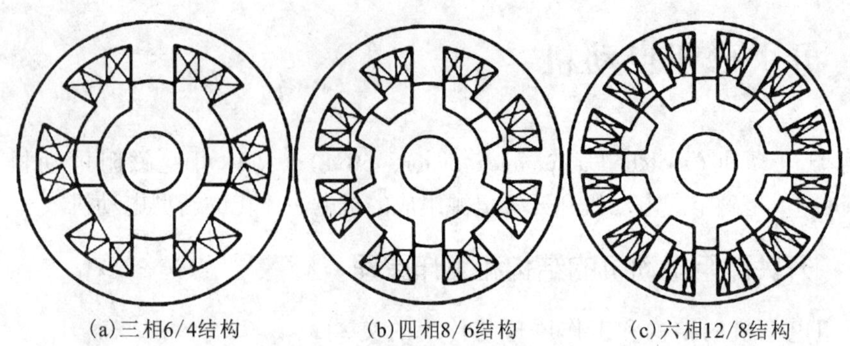

图4-38　开关磁阻电路的结构方案

开关磁阻电动机是一种新型电动机，该系统具有很多明显的特点：

①结构简单。开关磁阻电动机结构比其他电动机都要简单，相对于有刷直流电动机，其在电机的转子上没有滑环、绕组，相对于永磁无刷直流电动机和感应同步电动机，其转子上不需要安装永磁体，开关磁阻电动机只是在定子上有简单的集中绕组，绕组的端部较短，没有相间跨接线。开关磁阻电动机的定子和转子均采用凸极结构，定子和转子都是由硅钢片叠压组成。电动机结构简单、坚固，工作可靠，可适应高速、高温及强振动环境。

②运行效率高。开关磁阻电动机的转子不存在励磁及转差损耗，功率变换器元器件少，相应的损耗也小，在较宽的转速范围和较宽的转矩范围内效率可以达到85%~93%。

③启动和低速性能好。开关磁阻电动机启动转矩大，启动电流小，没有启动冲击电流；低速时可以提供很大的转矩，其调速系统启动转矩达到额定转矩的150%时，启动电流仅为额定电流的30%。

④调速性能好。开关磁阻电动机调速范围宽广，可控参数多，可控参数有主开关开通角、主开关关断角、相电流幅值、直流电源电压。

⑤控制灵活。开关磁阻电动机可实现多种控制方式联合运用，可以四象限运行，容易实现正转、反转和电动、制动等。

⑥可靠性高。开关磁阻电动机结构简单坚固，各相电路独立工作，当某一相线圈发生故障时，只需停止该相线圈工作，电动机仍然可以继续运转。

另外，开关磁阻电动机应用于电动汽车，还具有制造和维护方便、整体结构散热较容易、能适应恶劣环境的优点。

由于开关磁阻电动机为双凸极结构，期前存在的主要问题是噪声和转矩脉动，在低转速运行时控制转矩的脉动、降低电动机的噪声，是开关磁阻电动机能够实用的关键。

4.6.3　开关磁阻电动机的工作特性

开关磁阻电动机工作特性如图4-39所示，可分为3个区域：恒转矩区、恒功率区、串励特性区。

开关磁阻电动机实际运行时，动力电池组供电电压 U 一般保持恒定，对几何尺寸一定的开关磁阻电动机，在功率器件最大允许电流 i_{max} 的限制下，有一个临界转速 ω_{fc}，此转速是开关磁阻电动机能得到最大转矩的最高转速，此工作点称之为“第一临界运行点”，对应的转速称之为“第一临界转速”。电动机转速低于第一临界转速时，绕组电流将大于 i_{max}，必须将绕组电流控制在等于 i_{max}，此时电机具有恒转矩特性。在恒转矩区，电动机转速较低，电动机反电动势小，因此需采用电流斩波控制(CCC)方式。

开关磁阻电动机转速高于 ω_{fc}时，在一定的条件下，随着电机转速的增加，电磁转矩将随电机转速的平方下降，通过优化开通角和关断角，可减缓电磁转矩随电机转速的下降速度，使电磁转矩将随电机转速的一次方下降，实现恒功率特性。在外加电压和开关角一定的条件下，随着角速度的增加，转矩急剧下降，此时可采用角度位置控制(APC)方式，通过按比例地增大导通角来补偿，延缓转矩的下降速度。

随着电机转速的进一步增高，控制开关管开通角和关断角达到调整的极限，开关磁阻电机呈现串激特性，对应的转速 ω_{sc}为恒功率特性的速度上限，称之为“第二临界转速”。

开关磁阻电动机一般运行在恒转矩区和恒功率区。在这两个区域内，电机的实际运行特性可控。通过控制条件，可以实现图 4 - 39 中实线以下的任意实际运行工况控制。

在串励特性区，开关磁阻电动机的可控条件都已达极限，运行特性不再可控，呈现自然串励运行特性，因此电机一般不运行在此区域。

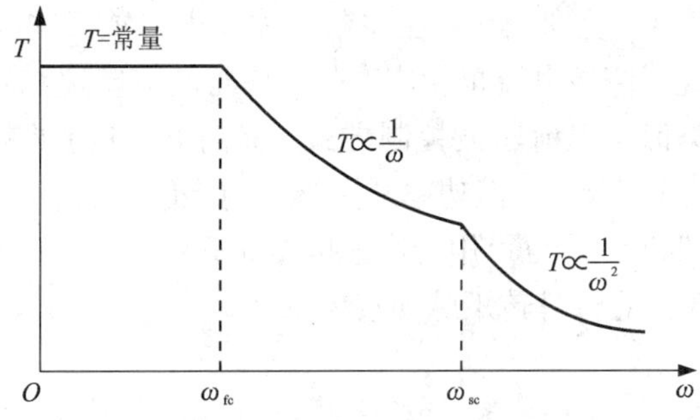

图 4 - 39　开关磁阻电动机工作特性

4.6.4　开关磁阻电动机的控制

开关磁阻电动机(SRM)的控制方式通常可以分为电流斩波控制(current chopping control, CCC)方式、角度位置控制(angle position control, APC)方式、电压控制(voltage control, VC)方式。

(1)电流斩波控制方式。

SRM 在低速工作特别是启动时，反电动势较小，相电流上升很快，通常采用电流斩波控制方式，以限制电流峰值，获得恒转矩机械特性。CCC 方式有两种方案：限制电流上、下限；限制电流上限并恒定关断时间。

实践中通常采用第一种方案，即设定电流上限阈值和下限阈值，当相电流高于上限阈值时，关断开关管；当相电流低于下限阈值时，导通开关管，向绕组供电。这种方式的优点是电流波形平整，脉动小，但开关管的开关频率须精确控制。

(2)角度位置控制方式。

SRM 在高速区适合采用 APC 方式，此时转速较高，运动电势大，电流上升不明显，调节开通角和关断角的大小即可调节电流，从而实现电机转矩的调节。APC 方式的关键在于将角度量转化为相应速度的时间可控量，由于有两个变量需要调节，使得控制复杂度提高。对于一定的转速和转矩，开通角和关断角可以采用不同的组合，因而出现了开通角和关断角的最优选择问题。

提前导通开关管，即开通角减小，则电流增大；推迟导通开关管，即开通角增大，会缩短各相开关管的导通时间，限制电流幅值，影响电机输出。提前关断开关管，即关断角减小，相电流过早截止，减小电机输出；推迟关断开关管，即关断角增大，续流进入电感下降区，将会产生制动转矩，总的电机输出也会减小。

以最大输出为准则，可将关断角固定在近似的最大出力点，只调节导通角的大小。这种方式简便易行，但为了充分发挥 SRM 控制灵活的优势，在实际应用中还必须考虑效率和转矩脉动等目标参数，结合综合目标进行优化控制。APC 方式的控制灵活性较大，是目前应用最为广泛的一种控制方式，但在低速区工作时，必须与其他控制方法相配合。

(3)电压控制方式。

电压控制的 PWM 方式是对功率变换器的开关管采用固定通断触发，同时用 PWM 信号复合调制功率开关管相控信号，通过调整占空比的大小调节加载的绕组电压。PWM 脉冲周期 T 固定，在导通时，绕组加正向电压，在关断后加零电压或反电压。改变占空比，则绕组电压的平均值 U 随之变化，绕组电流也相应变化，从而调节转速和转矩，因此该方式也被称为电压斩波控制方式。类似于电流斩波控制方式，提高 PWM 脉冲频率，则电流波形比较平整，电机输出增大，运行噪声减小，但功率开关管控制难度增大。

PWM 方式既可用于低速区，也可用于高速区，抗负载扰动的动态响应较快，很适合用于转速调节系统，但是在低速运行时转矩脉动较大。

思考题

1. 调研国内常见的电动汽车所应用的驱动电机类型和基本工作参数，并完成调研报告。
2. 调研国内的生产制造商所提供的驱动电机类型和基本工作参数，并完成调研报告。
3. 分析并完成一种典型的电动汽车(自选)驱动电机的选配。
4. 分析对比电动汽车应用的驱动电机，初步设计一种电动汽车(自选)的电力驱动系统。
5. 初步设计一种驱动电机(自选)控制电路。

第 5 章　电动汽车的控制管理系统

本章针对上述电动汽车的辅助系统进行分析和解读，电池管理系统是用来管理动力电池的，以便电池能够维持更好的状态稳定工作。由于电动汽车装备有动力电池，许多传统内燃机汽车上的由发动机驱动的部件系统，可以转变为电动方式，如电动转向系统、电动空调系统等。

5.1　电池管理系统

5.1.1　电池管理系统概述

电池管理系统与动力电池紧密结合在一起，对电池各项指标进行监测并控制输出，实现与其他系统的通信。

蓄电池组中的单体电池，由于电池的制造和使用条件不同，其使用特性存在差异，即电池的电压、容量、内阻和自放功率，在不同温度、不同充放电倍率、不同荷电状态、不同使用历程等的使用条件下，是各有差异的。而这些差异，如果在充、放电过程中没有得到应有的控制，将进一步加大，导致部分电池发生过充、过放电现象，造成电池容量和寿命的急剧下降，最终引起事故的发生。这是蓄电池在使用中遇到的难题。由于动力电池的一致性误差，动力蓄电池在成组使用时，更容易发生过充、过放电的现象。

为克服这种弊端，人们开发出了各种各样的电池管理系统(BMS)。至今为止，电池管理系统一般都具有高低压、高低温和过流短路等多项常规保护功能和储备电量的测量功能，有许多电池管理系统还具有所谓电池的均衡功能。

5.1.2　电动汽车对电池管理系统的要求

按照《电动汽车用电池管理系统技术条件》要求，电池管理系统须达到以下要求。

(1)对电池管理系统的一般要求。

①电池管理系统应具有对电池单体或者电池模块进行数据采集、信息传递和安全管理的功能。

②电池管理系统应能检测电池与热和电相关的数据，相关数据至少包括电池单体或者电池模块的电压、电池组回路电流和电池包内部温度等参数。

③电池管理系统应能对动力电池的荷电状态进行实时估算。

④电池管理系统应能对电池系统进行故障诊断，并可以根据具体故障内容启动相应的故障处理机制，比如故障码上报、实时警示和故障保护等。

⑤电池管理系统应有与车辆的其他控制器基于总线通信方式的信息交互功能。

⑥电池管理系统应能通过与车载充电机或者非车载充电机的实时通信或者其他信号交互方式实现对充电过程的控制和管理。

(2)对电池管理系统的技术要求。

①绝缘电阻。电池管理系统的带电部件和壳体之间的绝缘电阻值应不小于 2 MΩ。

②绝缘耐压性能。电池管理系统应能经受绝缘耐压性能试验，在试验过程中应无击穿或闪络等破坏性放电现象。

③电池系统状态监测。电池管理系统监测的状态参数精度要求见表 5 - 1。

表 5 - 1 电池系统状态参数精度要求

参数	总电压值	电流值	温度值	模块电压值
精度要求	≤ ±1% 满量程	≤ ±0.3 A（≤30 A） ≤ ±1%（>30 A）	≤ ±2℃	≤ ±0.5% FSR

④荷电状态(SOC)估算。SOC 估算精度要求见表 5 - 2。

表 5 - 2 SOC 估算精度要求

SOC 范围	SOC≥80%	80% > SOC > 30%	SOC≤30%
精度要求(%)	≤6	10	≤6

⑤电池故障诊断。根据整车功能设计和电池系统的具体需要，电池管理系统对于电池系统的温度、单体(模块)电压、充电电流等项目进行故障诊断。

⑥安全保护。电池管理系统对于可能造成危险事故或者系统损坏的严重故障应有安全保护的功能，电池管理系统上报故障码后，整车其他控制单元可以根据具体故障内容启动相应的故障处理机制。

⑦其他技术要求。电池管理系统应能在过电压运行、欠电压运行、高温运行、低温运行时满足电池系统状态监测的要求。要求其具有耐盐雾性能、耐高温性能、耐低温性能、耐湿热性能、耐振动性能、耐电源极性反接性能、电磁辐射抗扰性，在试验过程中及试验后应能正常工作，且满足电池系统状态监测的要求。

5.1.3 电动汽车电池管理系统功能

电池管理系统功能示意如图 5 - 1 所示，图 5 - 2 是电池管理系统的基本功能框图，以下对各项功能加以说明。

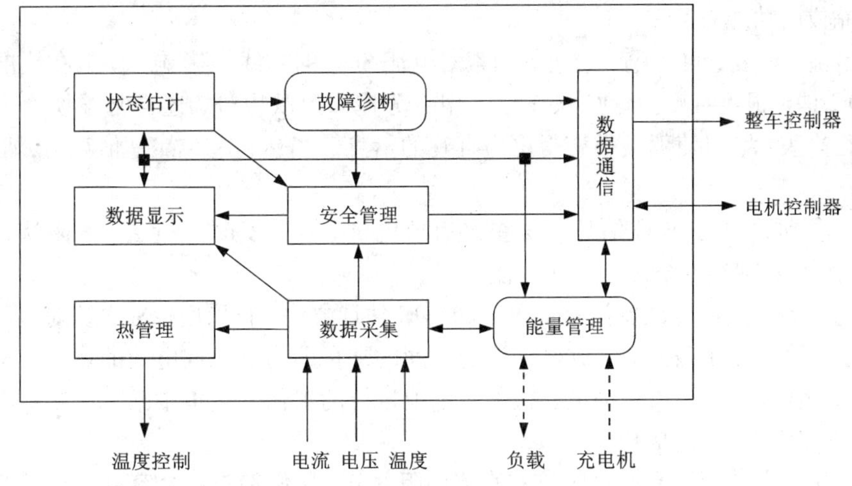

图5-1 电池管理系统功能示意图
——►信号流；-----► 能量流

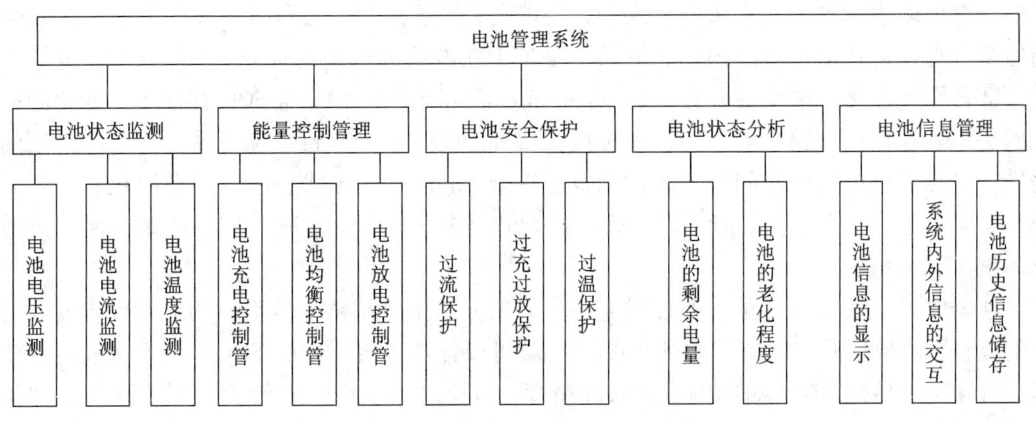

图5-2 电池管理系统的基本功能框图

一、电池状态监测

电池状态监测一般是指对电压、电流、温度等三种物理量的监测。对于温度的监测包括针对电池本身、环境温度、电池箱的温度等，电池状态监测对于电池剩余容量的评估、安全保护等方面具有重要的意义。也可以说，电池状态监测是电池管理系统最基本的功能，是其他各项功能的前提与基础。

二、电池状态分析

电池状态分析包括电池的剩余电量(state of charge，SOC)评估及电池老化程度(state of health，SOH)评估两部分，电池剩余容量的确定是BMS中的重点和难点。

(1)电池剩余容量评估。类似于传统内燃机汽车需要燃油表监测并显示燃油箱中剩余的油量，对于电动汽车，需要知道剩余的电量的百分数，这就是电池管理系统剩余电量评估模块所需要完成的功能。

由于电流、温度、自放电、老化等因素对电池 SOC 的非线性影响，使得在线准确估计电池组的 SOC 具有很大难度。SOC 状态除了用百分比来反映以外，还常常被换算为等效时间或等效里程来表示，以使驾驶员获得更为直观的信息。当然，这些都是估算值，带有一定的误差。

电动汽车动力电池 SOC 估计方法主要有放电试验法、安时计量法、内阻法、开路电压法、负载电压法、神经网络法和卡尔曼滤波法。

①放电试验法。放电试验法是最可靠的 SOC 估计方法，它采用标准电流对电池进行恒流放电，当达到放电终止条件时，放电电流与时间的乘积即为电池放电前的剩余电量。放电试验法的显著缺点是：需要大量时间；检测时电池进行的工作要被迫中断。所以放电试验法不适合电动汽车工作中实时应用。

②内阻法。电池内阻有交流阻抗和直流内阻之分，它们都与剩余容量 SOC 密切相关。

交流阻抗表示电池对交流电输入的抗拒能力，交流阻抗受温度影响大，且关于应该在电池平衡状态还是在充放电过程中进行交流阻抗测量存在争议，所以很少应用。

直流内阻表示电池对直流电输入的抗拒能力，等于在同一很短时间段内电池电压变化量与电流变化量的比值。直流内阻法的缺点是难于在电动汽车上实时测量，也很少应用。

③开路电压法。电池的开路电压(open circuit voltage，OCV)与 SOC 存在单调变化的一一映射关系。在使用开路电压法前须通过试验得到 OCV 与 SOC 的对应关系。开路电压法的显著缺点是需要将电池长时间静置以达到电压平衡，电池从工作状态恢复到平衡状态一般需要几个小时甚至十几个小时，静置时间确定影响开路电压的检测，所以该方法单独使用只适于电动汽车驻车状态。

④安时计量法安时计量法通过对电流积分的方法记录从蓄电池输出的能量或者输入蓄电池的能量，再根据充放电的起始 SOC 状态，就可以计算出蓄电池的 SOC。该方法最为直接明显，而且简单易行，在短时间内具有较高精度，但长时间工作时有较大的累积误差。如果充放电起始状态为 SOC_0，那么当前状态的 SOC 为

$$SOC = SOC_0 + \frac{1}{C_N}\int_0^t (I_{batt} - I_{loss})\,d\tau$$

式中：C_N 为额定容量，A·h；I_{batt} 为电池电流，A；I_{loss} 为损耗反应过程中消耗的电流，A。

由于安时计量法原理简单，工作稳定，是目前电动汽车最常用的 SOC 估计方法。安时计量法有两个主要缺点：方法本身不能估计初始 SOC；库仑效率难于准确测量，不准确的库仑效率对 SOC 误差有累积效应。解决电池初始 SOC 的问题，目前通常引入开路电压法或负载电压法来辅助解决。而针对库仑效率问题主要是基于大量实验数据进行修正。安时计量法能够基本满足电动汽车电池组 SOC 估计的需要，但是精度还需提高。在实际应用中，安时法是目前最常用的方法，且常与其他方法组合使用，如安时内阻法、安时开路电压法。这些组合算法通常比单纯使用安时计量法精度更高。

⑤神经网络法。神经网络法原理如图 5－3 所示。

神经网络法适用于各种类型的动力电池，应用神经网络法的缺点是需要大量的试验数据进行训练，SOC 估计误差受训练数据和训练方法的影响很大，适用范围受训练数据限制，在电池管理系统中实现较难。

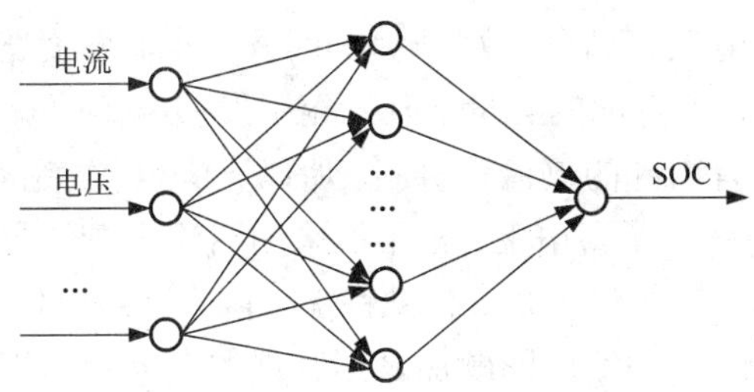

图 5 -3　用于 SOC 估算的神经网络

⑥卡尔曼滤波法。卡尔曼滤波理论的核心思想是对系统的状态做出最小方差意义上的最优估计。

对于动力电池 SOC 的估计，卡尔曼滤波理论可表述为：SOC 是电池系统的一个状态，SOC_k 和 SOC_{k+1}分别表示两个邻近的具体 SOC 值，电池 SOC 可由安时计量法描述，卡尔曼滤波法估计 SOC 的算法是一套包括 SOC 估计值和反映估计误差的协方差矩阵的递归方程。与其他方法相比，卡尔曼滤波法的优点是对初始 SOC 误差不敏感，更适于电流波动剧烈的电动汽车应用环境，缺点是对电池性能模型精度及电池管理系统计算能力要求高。

(2)老化程度评估。电池管理系统的另一个电池状态分析功能是对电池老化状态的评估，这一状态也常用一个 SOH 百分比来反映，即一个电池在“新”(出厂良好状态)时的最大容量为 1，那么经过多次工作循环以后，电池所能装载的最大容量相对于“新”时的百分比，SOH 反映了电池的老化状态。对于电动汽车的动力电池，通常在经过 500 个周期的深充电、深放电(深充放)循环使用以后，SOH 可以达到 80% 以上。

应该指出，SOH 受动力电池使用过程中的工作温度、放电流的大小等因素的影响，需要在使用过程中不断进行评估和更新，以确保驾驶员获得更为准确的信息。

三、电池安全保护

动力电池安全保护是电动汽车管理系统重要的功能之一。动力电池安全保护主要内容是动力电池过放电防护、过充电防护和温度控制(过温保护)。动力电池安全保护以动力电池“状态监测”“状态分析”功能为前提。

(1)过流保护。过流保护有时也被称为过电流保护，指的是在充、放电过程中，如果工作电流超过了安全值，则应该采取相应的安全保护措施。

单元电池都存在一定的内阻，当电池的工作电流太大时，电池内部的发热量明显增加，电池的温度升高，从而导致电池的热稳定性下降，并形成正反馈，是电池管理系统的过流保护功能所必须考虑的。例如，一个标称 100 A · h 的磷酸铁锂电池，允许持续使用 100 A 的电流对其进行充电或放电，但是大多数的磷酸铁锂动力电池都支持短时间的过载放电，能在汽车起步、提速过程中提供较大的电流，以满足动力性能的要求。

(2)过充过放保护。动力电池的过充过放保护包括过充保护和过放保护。其中，过充保护指的是在电池的荷电状态 SOC 接近 100% 的情况下，为了防止继续对电池充电造成的电池损坏而采取切断电池的充电回路的保护措施。过放保护是在电池的荷电状态 SOC 接近 0 的情况下，若继续对电池进行放电，也会对电池造成损坏，此时应采取措施，切断电池的放电回路。

对于锂离子蓄电池当电池充满电(放完电)的时候，如果继续充电(放电)，这部分能量就会完全地转变成副反应，导致电池的容量下降甚至引发安全事故。锂离子蓄电池并不像铅酸电池或者镍氢电池那样具有内部的氧循环机制，所以充满电(放完电)后，电池不能继续充电(放电)。对于成组使用的锂离子蓄电池，也不能采用涓流充电的方式进行均衡。电池在快要充满电的时候电池内部离子的浓度增加，扩散性能下降，浓差极化增加，电流接受能力下降，电池出现过充电。电池之间的一致性问题加之不合理的充电管理模式，会导致部分电池先于其他电池充满电，然而基于电池组端电压不能及时地检测到单体电池的状态，所以仍旧按照比较大的电流充电，导致电池严重过充电。

在实际操作过程中，过充过放保护有一种简单的实现方式，即设定充、放电的截止保护电压，即如果检测到的电池电压高于或者低于所设定的门限电压值，则及时切断电流回路以保护电池。

(3)过温保护。过温保护就是当温度超过一定限制值的时候对动力电池采取保护性的措施，另外电池管理系统对于过温保护的拓展就是所谓的电池温度管理。

电池的温度对电池性能的发挥具有重要的影响：电池温度高的时候，电池的活性增加，能量能得到更加有效的发挥，包括电池的充放电平台、效率、可用容量等，但是电池长时间工作在高温环境下电池的寿命会明显地缩短；电池温度低的时候，电池的活性明显降低，电池的内阻、极化电压增加，实际可用容量减少，电池的放电能力下降，放电平台低，电池更加容易达到放电截止电压，表现为电池的可用容量减小，电池的能量利用效率下降。过温保护需要考虑环境温度、电池组的温度以及每个单体电池本身的温度。由于温度的变化需要一个过程，温度控制往往也具有滞后性，因此，温度保护往往要考虑一些“提前量”。

四、能量控制管理

能量控制管理包括电池的充电控制管理、电池的放电控制管理和电池的均衡控制管理。

(1)电池的充电控制管理。电池的充电控制管理是指电池管理系统在电池充电过程中对充电电压、充电电流等参数进行实时的优化控制，优化的目标包括充电时长、充电效率以及充电的饱满程度等。

(2)电池的放电控制管理。电池的放电控制管理是指在电池的放电过程中根据电池的状态对放电电流大小进行控制，放电控制管理的功能可以使动力电池组发挥更大的效能，适当地限制电池组的最大放电电流大小，尽管会对汽车的最高速度产生影响，但这有利于延长车辆的续驶里程，更为重要的是，这有利于延长动力电池组的寿命。

(3)电池的均衡控制管理。电池的均衡控制管理是指采取一定的措施尽可能降低电池不一致性的负面影响，以达到优化电池组整体放电效能，延长电池组整体寿命的效果。对电池进行均衡管理有利于把剩余电荷利用起来，从而提高电池组的放电效能。

电动汽车用动力电池需要频繁地充放电，其放电的深度和电流比一般的电器用电池有更严格的要求。研究表明，电池组的总体性能取决于性能最差的单体电池。当一组电池中有若干单体电池发生内阻变高、容量变小的情况时，整组电池的性能将会因为这几个单体电池性能的改变而改变，如果不能及时地发现这种情况，整组电池将会在之后的循环充放电过程中迅速恶化。就均衡的时机而言，电池的均衡可以分为充电均衡和放电均衡。就均衡的手段而言，可以分为能量耗散型的均衡和能量转移型的均衡。图 5－4 表示一种动力电池的均衡控制管理系统。

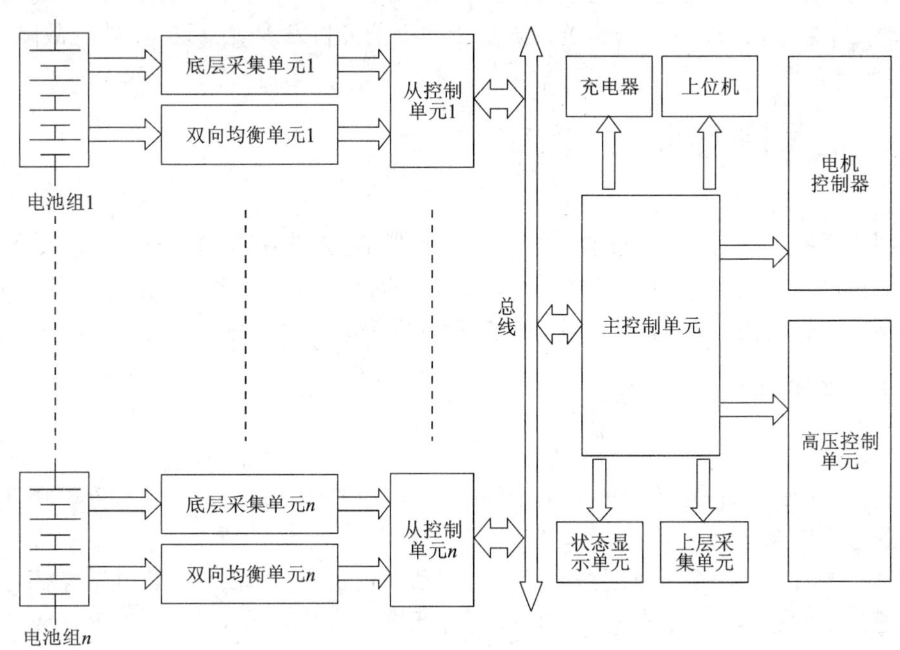

图 5－4　双向均衡的动力电池组管理系统

五、电池信息管理

电动汽车动力电池组中的电池较多，电池状态数据量庞大，电池信息管理包括电池信息的显示、系统内外信息的交互和电池历史信息存储。

①电池信息的显示。电池管理系统中电池信息显示要求通过仪表把电池状态信息显示出来，通知驾驶员或汽车维修人员。

需要显示的信息通常包括以下几类：实时电压、电流、温度信息、电池剩余电量信息、报警信息。

电动汽车上的单体电池个数较多，不可能也不需要将每个电池的信息都进行显示，通常整个动力电池组的总电压、总电流、最高电池电压、最低电池电压、最高电池温度、最低电池温度等信息显示在仪表上。电池剩余电量信息类似于传统汽车的油量表，反映电池剩余电量的百分比，通常也会把剩余行驶里程的估算值显示在仪表上。当动力电池组存在安全问题或即将发生安全问题的时候，电池管理系统通过报警信息通知驾驶员。

②系统内外信息的交互是指电池管理系统与整车控制器、电机控制器等其他系统或部件交互信息。一般系统内外信息的交互应该是双工（支持双向通信）的。一方面，电池管理系统需要将电压、电流、温度等信息发送给系统或其他部件；另一方面，整车控制器也需要将“是否有充电机接入”“是否允许进行充电”等信息发送给电池管理系统。

③电池历史信息存储可以按照信息存储的时效划分为两种，即临时存储与永久存储。其

中临时存储是暂时性保存电池信息，信息储存于系统 RAM，永久存储可利用可擦写可编程只读存储器(EPROM)、内存(flash memory)等系统存储器件来实现，可保存时间跨度较大的历史信息。电池历史信息存储可实现数据缓冲，提高分析估算的精度，有助于故障的分析与排除，当电动汽车发生故障以后，可以通过对历史数据的分析发现故障原因，排除故障。

5.2 能量回收系统

能量回收系统是电动汽车的重要组成部分，所谓能量回收就是指车辆在制动过程中，通过相关的能量回收装置，以电机发电的形式把汽车的行驶动能转化为电能存储到蓄电池中，既降低整车电能的消耗，又对汽车产生较好的制动效果。

5.2.1 能量回收技术概述

(1)能量回收系统概述。

汽车制动系统的作用是使行驶中的汽车按照驾驶员的要求进行减速或停车，它直接关系到整车行驶过程中的安全。

一般汽车的行车制动系统是通过制动盘与制动钳或制动鼓与制动蹄之间的摩擦力来实现汽车的减速。在此过程中，整车动能或位能通过摩擦以热量的形式消耗，这就造成了大量的能量浪费。

虽然汽车在制动过程中受到的空气阻力、滚动阻力以及坡道阻力等阻力作用可使汽车减速，但车轮与地面之间的制动力是主要的，特别是汽车低速行驶时，空气阻力、滚动阻力都较小，可以说整车制动需要的阻力绝大部分都是由制动系统摩擦制动造成的车轮与地面之间的制动力实现的。在城市道路行驶工况下，由于交通拥挤，汽车车速不高，经常反复启停，造成了大部分发动机产生的牵引能量在制动过程中以摩擦热的形式消耗掉了，这使得汽车能量效率低下。

能量回收系统把车辆制动动能转化并储存起来，通过再生制动，可显著提高整车能量利用率，降低整车油耗和排放。许多研究结果表明，再生制动对混合动力汽车燃油经济性提高的贡献率达20%以上，在纯电动汽车中，通过再生制动回收的能量可增加其续驶里程20%左右。

能量回收技术应用于汽车始于20世纪60年代，当时汽车设计师注意到了电动汽车应用再生制动技术后有显著的节能效果，就尝试在直流电机驱动的电动汽车上应用再生制动系统，并获得了成功。但由于电池技术一直没有突破，电动汽车的能量回收技术发展缓慢。直至20世纪80年代，随着混合动力汽车成为新一代节能汽车的发展方向，能量回收技术才又得到了应用和发展。

(2)能量回收技术。

能量回收是指车辆减速或制动时，通过能量转换器将汽车的一部分机械能(动能或位能)转化为其他形式的能量(旋转动能、液压能和化学能等)并储存于储能装置中，同时产生一部分阻力负荷实现整车减速或制动，当汽车行驶时，转换器将储存在储能器中的能量再次转换为车辆行驶所需的动能。利用能量回收技术，有助于提高车辆的能量利用率，减少燃油消耗和排放，减轻制动器的热负荷和磨损，提高整车的行驶安全性和使用经济性。

能量回收系统主要由储能装置、转换器、变速器和控制单元组成。根据蓄能装置的不同，再生制动系统有飞轮储能式、液压储能式和电储能式三种基本类型。

①飞轮储能式。在飞轮储能系统中，储能装置采用高速旋转的飞轮，转换器采用增速齿轮，其基本工作原理如图 5－5 所示。汽车在制动或减速过程中的动能转换为飞轮高速旋转的动能，当汽车再次启动或加速时，高速旋转的飞轮又将存储的动能通过传动装置转化为汽车的驱动力，以增加汽车的行驶动能，图 5－6 为一种飞轮储能式能量回收再生系统简图。

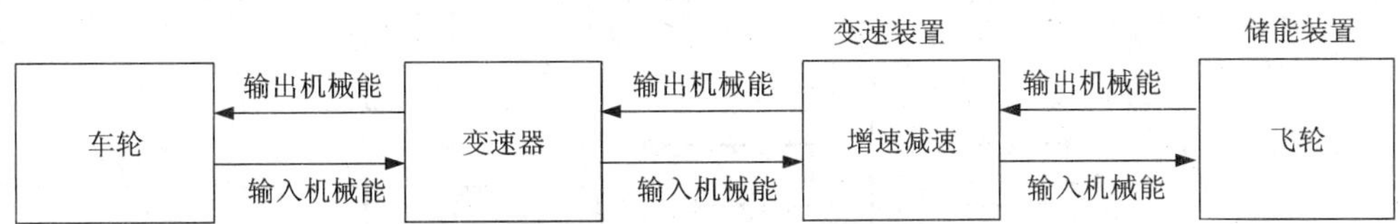

图 5－5　飞轮储能式再生制动系统

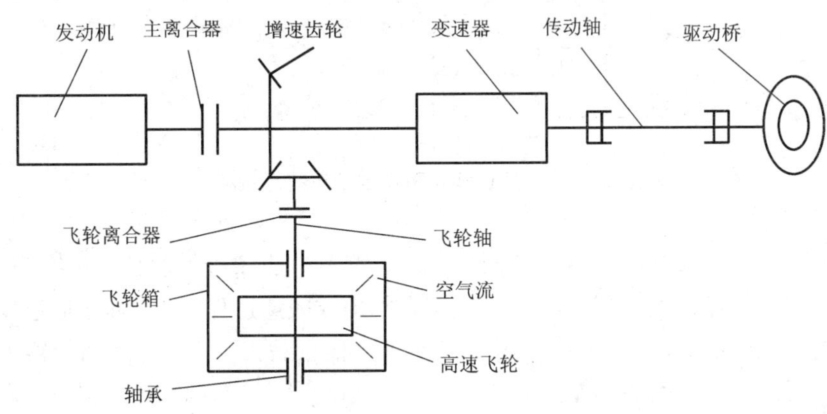

图 5－6　飞轮蓄能式再生制动系统结构组成

飞轮式储能系统构造简单，但体积和重量较大，在长时间停车后再启动时无法提供整车的起步与加速所需的能量，空气阻力和轴承摩擦直接影响能量回收的效率。由于飞轮转速较高，对系统的安全性和动力稳定性要求较高，提高了整车的附加成本。一般适用于启动、制动频繁的汽车上。

②液压储能式。在液压储能系统中，储能装置采用液压储能器，转换器为液压马达/液压泵。液压储能的工作原理如图 5－7 所示，汽车在制动或减速过程中的动能转换成液压能的形式，并将液压能储藏在液压储能器中，当汽车再次启动或加速时，储能系统又将储能器中的液压能以机械能的形式反作用于汽车，以增加汽车的行驶动能。图 5－8 是利用液压储能原理所设计的一种能量回收再生系统。

液压式储能系统零件少、成本较低、工作可靠且布置方便，能长期有效地储存能量，可适用于各种类型的汽车。但液压系统密封要求高，导致成本昂贵，液压泵/液压马达的机械损失也影响能量回收效果。

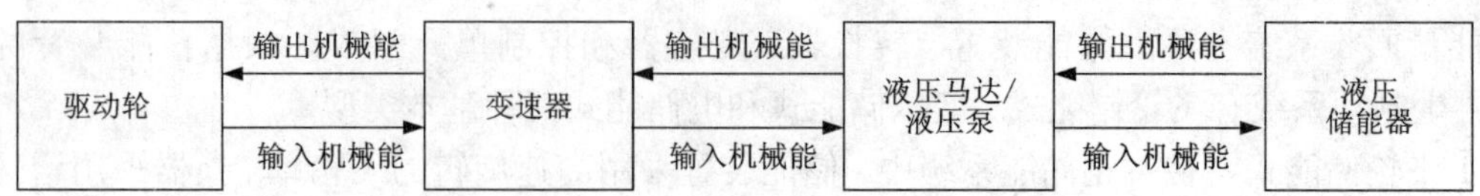

图 5-7　液压储能式再生制动系统

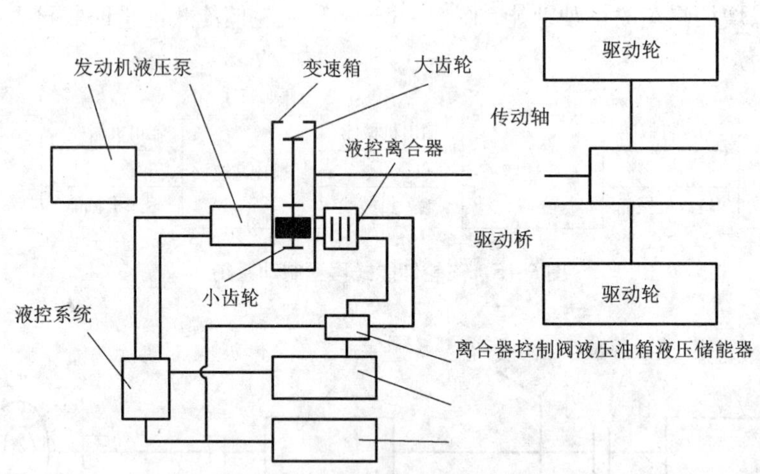

图 5-8　液压储能式再生制动系统示意图

③电储能式。在电储能系统中，储能装置采用蓄电池或超级电容器，转换器采用电机/发电机。电储能工作原理如图 5-9 所示，汽车在制动或减速过程中的动能，通过发电机转化为电能并以化学能的形式存储在储能器中，在汽车其他行驶工况下，再将储能器中的化学能通过电动机转化为汽车行驶的动能。

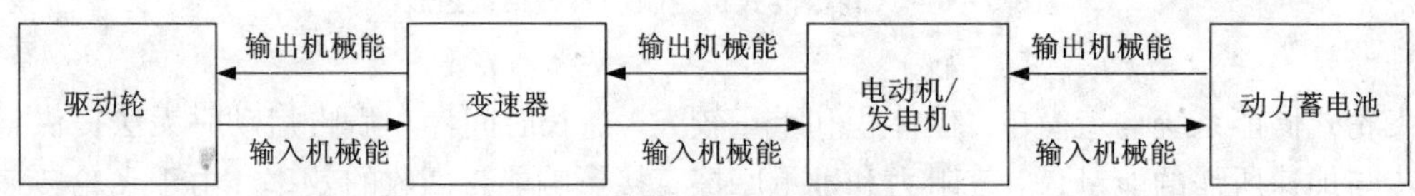

图 5-9　电储能式再生制动系统

电池储能系统具有结构简单、操作方便、可靠性高和能量回收效率高的优点，广泛应用于电动汽车和混合动力汽车中。

相对其他储能方式而言，电储能式具有储能时间长、一次储存能量大、储能稳定性好、维护次数少、使用方便等优点。制约这一方法应用的技术瓶颈仍是缺乏高性能、低成本的电化学储能器。

5.2.2　能量回收系统组成

电动汽车的再生制动系统属于电储能式，电动汽车上具备的电储能装置和可两象限运行的驱动电机为再生制动提供了保证。

(1)电动汽车再生制动原理。

电动汽车再生制动原理如图 5－10 所示，可以表述为：在制动时，将汽车行驶的惯性能量通过车轮经由传动系统传递给电机，控制电机以发电方式工作，为动力电池充电，实现制动能量的再生利用。与此同时，发电过程中产生的电机制动力矩又通过传动系统对驱动轮施加制动，产生制动力。对于采用感应电动机的电动汽车，再生制动系统工作时，制动过程中驱动电机转子的转动频率超过电机的电源频率，电机工作于发电状态，将机械能转化为电能。

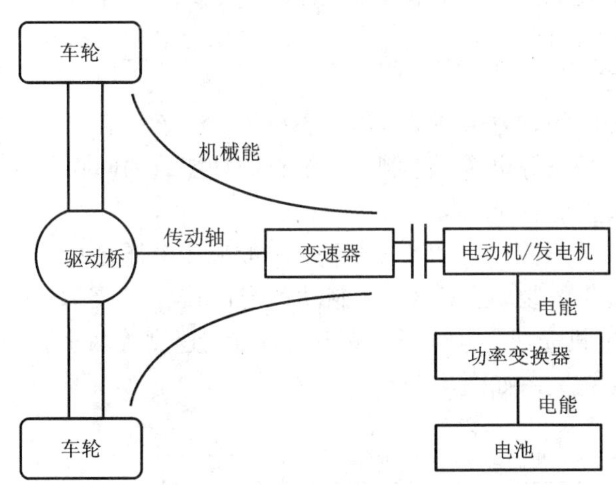

图 5－10　电动汽车再生抽动原理

(2)电动汽车再生制动能量回收的影响因素。

影响电动汽车再生制动的因素有许多，主要包括制动安全性要求、行驶工况、电机类型、车载储能装置。下面对这些主要影响因素予以分析。

①制动安全性要求。制动系统的首要任务是满足车辆制动时的制动效能、方向稳定性等车辆制动性能要求。采用再生制动系统进行制动动能回收的第一影响因素即为汽车制动性能的要求，在现有的再生制动技术中，当再生制动的制动强度达不到驾驶员的制动请求时，导致机械摩擦制动参与制动过程，这样影响了再生制动系统对制动能量的回收和利用。此外，对于非电力四驱车辆，再生制动仅作用于汽车的前轮或后轮，为使前、后轮制动满足制动法规和防抱死系统的要求，即使有时再生制动有足够的制动能力，也需抑制其制动能力，以使前、后轮制动力满足要求。

②行驶工况。不同行驶工况下，电动汽车制动出现的频率不同。在城市道路行驶工况下，制动频率高、制动强度需求低，再生制动系统可能回收的制动动能较多；相反，高速公路行驶工况等制动频率低的情况下，可回收的制动动能就少。

③驱动电机及其控制系统类型。在电动汽车驱控系统中，驱动电机的恒功率工作区越宽，电机在高效率区工作的时间就越长，制动能回收效率就越高，也就是说，再生制动对电机的扭矩特性要求与驱动时对驱动电机的特性要求相同。若电动汽车的车载驱动电机有尽可能宽的恒功率工作区、在较宽的转速和转矩范围内都有较高的效率，这样不但可以降低对电机额定功率的需求，而且可增强回收制动动能的能力。驱动电机控制策略也同样影响再生制

动系统对制动能量的回收。

④车载储能装置的影响。电动汽车的车载储能装置作为再生制动系统的蓄能器，按照电动汽车的装备，可能是动力蓄电池、超级电容器、飞轮电池及其组合。

车载储能装置的特性和剩余容量的多少是决定再生制动能力回收的最重要因素。蓄电池荷电状态及蓄电池短时间内充电接受能力的大小对电机再生制动能力的发挥起决定作用，只有荷电状态在适当范围内，蓄电池才具有较强的充电接受能力，当蓄能器被充满时，就不能接受充电，蓄电池比功率较小，不能接受瞬时大功率充电。超级电容器的比功率大得多，因而可接受瞬时大功率充电，但其比能量较蓄电池小，且价格较高，因此，回收制动能时，可先将电能充入超级电容器，再升压后泵入蓄电池，这种复合电源具有竞争力，是电动汽车蓄能系统发展的重要方向之一。

此外，车轮与路面间的附着条件、车辆质心位置、汽车的驱动形式、车辆变速器类型及传动比、传动零部件的惯量等也对再生制动系统对制动能量的回收产生影响。

(3)再生制动与摩擦制动的协调。

电动汽车制动系统通常为传统的摩擦制动，一般采用液压传动系统形式，传统的液压摩擦制动技术成熟，能提供的制动力矩较大，制动稳定性较好，但造成能量浪费。再生制动系统的制动由车上驱动电机完成，电动制动受电动性能、速度等因素影响，制动力矩受限，制动时间较长，因此其协调关系如图 5－11 所示。

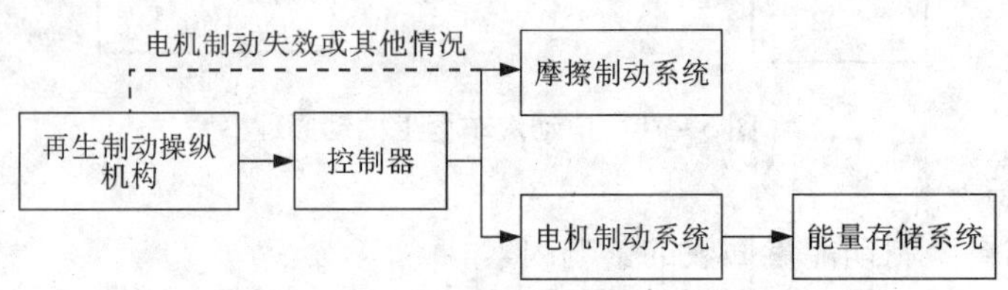

图 5－11　再生制动与摩擦制动的协调

①当电动车正常行驶减速和下坡减速时，即弱制动强度的制动工况下，为回收更多的能量，一般主要采用再生制动。这种情况类似于传统内燃机汽车在驾驶员脚抬起油门踏板时的发动机制动(怠速时活塞压缩气缸内气体的反作用力使车速降低)。

②当电动汽车在高速行驶减速时，需要较大的制动力矩，而电机制动力矩又不能满足需要，此时采用摩擦制动和再生制动相结合的方法，在满足制动效果的情况下，需要加大电机制动比例，以提高能量回收比率。

③当出现汽车紧急制动、电机制动失效等情况或车辆驻车需要制动时，此时的制动时间短促，采用再生制动，能量可能无法短时间吸收，所以应尽量考虑使用摩擦制动。

5.2.3　能量回收系统控制策略

(1)再生制动策略。

合理的能量回收控制策略一方面要满足制动效能、制动效能恒定性及制动时汽车的方向稳定性等制动性的基本要求，另一方面要最大限度地提高制动能量的回收程度。下面介绍几个典型的应用于电动汽车的再生制动控制策略。

①并行制动控制策略。并行制动控制策略建立在稍微改动或小改动原有的传统制动系统的基础上，即在传统汽车制动系统基础上加入电动汽车的驱动电机制动，这样非驱动轴仅能采用传统的机械制动，驱动轴上的制动采用机械制动与再生制动联合制动。

并联式控制策略的制动能回收率低于串联式，但系统不需整车制动控制器，只需电机控制器根据电机转速、电池 SOC 及与机械制动力设定的比值等信息对再生制动力实施控制。控制要求精度比较低，控制容易实现，同时整个制动系统的可靠度也比较高。由于并行制动系统主要由机械制动系统提供制动力，再生制动系统仅仅起辅助作用，因此回收的制动能量很有限。

吴彤峰、谢冰等提出的并行制动策略，根据工况特点，尽可能多地把制动力分配在前驱动轮，其逻辑框图如图 5－12 所示。

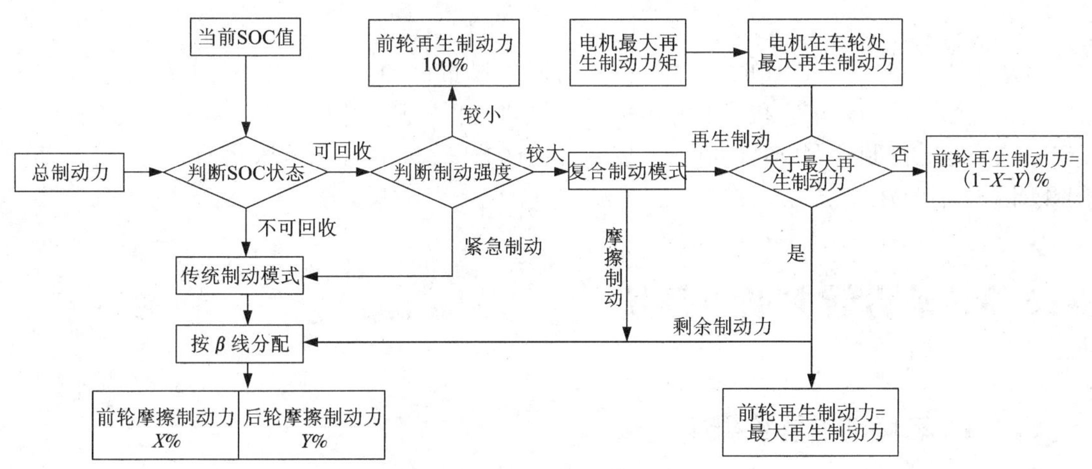

图 5－12　并行制动逻辑框图

②最佳制动能量回收控制策略。最佳制动能量回收控制策略的控制目标是最大限度地回收制动能量，即只要地面附着力足够，先充分利用再生制动力，因此在分配前后轴机械制动力和再生制动力时，该控制策略在保证要求的制动减速度和前后轮均不抱死的前提下尽量使再生制动力获得最大值，以尽最大可能回收制动能量，控制策略需确保再生制动力不够时由行车制动补充。

该再生制动控制策略可以最大限度地回收制动能量，但是由于控制系统复杂，需要同时对制动电机制动力和摩擦制动力进行精确地控制，制动稳定性不高。

③理想的制动力分配控制策略。理想的制动力分配策略的目标是在保证车辆具有最佳前后轴制动力分配(最佳制动性能)的前提下回收制动能量。

该制动控制策略在为汽车提供了最佳制动性能的同时回收了制动能量，但是控制系统复杂，需要对电机制动力和摩擦制动力进行精确的数值化控制。

(2)再生制动系统实例。

丰田汽车公司(Toyota)的混合动力系统(toyota hybrid system，THS)如图 5－13 所示，液压制动同再生制动的控制由制动 ECU 控制。

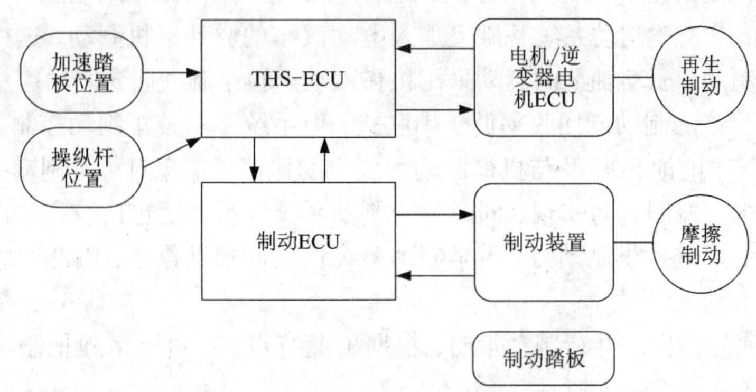

图 5 – 13　丰田再生制动系统

能量回收控制系统工作时，制动 ECU 计算驾驶员制动力矩需求并将其传递给 THS - ECU，由它来计算当前车速和蓄电池 SOC 下可提供的再生制动力矩，并将计算结果返回制动 ECU，该力矩与总制动力矩的差值用于控制线性调节阀，从而控制液压制动力的大小，并可闭环调节这个压力。

5.3　动力转向助力系统

5.3.1　转向助力系统概述

(1)电动转向系统的发展。

电动转向系统(electric power steering，EPS)也称电动助力转向系统，是一种直接依靠电机提供辅助扭矩的动力转向系统。

转向系统是用来保持或改变轮式地面车辆行驶方向的重要装置，它的性能直接影响汽车行驶的操纵稳定性与安全性。机械转向系统最早在车辆上开始使用，由转向器、转向操纵机构和转向传动机构三大部分组成。在汽车转向时，完全是通过驾驶员转动转向盘来实现的，以驾驶员的体力作为转向能源，行车中长时间转向操作容易使驾驶员产生疲劳，特别是在客运、载重等大型汽车上，因此助力转向系统应运而生。

自 20 世纪 50 年代起，液压助力系统(hydraulic power steering，HPS)逐步发展，目前成为动力转向系统的主流，1953 年通用汽车公司第一个使用了液压助力转向系统，提高了转向轻便性，效果显著。此后该技术得到了迅速发展，使得助力转向系统在功耗、体积和价格等方面都取得了很大的进步。随后又出现了电控液压助力转向(electric hydraulic power steering，EHPS)系统。

1988 年 2 月日本铃木公司首次在 Cervo 车上装备 EPS，随后还用在了 Alto 车上。在此之后，电动助力转向技术得到迅速发展。日本的大发汽车公司、三菱汽车公司、本田汽车公司，美国的 Delphi 汽车系统公司、TRW 公司，德国的 ZF 公司，都相继研制出各自的 EPS。

(2)电动转向系统的特点。

所谓的 EPS 系统，就是在原机械转向系统的基础上，增加了车速传感器、转矩转角传感器、电子控制器、电动机及其传动机构，直接利用电动机驱动转向轴提供助力转矩。与液压动力转向相比，电动助力转向系统综合了现代控制技术、现代电子技术及机电一体化等技术，具有以下特点：

①电动机由蓄电池供电。对于纯电动汽车、燃料电池汽车，由于没有内燃机发动机，汽车提供的转向动力源是汽车的电源，即动力蓄电池或燃料电池组，EPS 为最佳选择。混合动力汽车电动转向系统可以在发动机不工作的情况下工作，提高了汽车行驶安全性。

②助力性能好。EPS 能在各种行驶工况下提供最佳转向助力。在低速行驶时，增加转向助力，使得转向更加轻便；在高速行驶时，减少转向助力，提高“路感”。

③路感好且可以通过软件加以调节。由于电动助力转向系统内部采用刚性连接，系统内部阻力比液压助力转向系统小，系统的滞后特性不明显，且滞后特性可以通过软件加以控制，因此路感较好。为了获得不同的路感，可以根据驾驶员的操作习惯调整控制软件。

④回正性好。EPS 结构简单，内部阻力小，回正性好，从而可得到最佳的转向回正特性，改善汽车操纵稳定性。

⑤效率高。HPS 为机械和液压连接，效率较低，一般为 60% ~ 70%；EPS 为机械与电动机直接连接，效率高，有的可高达 90% 以上。

⑥能耗少。汽车在实际行驶过程中，处于转向状态的时间约占总行驶时间的 5%。电动助力转向系统仅在需要转向助力控制时才启动助力电机，而液压助力转向系统的液压系统由发动机或其他动力源带动工作，在汽车在行驶过程中，油泵一直被带动旋转，油液不停地循环流动，造成了发动机的能量浪费。

⑦装配简单。EPS 取消了油泵、皮带、皮带轮、液压软管、液压油及密封件等，其零件与 HPS 相比大大减少，且为模块化结构，因而其质量更轻，结构更紧凑，在安装位置选择方面也更容易，并且能降低噪声。EPS 整体外形尺寸比 HPS 小，这为整车布置带来方便。EPS 液压回路中有液压软管和接头，存在油液泄漏问题，而且液压软管不可回收，对环境有一定污染。

(3)电动转向系统的类型。

EPS 根据转向机构布置、电动机布置的位置不同主要分为 3 种：转向轴助力式、转向器齿轮助力式和转向器齿条助力式，如图 5 - 14 所示。

(a)转向轴助力式　(b)转向器齿轮助力式　(c)转向器齿条助力式

图 5 - 14　电动助力转向系统的类型

①转向轴助力式。该形式助力电动机、减速器直接与转向轴相连。它可安装在转向轴上

的任意合适位置。

②转向器齿轮助力式。这是一种较为常见的助力形式，电动机、减速器直接与转向小齿轮相连。

③转向器齿条助力式。电动机的电枢通过传动机构与齿条直接相连，传动机构将电动机的转动变为平动，从而实现助力。

5.3.2 转向助力系统的结构和工作原理

电动转向系统主要由转矩传感器、转向盘转角传感器、车速传感器、电子控制单元、电动机、离合器、减速机构、转向轴及手动齿轮齿条式转向器等组成，如图 5－15 所示。

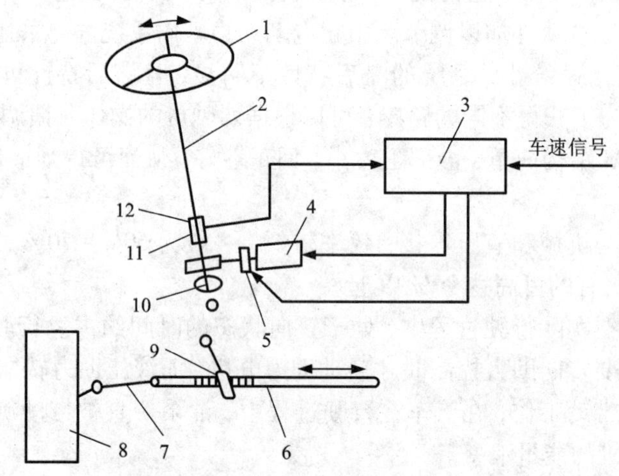

图 5－15 电动式 EPS 的组成

1—转向盘；2—输入轴；3—ECU；4—电动机；5—电磁离合器；6—转向齿条；7—横杆；8—转向轮；9—输出轴；10—扭力杆；11—扭矩传感器；12—转向齿轮

当操纵转向盘时，装在转向盘轴上的扭矩传感器不断地检测转向轴上的扭矩信号，该信号与车速信号同时输入到电子控制单元。

电控单元根据这些输入信号，确定助力扭矩的大小和方向，即选定电动机的电流和转向，调整转向辅助动力的大小。电动机的扭矩由电磁离合器通过减速机构减速增扭后，加在汽车的转向机构上，使之得到一个与汽车工况相适应的转向作用力。

以国产奥拓(Alto)牌汽车为例，电动式 EPS 内部结构如图 5－16 所示。EPS 各组成的结构和原理如下。

(1)转矩传感器。

转矩传感器用于检测作用于转向盘上转矩信号的大小与方向。目前采用较多的转矩传感器是扭杆式电位计传感器，如图 5－17 所示。转向时，由于扭力杆和输出轴极靴之间发生相对扭转变形，极靴 A、D 之间的磁阻增加，B、C 之间的磁阻减少，各个极靴的磁通量发生变化，于是在 V、W 之间就出现了电位差。其电位差与扭力杆的扭转角和输入电压 a 成正比。所以，通过测量 V、W 两端的电位差就可以测量出扭力杆的扭转角，于是也就知道了转向盘施加的转矩。

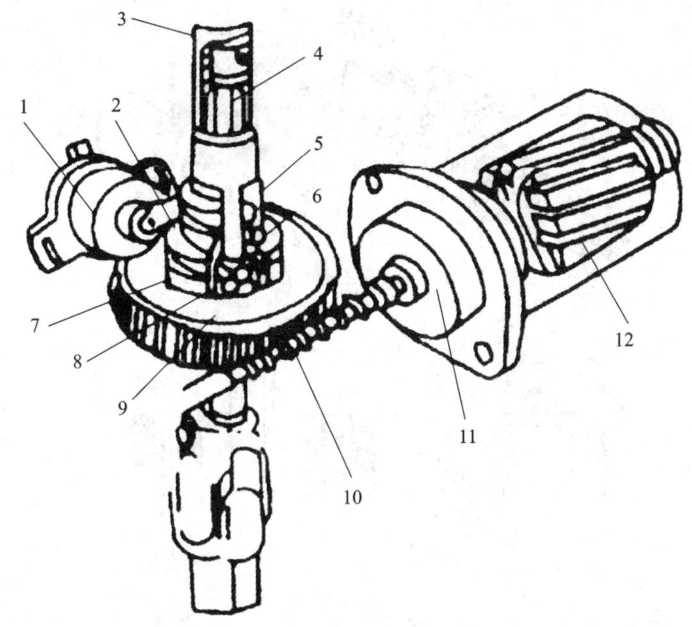

图 5－16　奥拓牌汽车电动式 EPS 内部结构

1—转矩传感器；2—控制臂；3—传感器轴；4—扭杆；5—滑块；6—球槽；7—连接环；8—钢球；9—蜗轮；10—蜗杆；11—离合器；12—电动机

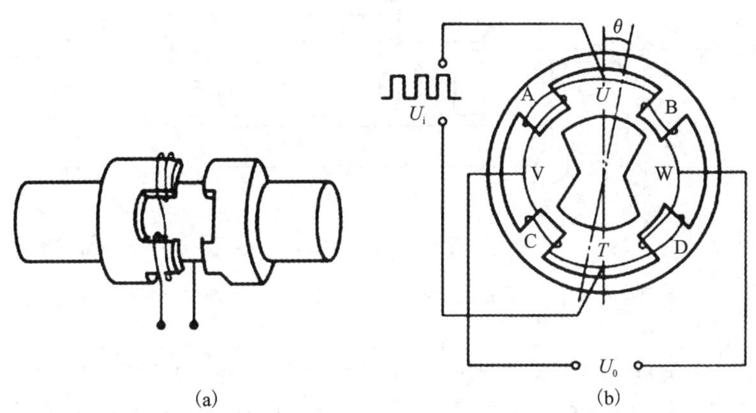

图 5－17　扭杆式电位计传感器

(2)转向盘转角传感器。

转向盘转角传感器安装于转向轴管上，可向 ECU 提供汽车转向速率、转角大小及转动方向等信息。以光电式转角传感器为例，其安装、基本结构、工作原理和电路如图 5－18 所示。

在压入转向轴的圆盘中间，装有带窄缝的遮光盘。传感器的信号发生器(由发光二极管和光敏三极管组成)以 2 个为一组，从上面套装在遮光盘之上。遮光盘上等距离均匀排列着窄缝。遮光盘随转向轴转动时，两个信号发生器的输出随之进行通(ON)、断(OFF)变换。ECU 根据两信号发生器输出端通、断变换的速率，即可检测出转向轴的转动速率，通过计数

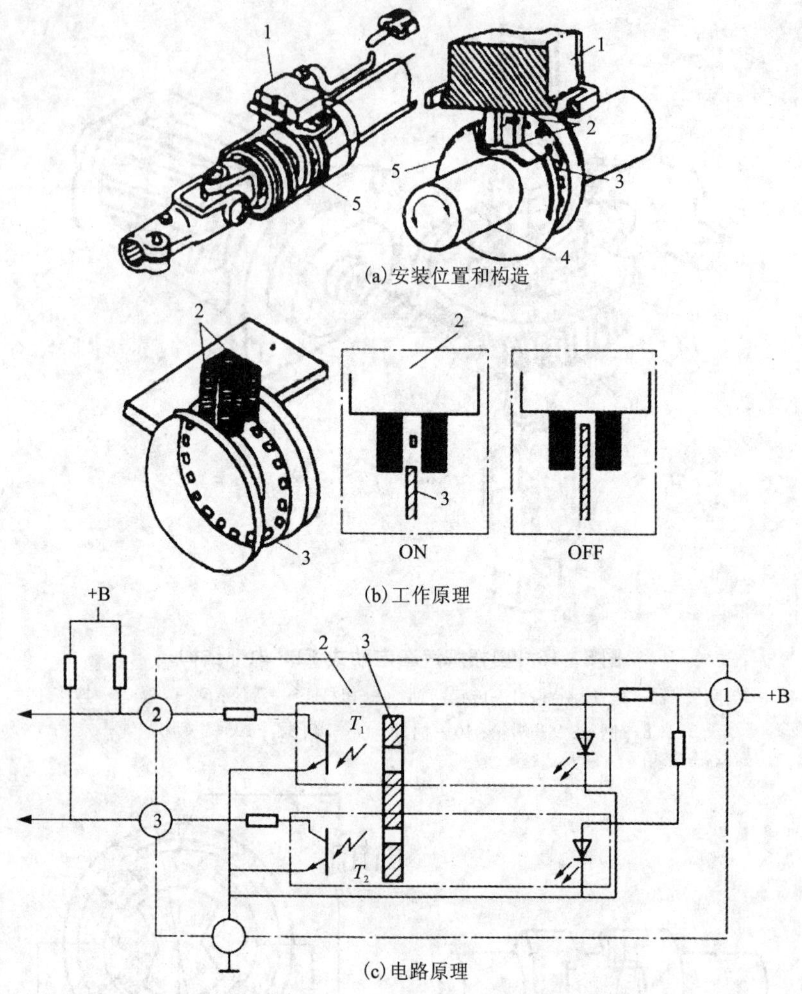

(a)安装位置和构造

(b)工作原理

(c)电路原理

图 5－18　光电式转角传感器

1—转角传感器；2—信号发生器；3—遮光盘；4—转向轴；5—传感器圆盘

器统计通、断变换的次数，即可检测出转向轴的转角。另外，设计时将两个信号发生器通、断变换的相位错开 90°，如图 5－19 所示。汽车直线行驶时，信号 A 处于通断状态(高电平)的中间位置。转向时，根据信号 A 下沿处信号 B 的状态，即可判断出转向的方向。在图中，信号 A 由断状态变为通状态(低电平)时，如果信号 B 为通状态，则为左转向；如果信号 B 为断状态，则为右转向。

(3)车速传感器。

车速传感器一般安装在变速器输出轴附近，如图 5－20 所示。以一种电磁感应转速传感器为例，传感器用于检测变速器输出轴的转速，ECU 根据转速信号计算出车速。电磁感应式传感器原理在此不再赘述。

(4)电动机和减速机构。

EPS 的动力源是电动机，通常采用无刷永磁式直流电动机，其功能是根据 ECU 的指令产生相应的输出转矩。

减速机构用来增大电动机的输出转矩，主要有两种形式：蜗轮蜗杆减速机构和双行星齿轮减速机构。蜗轮蜗杆减速机构主要用于转向柱助力式转向系统；双行星齿轮减速机构主要用于齿轮助力式和齿条助力式转向系统。

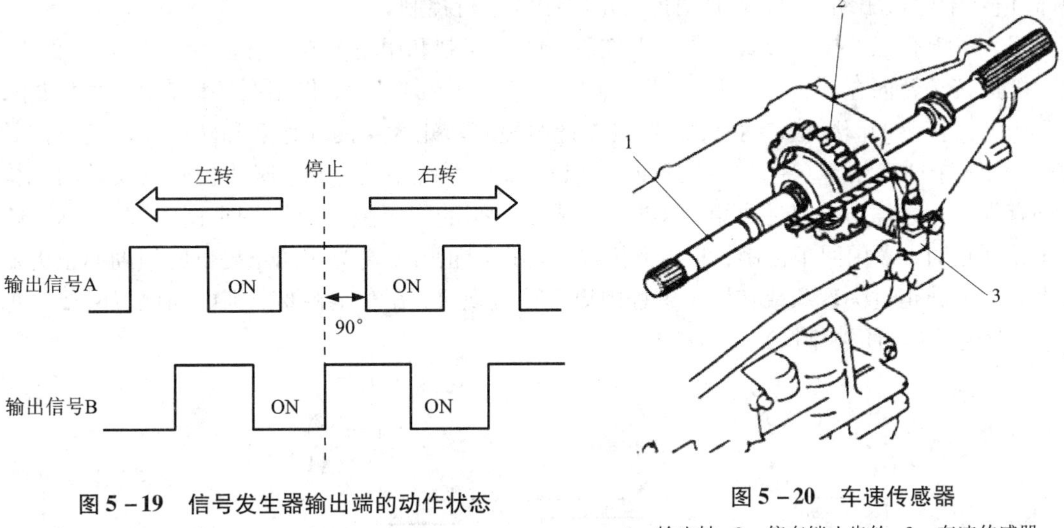

图5－19　信号发生器输出端的动作状态

图5－20　车速传感器

1—输出轴；2—停车锁止齿轮；3—车速传感器

(5)电磁离合器。

EPS电磁离合器一般采用干式电磁离合器，其功能是保证EPS在预先设定的车速范围内闭合。电动机发生故障时，离合器将自动断开。电磁离合器结构组成如图5－21所示。当电磁线圈中有电流通过时，电磁线圈产生的吸力吸引压板与主动轮接合。这样，电动机的动力就经过主动轮、压板、花键输出到从动轴上。当线圈中没有电流流过时，电磁线圈就不会产生电磁吸力，压板和主动轮之间就没有接触压力，因此电动机的动力传递路线就被切断，助力停止。

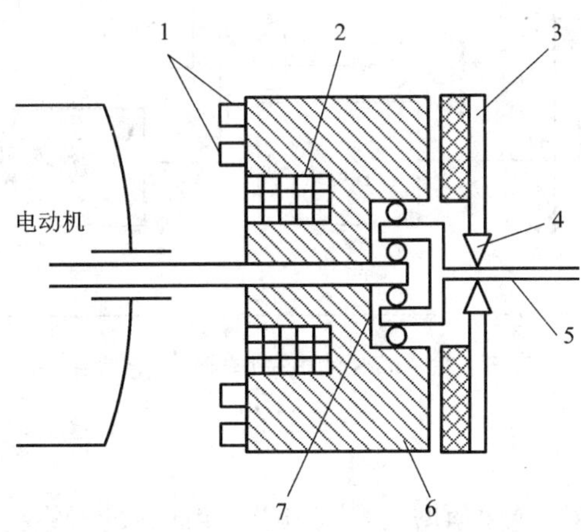

图5－21　单片干式电磁离合器的工作原理图

1—滑环；2—线圈；3—压板；4—花键；5—从动轴；6—主动轮；7—滚动轴承

5.3.3 转向助力系统的控制

如图 5-22 所示，汽车在运行过程中，扭矩传感器、车速传感器及电机电流传感器会产生各自的电信号，这些信号经过滤波、信号电平调整后传给 ECU，ECU 经过分析处理后输出 PWM 信号给电机驱动模块，实现对助力电机扭矩进行控制。

EPS 系统有三种控制方式，即助力控制、回正控制和阻尼控制。在正常的转向过程中，当驾驶员转动转向盘，采用助力控制；当驾驶员释放转向盘后，作用在转向盘上的力减小，且小于助力控制的门限值，同时，系统判断此时检测转矩大小的加速度和转向盘转动方向是否相异，如果两者相异，系统就执行回正控制。EPS 系统中的电机、减速机构以及转向机构等都有很大的摩擦力与惯性力矩，这些都构成了汽车的回正阻力矩，当回正阻力矩过大，阻止车轮回正时，采用回正控制，利用电机提供辅助回正力矩。为了防止提供的辅助回正力矩过大而产生回正过头现象或在回正过程中出现摆振现象，在车轮将要回到中间位置时要施加阻尼，此时采用阻尼控制。

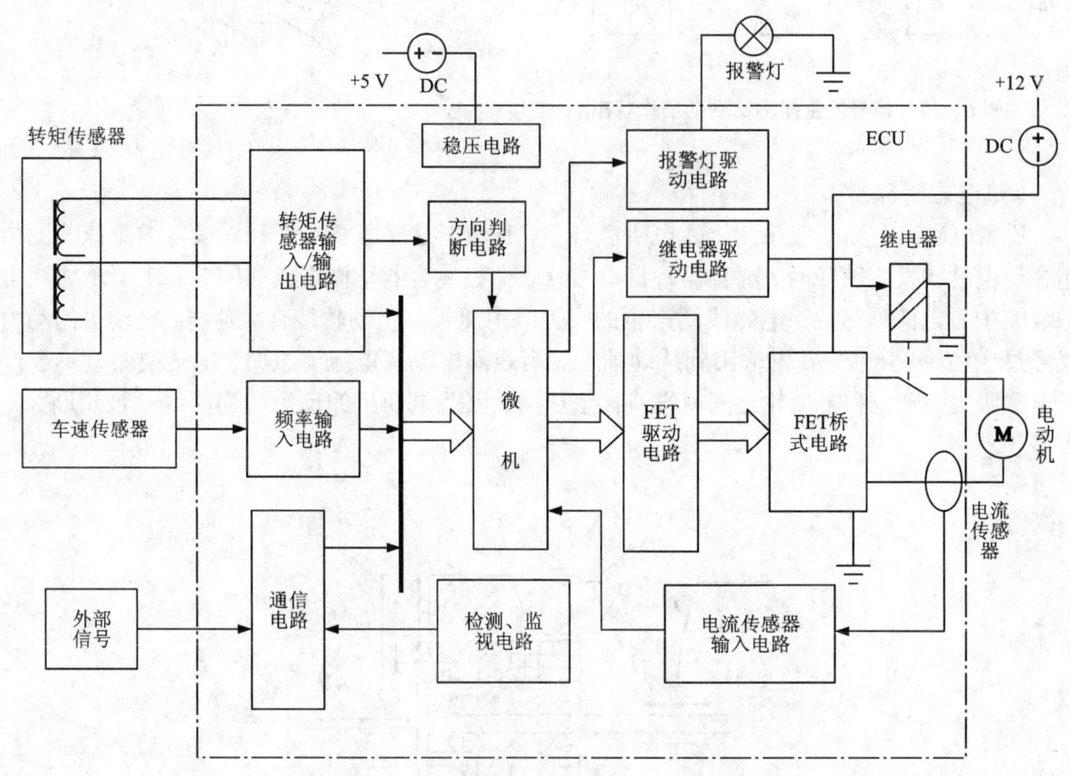

图 5-22 EPS 的电子控制系统示意图

(1)助力控制。

助力控制是在转向过程(转向角增大)中为减轻转向盘的操纵力，通过减速机构把电动机转矩作用到机械转向系统(转向轴、齿轮、齿条)上的一种基本控制模式。

EPS 的助力特性具有多种曲线形式，较为典型的有直线形、折线形和曲线形三种，如图

5-23所示。

ECU 根据预制的不同车速下"转矩-电动机助力目标电流表"，确定电动机助力的目标电流，以实现助力控制。

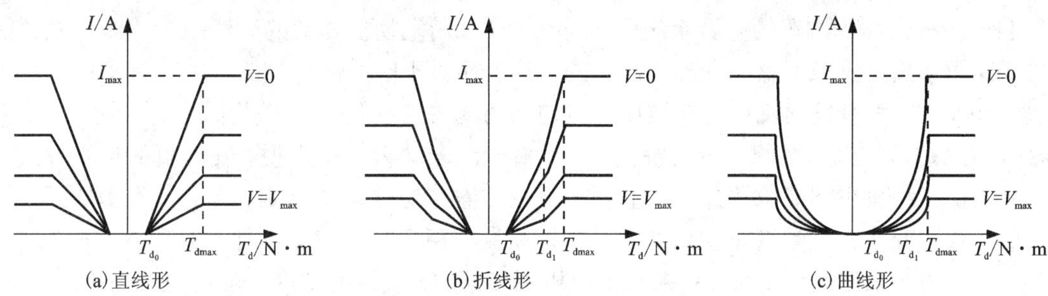

图 5-23　EPS 典型助力曲线图

I—助力电动机电流；T_d—转向轴力矩

(2)回正控制。

回正控制是用于改善转向回正特性的一种控制模式。汽车在行驶过程中转向时，由于转向轮主销后倾角和主销内倾角的存在，使得转向轮能够自动回正。

当驾驶员放开转向盘，车轮将在回正力矩的作用下回正，但回正力矩必须要克服系统本身的阻力矩和路面的摩擦力矩，当回正力矩大于总的回正阻力矩时，车轮能够自动回正；当回正力矩小于回正阻力矩时，车轮不能够准确地回到直线行驶的位置，从而影响汽车行驶的安全性。因此，为了能使汽车稳定并准确地回正，电动助力转向系统在助力控制的基础上必须进行有效的回正控制。此策略可以改善汽车的转向回正特性，主要应用于汽车低速行驶的情形。

(3)阻尼控制。

阻尼控制是汽车运行时提高高速直线行驶稳定性的一种控制模式。汽车在高速行驶时，如果转向过于灵敏，会影响汽车的行驶稳定性。为了提高直线行驶的稳定性，在死区范围内进行阻尼控制，适当加重转向盘的阻力，最终体现为高速行驶时手感的"稳重"。汽车高速行驶时，由于路面偶然因素的干扰引起的侧向加速度较大，传到方向盘的力矩比低速行驶时要大，为了抑制这种横摆振动，必须采用阻尼控制。此外，转向盘转向后回到中间位置时，由于电动机的惯性存在，在不加其他控制的情况下，助力系统的惯性比机械式转向系统的惯性大，转向回正时不容易收敛，此时，也需采用阻尼控制。采用阻尼控制时，一般情况下只需将电动机输出为制动状态，就可使电动机产生阻尼效果。

5.4　电动汽车的空调系统

5.4.1　电动汽车的空调系统概述

电动汽车的出现也为电动汽车空调的研究开发提出了新的课题与挑战。汽车空调的功能就是把车厢内的温度、湿度、空气清洁度及空气流动性保持在使人感觉舒适的状态。在各种气候环境条件下，电动汽车车厢内应保持舒适状态，以提供舒适的驾驶和乘坐环境。另外，拥有一套节能高效的空调系统对电动汽车开拓市场也起到至关重要的作用。因此，在开发研制电动汽车的同时，必然也要对其配套的空调系统进行开发与研制。

目前传统内燃机汽车的空调系统中，制冷主要采用发动机驱动的蒸汽压缩式制冷系统进行降温，而制热主要采用燃油发动机产生的余热。而对于电动汽车中的纯电动汽车以及燃料电池汽车来说，没有发动机作为空调压缩机的动力源，也不能提供冬天制热用的热源，因此无法直接采用传统汽车空调系统的解决方案；对于混合动力车型来说，发动机的控制方式多样，故空调压缩机也不能采用发动机直接驱动的方案。综合以上原因，在电动汽车的开发过程中，必须研究适合电动汽车使用的新型空调系统。由于电动汽车上拥有高压直流电源，因此，采用电动热泵型空调系统，压缩机由电机直接驱动，成为电动汽车可行的解决方案。

5.4.2 电动汽车空调的特点

与普通空调装置相比，电动汽车空调装置以及车内环境主要有以下特点：

①汽车空调系统安装在运动的车辆上，要承受剧烈而频繁的振动与冲击，要求电动汽车空调装置结构中的各个零部件都应具有足够抗振动冲击的强度和良好的系统气密性能。

②电动汽车大部分属于短距离代步，乘坐时间较短，加上电动汽车内乘员所占空间比大，产生的热量相对较多，相对热负荷大，要求空调具有快速制冷、制热和低速运行能力。

③电动汽车空调使用的是车上蓄电池提供的直流电源，压缩机工作效率高，控制可靠性高，维护方便。

④考虑到轻量化的需要，电动汽车通常车身隔热层薄，加之门窗多，玻璃面积大，隔热性能差，致使车内漏热严重。

⑤电动汽车车内设施高低不平且有座椅，气流分配组织困难，难以做到气流分布均匀。

5.4.3 电动汽车空调暖风装置

与内燃机汽车一样，电动汽车也需要对车厢内进行加热的暖风装置。传统内燃机汽车采暖以利用发动机散热能量为主，发动机的冷却液在90℃左右时为发动机的最佳工作温度，一般正常工作时，冷却液在85～100℃之间。而柴油发动机冷却液温度稍低，一般也会保持为80～90℃，此时的冷却液足以提供车舱内取暖所需热量。

对于纯电动汽车，散热部件主要为动力电机，根据其绝缘等级，正常情况下其散热温度不会超过60℃，这样的温度远远不能满足车内加热的需求，所以，在纯电动车辆上需要配置独立的取暖设备。

目前较成熟的电动汽车采用的独立加热设备主要有燃油加热器和PTC电加热器等几种，燃烧式暖风装置采暖方式是专门用汽油、煤油、柴油等作燃料在燃烧装置中燃烧产生热量，与采暖用空气进行热交换，使空气升温。此种暖风装置的优点是不受汽车使用情况的影响，而且采暖迅速；缺点是需要复杂的燃烧装置、送风管装置，还要消耗燃料，这与电动汽车的本质存在着矛盾。PTC电加热器是指利用正温度系数(positive temperature coefficient, PTC)热敏半导体器件制成的电加热装置。

5.4.4　热泵型电动汽车空调系统

从空调技术成熟性和能源利用效率来看，对于电动汽车空调系统而言，目前存在着热电材料的优值系数较低，制冷性能不够理想，并且热电堆产量受到构成热电元件的铌元素产量的限制，不满足电动汽车空调节能高效的要求。这使得电动汽车空调更倾向于选用节能高效的热泵型空调，该技术方案对于不同类型的电动汽车通用性较好，并且对整车结构改变较小，是将来电动汽车空调的发展趋势。

热泵型空调系统是在原有燃油汽车热泵空调的基础上进行改进而来，系统的工作原理如图5-24所示。电动汽车热泵空调系统与普通的热泵空调系统并无本质区别，由于在电动汽车上使用，压缩机等主要部件有其特殊性。而且国外热泵技术具备了一定的基础，该技术最大的优点就是制冷、制热效率高，相关企业开发的全封闭电动涡旋压缩机，由一个直流无刷电动机驱动，通过制冷剂回气冷却，具有噪声低、振动小、结构紧凑、质量轻等优点。在测试条件为环境温度40℃、车内温度27℃、相对湿度50%的工况下，系统稳定时它能以1 kW的能耗获得2.9 kW的制冷量；当环境温度为-10℃，车内温度25℃时，以1 kW的能耗可以获得2.3 kW的制热量。在-10~40℃的环境温度下，均能以较高的效率为电动汽车提供舒适的驾乘环境。若能在零部件技术上得到改进，相应效率还可以得到提高。

如图5-24所示，压缩机由电机通过皮带驱动，空调系统的制热/制冷运行方式由四通换向阀转换，实线箭头表示制冷运行方式，虚线箭头表示制热运行方式。以制冷方式工作时，压缩机将加压后的制冷剂泵入车外换热器，放热转变为液体后经膨胀阀流向车内换热器，制冷剂在车内换热器蒸发吸热，此时空调鼓风机向车厢内吹入冷气，使车内降温。热泵系统以制热方式工作时，制冷剂流向与制冷工作时相反，压缩机将加压后的制冷剂泵入车内换热器，制冷剂在车内换热器液化放热，空调鼓风机向车内吹热风，使车内升温加热。通过检测车室温度等空调运行参数，空调控制器通过逆变器调制电动机电源的脉冲宽度来控制压缩机转速的大小，从而改变空调系统的冷(热)量大小，以满足各种环境条件下车厢的舒适性及除雾/霜要求。

5.4.5　电动空调系统实例

丰田普锐斯是一款商业用途的混合动力轿车，如前所述，其动力系统采用的是混联混合动力系统，空调制冷装置采用的是电动型空调制冷装置。

(1)丰田普锐斯电动空调系统的特点。

与普通汽车的空调系统(非电动空调)相比较，电动空调系统具有如下优点：

①空调制冷装置压缩机由电动机直接驱动，即使发动机熄火，空调制冷装置能够正常工作。

②空调(主要指制冷装置压缩机)与发动机的运转各自独立，空调的运转不会直接影响汽车的行驶性能。

③采用电动冷却液泵和PTC加热器，发动机熄火后空调的暖风装置仍可以工作。

④减低了空调工作对整车油耗的影响。据报道，相比非电动传统空调，在空调工作期间，该车油耗下降约20%。

(2)丰田普锐斯全电动空调系统工作原理。

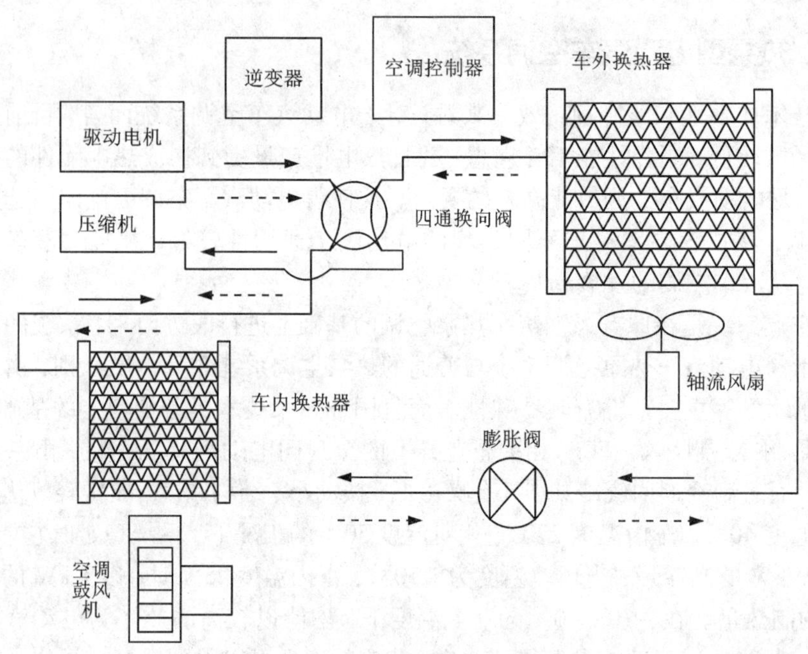

图 5－24　热泵系统工作原理图

如图 5－25 所示，丰田普锐斯电动空调系统制冷装置主要由 ES18 型电动变频压缩机、冷凝器、储液干燥器、膨胀管、蒸发器及连接管路组成。当制冷装置工作时，动力电池经过空调变频器提供交流电，驱动电动变频压缩机工作，电动变频压缩机从低压管路吸入低温低压的气态制冷剂，压缩成高温高压气态制冷剂，再通过高压管道进入冷凝器，经冷凝器的冷却后，变为高温高压的液态制冷剂，被送往储液干燥器，经过干燥过滤后，通过高压管道流入膨胀管，经膨胀管节流降压，变成低温、低压雾状的液/气态混合物，送入蒸发器中，制冷剂蒸发吸收热量，气化成低温低压的气态制冷剂，重新被电动变频压缩机吸入进行再循环，在此过程中鼓风机不断地将蒸发器表面的冷空气吹入车内，达到制冷的目的。

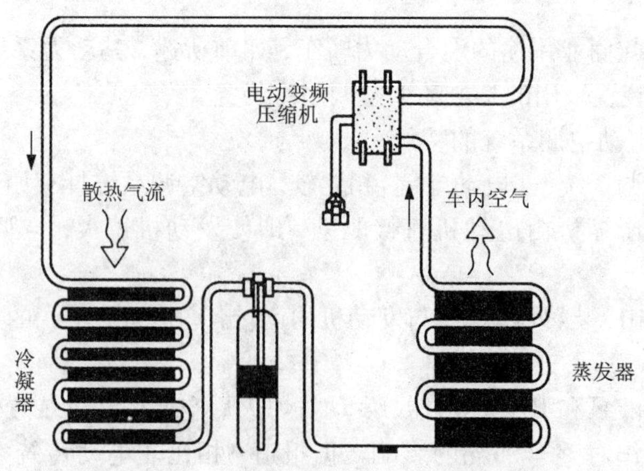

图 5－25　丰田普锐斯电动空调系统制冷原理

丰田普锐斯的暖风装置主要由暖风液箱、电动冷却液泵、PTC加热器和鼓风机等组成，如图5－26所示。当发动机冷却液温度高于规定的温度，直流逆变器驱动电动冷却液泵把发动机的冷却液泵入暖风液箱中，加热周围的空气，鼓风机把被加热的热空气吹入车内。冷却液降温后通过散热器回到发动机。当混合动力发动机冷却液温度低于规定的温度，冷却液不能提供足够的热量时，PTC加热器加热空气，鼓风机把被加热的热空气吹入车内。

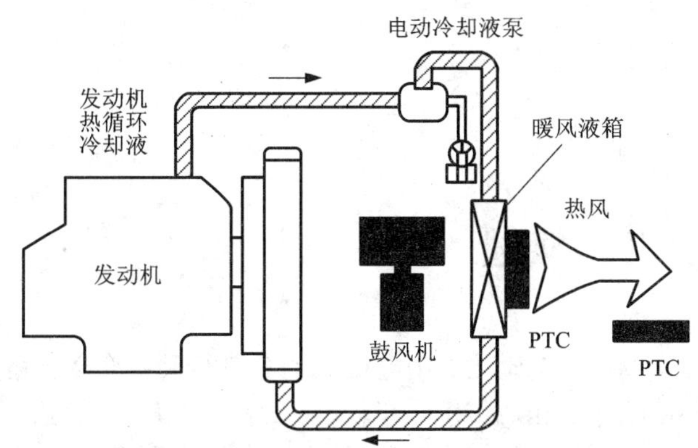

图5－26　丰田普锐斯电动空调系统暖风原理

(3)丰田普锐斯电动空调系统的控制原理。

丰田普锐斯车电动空调控制系统是空调ECU控制的自动空调系统，主要由传感器、空调ECU和执行器三部分组成，采用模糊控制。空调ECU根据传感器检测驾驶室内外的空气温度、湿度、阳光辐射量、发动机状况、压缩机工作条件、温度设定信号、功能选择信号和风门的反馈信号等，进行分析、计算、比较，并发出指令，自动开启和关闭电动变频压缩机、冷凝器风扇、电动冷却液泵和PTC加热器，调整混合空气挡板的位置，保持进风口和出风口处的最佳送风空气温度和空气流量。如检测到信号异常，则以故障代码的形式储存在空调ECU存储器中。

思考题

1. 分析论述未来电动汽车可能应用的电动装置。
2. 调研国内常用的电池管理系统，分析其主要功能实现方式。
3. 对比分析汽车上应用的各类型的转向系统：机械转向系统、液压助力转向系统、电动助力转向系统、线控转向系统(电传控制转向系统)。
4. 调研国内电动汽车上电动空调系统的应用情况，并完成报告。
5. 分析论述再生制动技术中的各项关键技术。

第6章　纯电动汽车

6.1　纯电动汽车概述

纯电动汽车是指以车载电源为动力，用电机驱动车轮行驶，符合道路交通、安全法规各项要求的车辆。由于对环境的影响相对传统汽车较小，其前景被广泛看好，但当前技术尚不成熟。

纯电动汽车(battery electric vehicle，BEV)是完全由可充电电池(如铅酸电池、镍镉电池、镍氢电池或锂离子蓄电池)提供动力源的汽车。虽然它已有187年的悠久历史，但一直仅限于某些特定范围内应用，市场较小。主要原因是各种类别的蓄电池普遍存在价格高、寿命短、外形尺寸和重量大、充电时间长等严重缺点。

纯电动汽车电动机的驱动电能来源于车载可充电蓄电池或其他能量储存装置。大部分车辆直接采用电机驱动，有一部分车辆把电动机装在发动机舱内，也有一部分直接以车轮作为四台电动机的转子，其难点在于电力储存技术。电动汽车在使用过程中不排放污染大气的有害气体，即使按所耗电量换算为发电厂的排放，除硫和微粒外，其他污染物也显著减少，由于电厂大多建于远离人口密集的城市(或郊外)，对人类伤害较少，而且电厂是固定不动的，排放集中，清除各种有害排放物较容易，也已有了相关技术。由于电力可以从多种一次能源获得，如煤、核能、水力、风力、光、热等，解除了人们对石油资源日见枯竭的担心。电动汽车还可以充分利用晚间用电低谷时富余的电力充电，使发电设备日夜都能充分利用，大大提高其经济效益。有关研究表明，同样的原油，经过粗炼送至电厂发电，经充入电池，再由电池驱动汽车，其能量利用效率比经过精炼变为汽油，再经内燃机驱动汽车的能量利用效率高，因此有利于节约能源和减少二氧化碳的排放，正是这些优点使电动汽车的研究和应用成为汽车工业的一个“热点”。有专家认为，对于电动车而言，目前最大的障碍就是基础设施建设以及价格影响了产业化的进程，与混合动力汽车相比，电动车更需要基础设施的配套，而这不是一家企业能解决的，需要各企业联合起来与当地政府部门一起建设，才会有大规模推广的可能。

6.1.1　纯电动汽车的基本组成

纯电动汽车的组成包括：电力驱动及控制系统、驱动力传动的机械系统、完成既定任务的其他装置等。电力驱动及控制系统是电动汽车的核心，这是与内燃机汽车的最大区别。电力驱动及控制系统由驱动电动机、电源和电动机的调速控制装置等组成。电动汽车的其他装置基本与内燃机汽车相同。

6.1.2 纯电动汽车的特点

(1)纯电动汽车的优点：

①使用过程零排放。纯电动汽车使用的是电能，在行驶中无废气排出，不污染环境。

②电动汽车比内燃机驱动汽车的能源利用率要高。

③因使用单一的电能源，省去了发动机、变速器、油箱、冷却和排气系统，所以结构较简单。

④噪声小。没有内燃机的振动噪声。

⑤可在用电低峰时进行汽车充电，平抑电网的峰谷差，使发电设备得到充分利用。

(2)纯电动汽车的缺点：

①续驶里程较短。现阶段，一次充电续驶里程约为 300 km。

②采用蓄电池及电机控制器，使成本较高。

③充电时间长。慢充需要 6 ~ 12 h，快充也需 2 h。

④售后服务不完善。电动汽车相比内燃机驱动汽车维修复杂，且缺乏经验丰富和技能成熟的维修技师。

⑤蓄电池寿命短，几年就必须更换。平均使用寿命 3 年左右。

(3)纯电动汽车发展存在的问题：

①技术方面。国内的汽车制造商虽然纷纷表示涉足新能源汽车研发和生产，但由于具有高科技含量并且能够量产的车型有限，且随着电动汽车竞争的加剧，由于研发经费过低，创新动力不足，直接影响我国拥有自主知识产权的电动汽车技术的发展。

②电池方面。“电源”是新能源汽车发展的“技术瓶颈”，当前有三大主要的问题：一是电池成本较高，电池的能量密度较低，充电后的续驶里程较短等；二是未来电动汽车市场会否出现真正意义上的电池回收、租赁及二次制造产业链；三是电池接口不同，就像不同品牌的手机充电口不同一样，“标准”的不确定，会对电动车发展造成很大影响等。

③能源方面：纯电动汽车本身投资比内燃汽车贵，其使用电力要建设发电厂，建设输电配电设施，还要建设充电站，还要建设蓄电池厂等。

④配套设施方面：消费者不选择新能源汽车的重要因素在于配套服务的不健全，配套设施建设滞后和维护保养不方便，充电站在国内还没有普及，充电不方便。

6.2 纯电动汽车的驱动系统

电动机驱动与内燃机驱动相比具有以下两大技术优势：

(1)由于内燃机能高效产生转矩时的转速被限制在一个较窄的范围内，为此需通过复杂的变速机构来适应这一特性，而电动机可以在相当宽广的速度范围内高效地产生转矩。电动机现代控制理论已使直接转矩控制技术得到越来越多的应用，数控机床伺服驱动早已对此做了验证，并且调速性能指标(可达 1∶20000)远高于汽车行驶要求。

(2)电动机实现转矩的快速响应性指标要比内燃机高出两个数量级，若内燃机的动态响应时间是 500 ms，则电动机的动态响应时间只为 5 ms。按常规来说，电气执行的响应速度都要比机械机构快几个数量级，因此随着计算机电子技术的发展，用先进的电气控制来取代笨重、庞大而响应滞后的部分机械、液压装置已成为技术进步的必然趋势。它不但使各项性能指标大大提高，也将使制造成本降低。由于电气元器件在研发初期的成本和性能都可能会暂时不尽如人意，但一旦研制完善后就将随其批量的增加而得到大幅改善。

纯电动汽车驱动系统的组成如图6－1所示，纯电动汽车驱动系统主要由中央控制单元、驱动控制器、驱动电动机、机械传动装置等组成。为适应驾驶人的传统操纵习惯，纯电动汽车仍保留了加速踏板、制动踏板及有关操纵手柄或按钮等。不过在电动汽车上是将加速踏板、制动踏板的机械位移量转换为相应的电信号输入到中央控制单元来对汽车的行驶实行控制的。对于挡位变速杆，为遵循驾驶人的传统习惯，一般仍需保留，同样除了传统的驱动模式外也就只有前进、空挡、倒退三个挡位，并且以开关信号传输到中央控制单元来对汽车进行前进、停车、倒车控制。

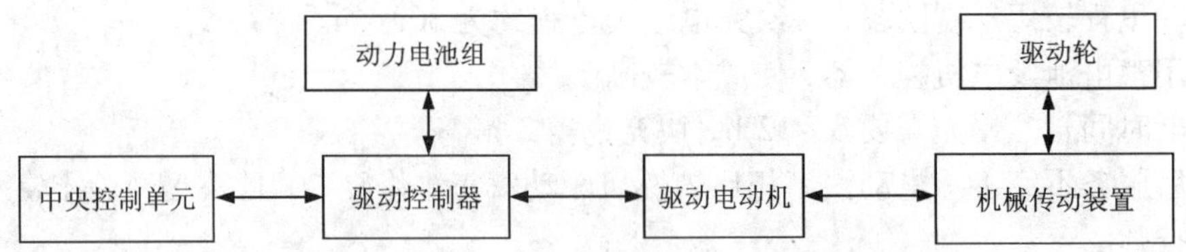

图6－1　纯电动汽车驱动系统的基本组成

①中央控制单元。中央控制单元不仅是驱动系统的控制中心，还要对整辆纯电动汽车的控制起到协调作用。它根据加速踏板与制动踏板的输入信号，向驱动控制器发出相应的控制指令，对驱动电动机进行启动、加速、减速、制动控制。在纯电动汽车减速和下坡滑行时，中央控制单元配合车载电源模块的能源管理系统进行发电回馈，使蓄电池反向充电。对于与汽车行驶状况有关的速度、功率、电压、电流及有关故障诊断等信息，还需传输到辅助模块的驾驶室显示操纵台进行相应的数字或模拟显示，也可采用液晶屏幕显示来扩大其信息量。另外，如驱动系统采用轮毂电动机分散驱动方式，当汽车转弯时，中央控制单元也需与辅助模块的动力转向单元配合，即控制左右轮毂电动机来实行电子差速转向。为减少纯电动汽车各个控制部分间的硬件连线，提高可靠性，当代汽车控制系统已较多地采用了微机多 CPU 总线控制方式，特别是对于采用轮毂电动机进行前后四轮驱动控制的模式，更需要运用总线控制技术来简化纯电动汽车内部线路的布局，提高其可靠性，也便于故障诊断和维修，并且采用该模块化结构，一旦技术成熟其成本也将随批量的增加而大幅下降。

②驱动控制器。驱动控制器的功能是按中央控制单元的指令和驱动电动机的速度、电流反馈信号，对驱动电动机的速度、驱动转矩和旋转方向进行控制。驱动控制器与驱动电动机必须配套使用，目前对驱动电动机的调速主要采用调压、调频等方式，这主要取决于所选用的驱动电动机类型。由于动力蓄电池组以直流电方式供电，所以对于直流电动机主要是通过 DC/DC 转换器进行调压调速控制，对于交流电动机是通过 DC/AC 转换器进行调频调压矢量控制，对于磁阻电动机是通过控制其脉冲频率来进行调速。当汽车倒车时，需通过驱动控制器使驱动电动机反转来驱动车轮反向行驶。当纯电动汽车处于减速和下坡滑行时，驱动控制器使驱动电动机运行于发电状态，驱动电动机利用其惯性发电，将电能通过驱动控制器回馈给动力蓄电池组，所以驱动控制器与动力蓄电池组电源的电能流向是双向的。

③驱动电动机。驱动电动机在纯电动汽车中被要求承担电动机和发电机的双重功能，即在正常行驶时发挥其主要的电动机功能，将电能转化为机械能；而在减速和下坡滑行时又被要求进行发电，将车轮的惯性动能转换为电能。对驱动电动机的选型一定要根据其负载特性

来选，由对汽车行驶时的特性分析可知，汽车在起步和上坡时要求有较大的启动转矩和相当的短时过载能力，并有较宽的调速范围和理想的调速特性，即在启动低速时为恒转矩输出，在高速时为恒功率输出。驱动电动机与驱动控制器所组成的驱动系统是纯电动汽车中最为关键的部件，纯电动汽车的运行性能主要取决于驱动系统的类型和性能，它直接影响着汽车的各项性能指标，如汽车在各工况下的行驶速度、加速与爬坡性能及能源转换效率。

④机械传动装置。纯电动汽车机械传动装置的作用是将驱动电动机的驱动转矩传输给汽车的驱动轴，从而带动汽车车轮行驶。由于驱动电动机本身就具有较好的调速特性，其变速机构可被大大简化，较多的是为放大驱动电动机的输出转矩仅采用一种固定的减速装置。又因为驱动电动机可带负载直接启动，省去了传统内燃机汽车的离合器。由于驱动电动机可以容易地实现正反向旋转，所以也无须通过变速器中的倒挡齿轮组来实现倒车。对驱动电动机在车架上进行合理布局，即可省去传动轴、万向节等传动部件。当采用轮毂电动机分散驱动方式时，又可以省去传统汽车的驱动桥、机械差速器、半轴等所有传动部件，所以该驱动方式也可被称为“零传动”方式。

（3）纯电动汽车驱动系统的布置形式。由于纯电动汽车是单纯用蓄电池作为驱动能源的汽车，采用合理的驱动系统布置形式来充分发挥电动机驱动的优势是尤其重要的。纯电动汽车驱动系统布置的原则是：符合车辆动力学对汽车重心位置的要求，并尽可能降低车辆质心高度。特别是对于采用轮毂电动机驱动实现“零传动”方式的纯电动汽车，不仅去掉了发动机、冷却系统、排气消声系统和油箱等相应的辅助装置，还省去了变速器、驱动桥及所有传动链，既减轻了汽车自重，也留出了许多空间，其结构可以说发生了脱胎换骨的变化。车辆的整个结构布局需重新设计并全面考虑各种因素。

如图6－2所示，纯电动汽车的驱动系统布置形式目前主要有4种基本典型结构，即传统的驱动方式、电动机－驱动桥组合式驱动方式、电动机－驱动桥整体式驱动方式、轮毂电动机分散驱动方式。

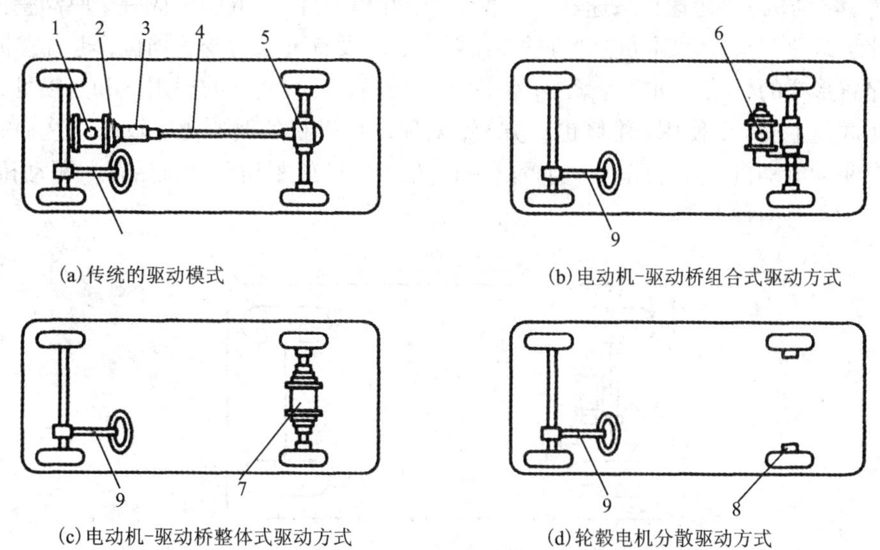

(a)传统的驱动模式　(b)电动机-驱动桥组合式驱动方式

(c)电动机-驱动桥整体式驱动方式　(d)轮毂电机分散驱动方式

图6－2　典型纯电动汽车驱动系统布置形式

1—发动机；2—离合器；3—变速箱；4—传动轴；5—主减速器和差速器；6—动力电机；7—电动驱动桥；8—轮毂电机；9—转向器

6.2.1 传统的驱动系统形式

如图6-2(a)和图6-3所示，该驱动系统仍然采用内燃机汽车的驱动系统布置方式，包括离合器、变速器、传动轴和驱动桥等总成，只是将内燃机换成电动机，属于改造型电动汽车。这种驱动系统布置形式有电动机前置-驱动桥前置(F-F)、电动机前置-驱动桥后置(F-R)等驱动模式。这种布置方式可以提高纯电动汽车的启动转矩，增加低速时纯电动汽车的后备功率，但是，结构复杂、效率低，不能充分发挥驱动电动机的性能。

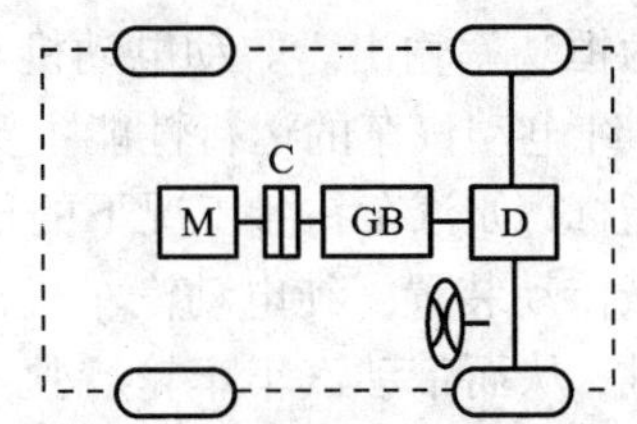

图6-3 传统驱动系统布置形式

C—离合器；D—差速器；FG—固定速比减速器；GB—变速器；M—驱动电动机

传统驱动系统布置形式的工作原理类同于传统汽车，离合器用来切断或接通驱动电动机到车轮之间传递动力的机械装置，变速器是一套具有不同速比的齿轮机构，驾驶人按需要来选择不同的挡位，使得低速时车轮获得大转矩、低转速，而高速时车轮获得小转矩、高转速。由于采用了调速电动机，其变速器可相应简化，挡位数一般有2个就够了，倒挡也可利用驱动电动机的正反转来实现。驱动桥内的机械式差速器使得汽车在转弯时左右车轮以不同的转速行驶。这种模式主要用于早期的纯电动汽车，省去了较多的设计，也适用于对原有汽车进行改造。

一、电动机-驱动桥组合式驱动系统布置形式

如图6-2(b)所示，这种驱动系统布置形式即在驱动电动机端盖的输出轴处加装减速齿轮和差速器等，电动机、固定速比减速器、差速器的轴互相平行，一起组合成一个驱动整体。它通过固定速比=减速器来放大驱动电动机的输出转矩，但没有可选的变速挡位，也就省掉了离合器。这种布置形式的机械传动机构紧凑，传动效率较高，具有良好的通用性和互换性，便于在现有的汽车底盘上安装，使用、维修也较方便，对驱动电动机的调速要求较高。这种驱动系统布置形式有驱动电动机前置-驱动桥前置(F-F，图6-4)或驱动电动机后置-驱动桥后置[R-R，图6-2(b)]两种方式。

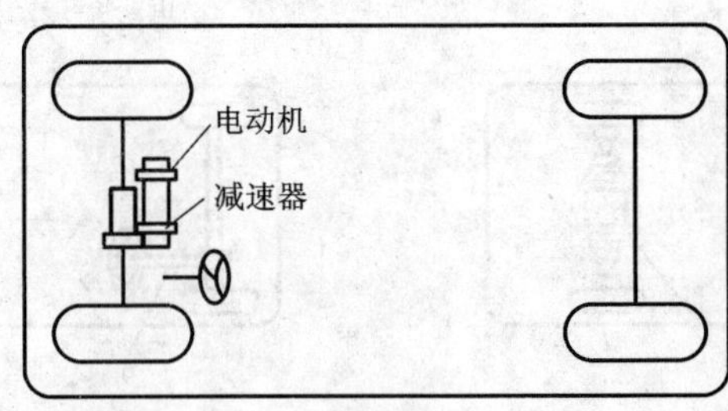

图6-4 电动机-驱动桥组合式(F-F)驱动系统布置形式

二、电动机－驱动桥整体式驱动系统布置形式

如图6－2(c)和图6－5所示，这种驱动系统布置形式与发动机横向前置－前轮驱动的内燃机汽车的布置方式类似，把电动机、固定速比减速器和差速器集成为一个整体，两根半轴连接驱动车轮。电动机－驱动桥整体式驱动系统布置形式有同轴式[图6－5(a)]和双联式[图6－5(b)]两种。

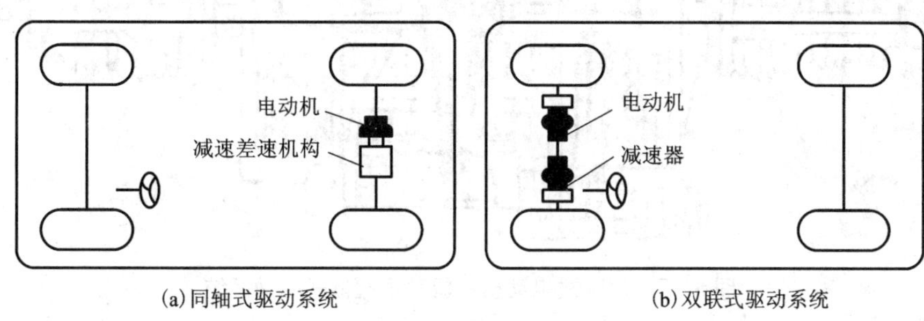

图6－5　电动机－驱动桥整体式驱动系统布置形式

(1)如图6－6所示，同轴式驱动系统的电动机轴是一种特殊制造的空心轴，在电动机左端输出轴处的装置有减速齿轮和差速器，再由差速器带动左右半轴，左半轴直接带动，而右半轴通过电动机的空心轴来带动。

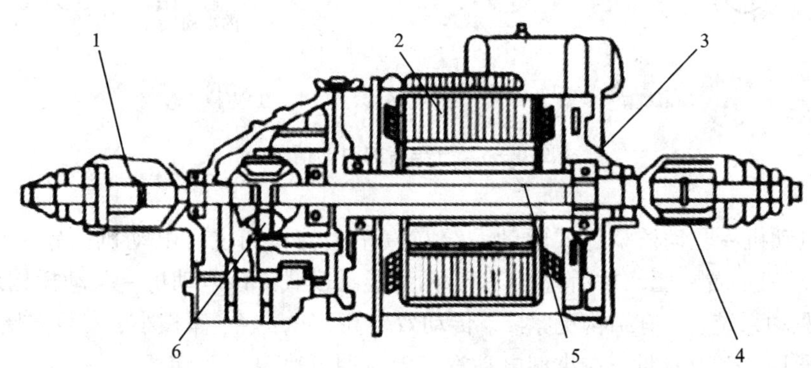

图6－6　同轴式电动机－驱动桥整体式驱动系统

1—左半轴；2—驱动电动机转子；3—驱动电动机外壳；4—右半轴；5—驱动电动机空心轴；6—驱动桥差速器

(2)如图6－7所示，双联式驱动系统也称为双电动机驱动系统，由左右2台永磁电动机直接通过固定速比减速器分别驱动2个车轮，左右2台电动机由中间的电控差速器控制，每个驱动电动机的转速可以独立地调节控制，便于实现电子差速，不必选用机械式差速器。

如图6－8所示，汽车转弯时，前一种采用机械式差速器，后一种采用电控差速器。电子差速器的优点是体积小、质量轻，在汽车转弯时可以实现精确的电子控制，提高纯电动汽车的性能。其缺点是由于增加了驱动电动机和功率转换器，增加了初始成本，而且在不同条件下对2个驱动电动机进行精确控制的可靠性需要进一步发展。

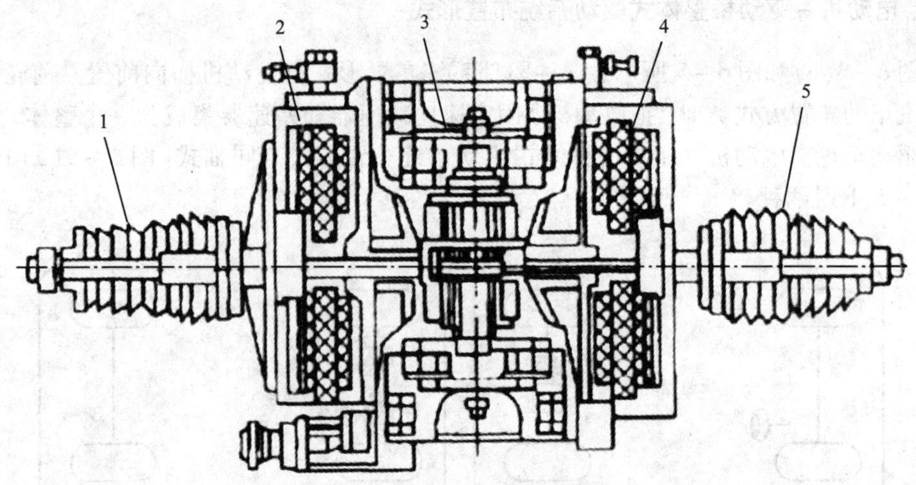

图6-7　双联式电动机-驱动桥整体式驱动系统

1—左半轴；2—左驱动电动机；3—电控差速器；4—右驱动电动机；5—右半轴

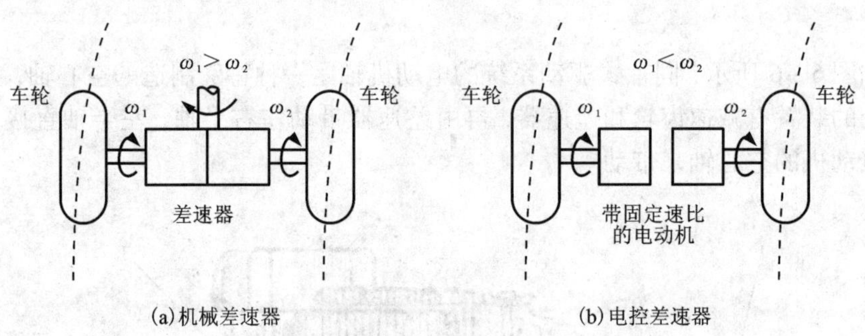

图6-8　汽车转向时的情况

同样，电动机-驱动桥整体式驱动系统在汽车上的布局也有电动机前置-驱动桥前置(F-F)和电动机后置-驱动桥后置(R-R)两种驱动模式。该电动机-驱动桥构成的机电一体化整体式驱动系统，具有结构更紧凑、传动效率高、重量轻、体积小、安装方便的特点，并具有良好的通用性和互换性，在小型电动汽车上应用最普遍。

三、轮毂电动机分散驱动式驱动系统布置形式

如图6-2(d)所示，轮毂电动机直接装在汽车车轮里，主要有内定子外转子和内转子外定子两种结构(图6-9)。

(1)如图6-9(a)所示，内定子外转子轮毂电动机分散驱动式驱动系统布置形式采用低速内定子外转子电动机(图6-10)，其外转子直接安装在车轮的轮缘上，可完全去掉变速装置，驱动电动机转速和车轮转速相等，车轮转速和车速控制完全取决于驱动电动机的转速控制。由于不通过机械减速，通常要求驱动电动机为低速大转矩电动机。低速内定子外转子电动机结构简单，无须齿轮变速传动机构，但其体积大、质量大、成本高。

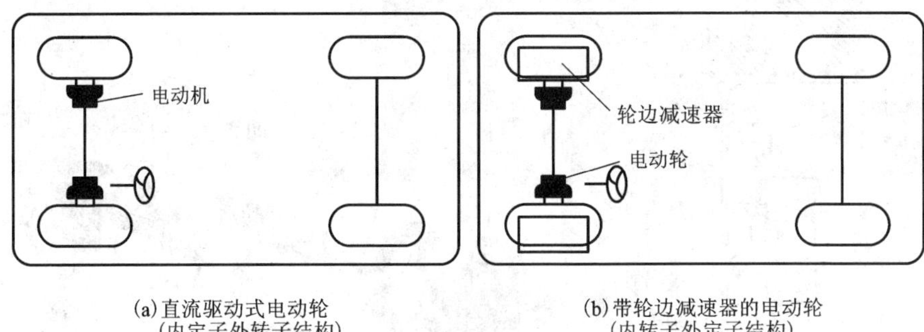

图6-9　轮毂电动机分散驱动方式

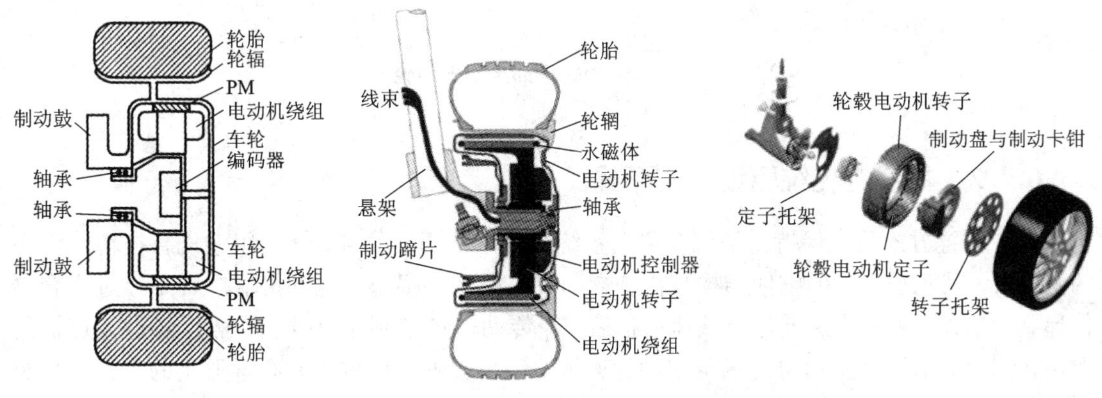

图6-10　内定子外转子电动轮

(2)如图6-9(b)所示，内转子外定子轮毂电动机分散驱动式驱动系统布置形式采用一般的高速内转子外定子电动机(图6-11)，其转子作为输出轴与固定减速比的行星齿轮变速器的太阳轮相连，而车轮轮毂通常与其齿圈连接，它能提供较大的减速比来放大其输出转矩。驱动电动机装在车轮内，形成轮毂电动机，可进一步缩短从驱动电动机到驱动轮的传递路径；采用高速内转子电动机(转速约10000 r/min)，须装固定速比减速器来降低车速，一般采用高减速比行星齿轮减速装置，安装在电动机输出轴和车轮轮缘之间，且输入轴和输出轴可布置在同一条轴线上。高速内转子电动机具有体积小、质量轻和成本低的优点，但它需要加行星齿轮变速机构。

采用轮毂电动机驱动可大大缩短从驱动电动机到驱动车轮的传递路径，不仅能腾出大量的有效空间便于总体布局，而且对于前一种内定子外转子结构，也大大提高了其对车轮的动态响应控制性能。每台驱动电动机的转速可独立调节控制，便于实现电子差速。既省去了机械差速器，也有利于提高汽车转弯时的操控性。轮毂电动机分散驱动式驱动系统在汽车上的布置方式可以有双前轮驱动、双后轮驱动和前后四轮驱动等模式。轮毂式电动机分散驱动方式应是未来纯电动汽车驱动系统的发展方向。

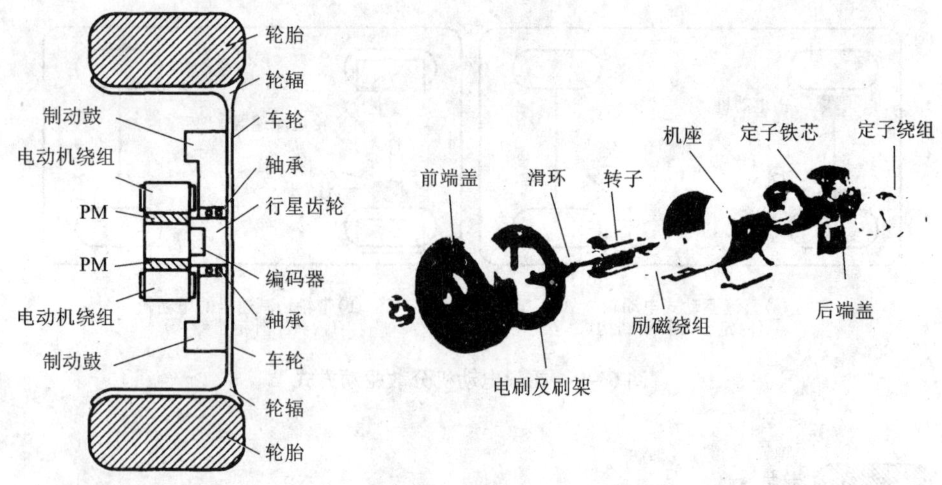

图6-11　内转子外定子电动轮

6.2.2　简化的传统驱动系统形式

这种布置方式是在保持传统汽车传动系统基本结构不变的基础上，用电机替换传统汽车的内燃机，其驱动系统的整体结构与传统燃油汽车的区别很小。电动机输出转矩经过离合器传递到变速器，利用变速器进行减速增扭后，经传动轴传递到主减速器，然后经过差速器的差速作用后，由半轴将动力传输至驱动轮，驱动汽车行驶。机械驱动布置形式的工作原理类似于传统汽车，离合器用来接通或者在必要时切断驱动电机到车轮之间的动力传递；变速器是一套能够提供不同速比的齿轮机构，驾驶员按照驾驶需要来选择不同的挡位而达到不同的减速增扭作用，使车辆在低速时获得大转矩，而高速时获得小转矩；驱动桥内的机械式差速器可以实现汽车转弯时左右车轮以不同的转速行驶，这一点与传统汽车相同。这种构型纯电动汽车的差速器可以相应简化，挡位数一般有两个就够了，不需要像传统汽车上的变速器一样设置多个挡位，并且无须设置倒挡，而是利用驱动电机的反转实现倒退行驶，因此其变速器相对简单。这种构型保留了传统汽车的变速器、传动轴、后桥和半轴等传动部件，省去了较多的设计工作，控制也相对容易，适于在原有传统汽车上进行改造。但是，由于电动机至驱动轮之间的传动链较长，所以它的传动效率也相对较低，这也就牺牲了电机效率高的优点，有利于研发人员集中精力进行电机及其控制系统的开发，所以早期的纯电动汽车开发常采用这种布置方式。

图6-12所示为简化的传统驱动系统布置形式。

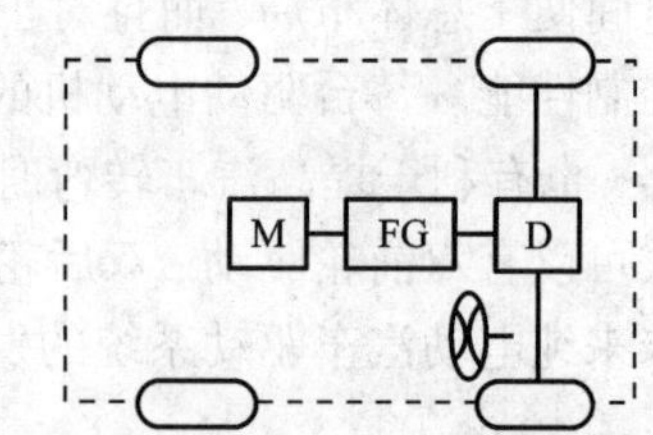

图6-12　简化的传统驱动系统布置形式

这一构型的纯电动汽车同传统汽车结构之间最大的差异就是汽车的动力源不同。传统汽车由内燃机消耗燃油产生动力驱动汽车，汽车行驶所需的全部能量及附件消耗的能量都来自内燃机内部所消耗燃料的化学能，而这一构型的纯电动汽车所消耗的能量是存储在动力电池内的电能。在设计机械驱动布置构型的纯电动汽车时，主要工作就是电机的选择和控制系统的研发。在传统汽车研发中，一般以汽车的预期最高车速、最大爬坡度以及汽车的比功率来确定动力源的最大功率，这一方法目前仍然适用。在设计中需要注意的就是电机特性和发动机特性的不同，所以，在此有必要对两者进行对比分析。

理想车辆动力装置的运行特性，应满足在全车速范围内为恒功率输出，转矩随车速呈双曲线性变化，另外，为了满足汽车加速、爬坡等场合的动力要求，要求低速时提供大的牵引力。通过燃油发动机的速度特性曲线分析(图8－30)可以看出，随着转速的增加，发动机的输出转矩会先增加后减少，发动机输出转矩在中间转速附近达到最大，此时的燃油消耗率也比较小；在某一高转速下，发动机的输出功率会达到最大值，当转速进一步增加，由于转速的迅速减小导致了输出功率也减小。与理想车辆动力装置特性曲线相比，发动机的运行特性曲线相对平滑。因此，为了改善其特性，传统汽车中需要通过变速器变换挡位使车辆的牵引特性接近理想的运行特性。对驱动电机而言，转速从零到基速过程中，输出功率为常值，电机的运行特性和车辆理想驱动装置的运行特性比较接近，所以可以采用单挡或者两挡传动装置，甚至可以不用变速器。

6.2.3　双电动机驱动系统形式

传统的纯电动汽车是采用单电机系统驱动，而这样的驱动方式一般要求电机的总功率略小于电池电化学反应产生的输出功率，在电池容量不变的条件下，如果想提高动力性能，可以把电机峰值功率做的比电池略大一点，这样在加速和减速过程中，电池的能力将完全发挥。但这样做带来的一个副作用，就是在正常工况下，电机的功率富裕了很多，出现了大马拉小车的现象，电机负荷都低，效率就会下降，续航里程也就下降。而无法满足电动汽车低速、大扭矩、高速续航的机动性能。

为了解决这一问题，2014年10月 特斯拉推出了全新的双电机全轮驱动D系列车型：包括60D、85D、P85D等。所谓双电机全轮驱动，就是在后轮驱动Model S的基础上，在前轴加装了一台电机 ，这样前后轴都有动力源了，如图6－13所示。

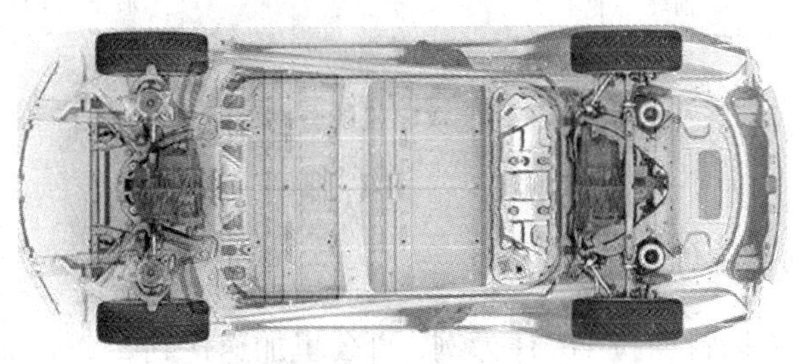

图6－13　特斯拉Model S双电动机示意图

采用双电机驱动系统可以实现纯电动汽车的分时驱动，满足汽车在不同工况的使用性能。若载荷较小时，前电机工作，载荷较大时，后电机工作。如此电机即经常工作在高效区间，电池的峰值能力也能完全释放，如图6－14所示。解决了单电动机驱动纯电动汽车加速和续航的问题。

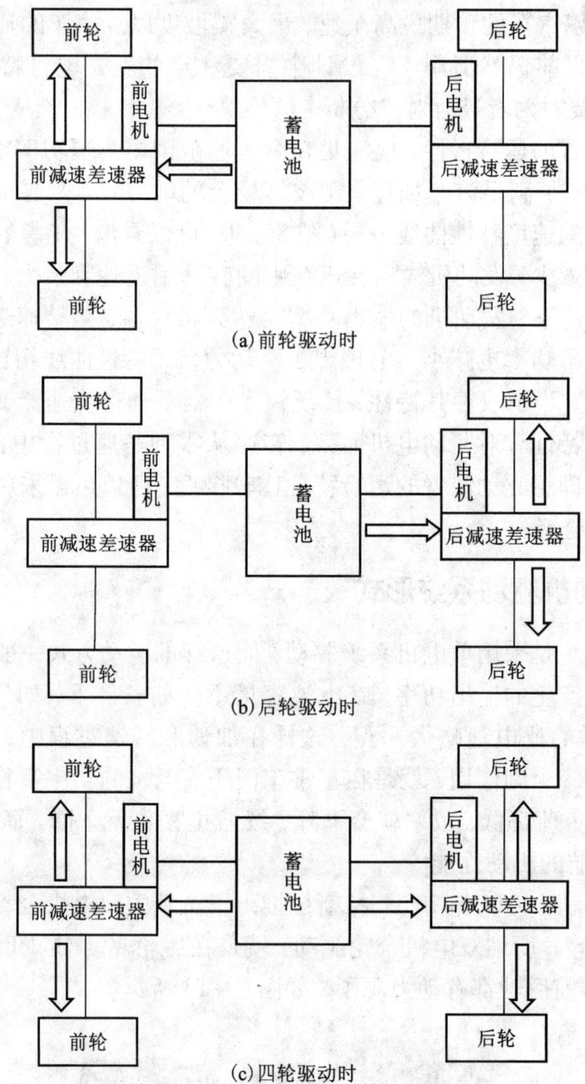

图 6 – 14　双电机的分时驱动

一、双电动机驱动系统优点

(1)加速时间变短：以特斯拉 P85D 为例，百公里加速达到 3.2 s，而单电机的 P85，需要 4 s。

(2)续航里程变长：特斯拉 85D 比特斯拉 85 多出了 30 英里的续航：从 265 英里(EPA)升到了 295 英里 。

二、双电动机驱动系统转矩有效分配

为实现双电动机驱动的高效运行，特斯拉前后双电机，是一主一副，一强一弱的双电机，目前是前小后大。如图 6 – 15 所示，前电机的功率不到后电机的一半。

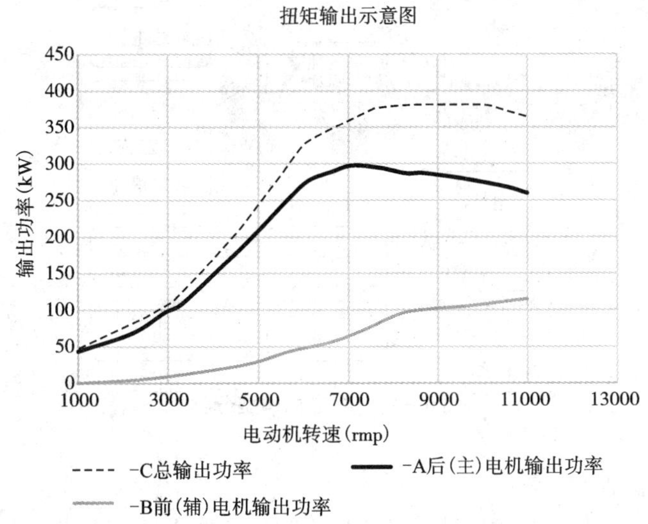

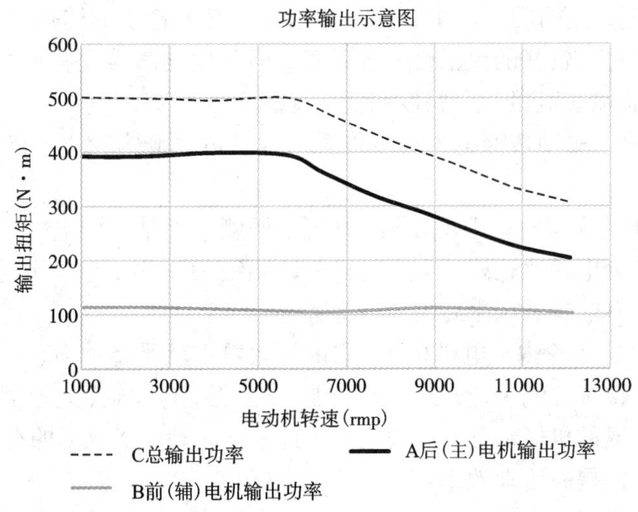

图6-15　特斯拉前后电机特性

采用这样的功率和转矩分配方式是与汽车的动力学有关。车辆在加速过程中，由于惯性力的作用，前轮的承载会降低，轮子附着力会下降，后轮的承载会提高，轮子的附着力提高，相当于重量从前轮转移到了后轮。而在加速过程的重量转移现象发生时，前轮给的力大不但低效，反而会使轮子打滑，后轮附着力大，应该把动力更多地分配给后轮。因此针对这种现象，可以把后电机作为主电机，分配了更多的转矩，如此两台电机的有效合成扭矩比平均分配大得多。

三、双电机构型介绍

电动汽车双电机驱动系统按动力输出位置不同，可分为以下几大类，如图6-16所示：

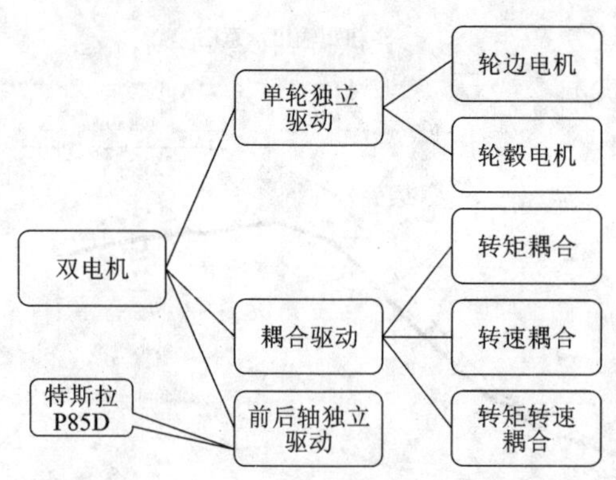

图 6-16　双电机构型分类

(1)单轮独立驱动。

单轮独立驱动是指在车轮或半轴与驱动轮之间的位置中加入电机，使得电动车能够对四个车轮进行独立控制，强调的是每个轮子独立驱动，每个轮子的转矩和转速都是独立控制的，使得电动汽车获得了较好的灵活性和操控性，但与此同时需要实现“电子差速”，“转矩分配”等控制算法，需要较高的控制精度和复杂度。

电动汽车单轮独立驱动按照电机安装位置不同又可以分为轮边电机驱动和轮毂电机驱动，如图所示。

轮边电机是电机装在车轮边上单独驱动车轮，两侧分别是一台电机加减速器，取消了主减速器和差速器，综合电耗比较好，轮边电机驱动系统便于实现电子差速与转矩协调控制，可回收制动能量，具有能量利用率高的独特优势。

轮毂电机技术又称车轮内装电机技术，它的最大特点就是将动力、传动和制动装置都整合到轮毂内，相对于传统车辆来说，少了离合器、变速器、传动轴、差速器乃至分动器等传动部件，因此将电动车辆的机械部分大大简化。因此采用轮毂电机驱动的车辆可以获得更好的空间利用率，同时也能提高传动效率。

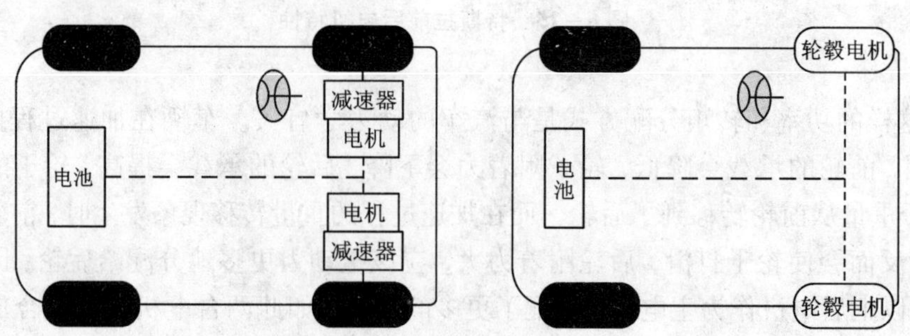

图 6-17　轮边电机与轮毂电机安装位置区别示意图

(2)耦合驱动。

耦合驱动模式的构型如下图，双电机共用一个输出 ，可以等效为一个电机，所以也叫耦合驱动。这种构型的优点是能够有效地解决单电机设计矛盾，将一台电机分成两台电机，通过差异化互补，实现等效电机性能优化，是部件级解决方案。

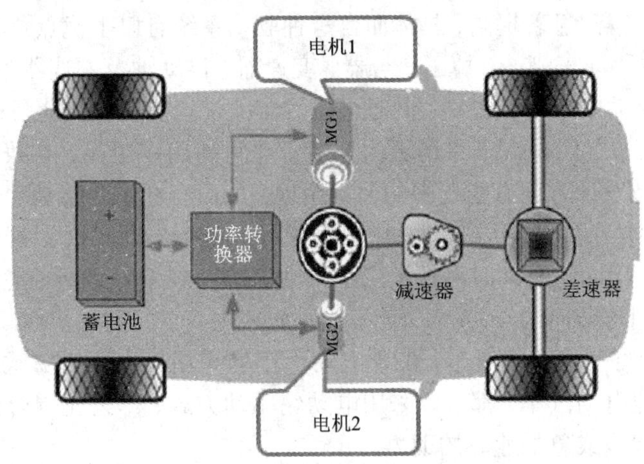

图 6－18　耦合驱动双电机系统示意图

(3) 前后轴独立驱动。

前后轴独立驱动是在电动汽车前后轴分别装备了一个驱动电机，使得前后轮的驱动转矩可以独立提供。如图所示，其优点是可充分利用整车的重力产生车辆附着力，提高整体动力性，同时通过两台电机差异化互补设计，即能获得系统高效，又能降低每台电机的设计难度，是系统级加部件级综合解决方案。

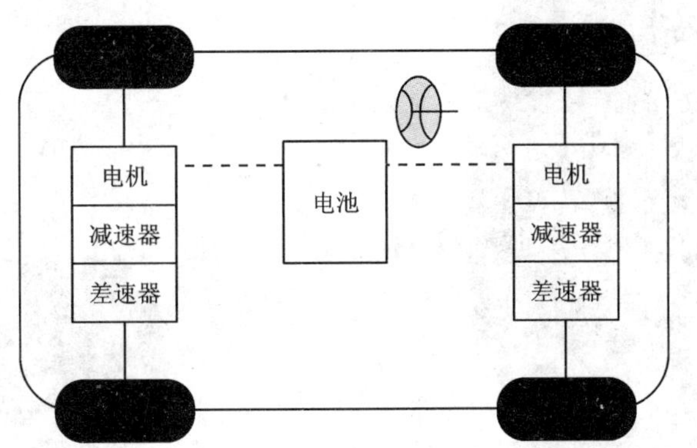

图 6－19　前后轴独立驱动系统示意图

6.2.4　电动轮驱动系统形式

电动汽车的驱动结构布置方式多样，但概括起来主要分为集中驱动和电动轮(in wheel motors，IWMs)独立驱动两种形式，前者是目前大多数电动汽车所采用的驱动形式，这种方式在很大程度上仍然沿袭了传统内燃机汽车的驱动形式，以集中电机驱动系统替换内燃机和变速器系统，最大限度保留了原车型的结构及组件，该驱动形式技术成熟、安全可靠，但缺点是笨重、效率低，没有充分发挥电动汽车的优势。

由于采用分散布置的电动轮直接驱动车辆，其机械传动装置的体积与质量较集中驱动形式的大大减小，效率得到显著提高，具体而言这种驱动系统有以下优点：

(1)电动轮独立驱动车辆，省掉了离合器、变速器、传动轴及差速器等传动环节，传动系统得到大大简化，传动效率得到提高，同时可使汽车很好地实现轻量化目标。

(2)电动轮分散布置使得汽车布局更为灵活，空间利用率更高，在兼顾乘坐空间、机构设置与碰撞吸能区域设计方面有了更多的回旋余地，从而有利于改善被动安全性。

(3)可实现多种复杂的驱动方式，采用电动轮独立驱动控制，可以轻松实现前驱、后驱或四轮驱动，且在采用四轮驱动时可根据汽车行驶工况由控制器进行前轮驱动、后轮驱动或全轮驱动的实时控制与转换。

(4)适用于多种类型的电动汽车，由于电动汽车均采用了电驱动方式，因此无论是纯电动汽车还是燃料电池电动汽车，都可以采用电动轮驱动方式，即使是混合动力电动汽车也可以采用电动轮作为起步或急加速时的助力。

(5)由于电动机转矩响应迅速且容易获得准确值，因此电动轮独立驱动系统可通过电动机作为牵引力控制系统(TCS)、防抱死制动系统(ABS)及动力学控制系统(VDC)的执行器，来完成驱动力的控制而无须其他附件，从而容易实现性能更好、成本更低且集成度更高的汽车底盘动力学控制系统。

电动轮系统主要由轮毂电机和车轮组成，如图 6-20 所示。作为电动汽车的动力源，电动轮将蓄电池的电能转化为机械能从而驱动电动汽车运行，其电机效率、机械性能、转矩特性及调速性能很大程度上决定了电动汽车的动力性、经济性及操纵性等性能。

(a)电动轮　　(b)轮毂电机

图 6-20　电动轮驱动系统

轮毂电机主要采用无刷直流电机，无刷直流电机不仅具有交流电动机结构简单、维护方便、运行可靠等优点，而且保留了直流电机的线性机械特性、大的启动转矩、宽的调速特性等优点，同时由于采用电子换向器取代了机械电刷换向器，避免了直流电动机采用机械电刷换向器造成的接触电阻、火花、噪声等缺点。

在结构上，无刷直流电机可以制作成内转子式、外转子式及双定子式等类型。外转子式无刷直流电机的定子电枢装在里面，而将带永磁体的转子做在外面，这样定子轴与车体固结，而外面的转子则与轮辋连接，电机转动时带动车轮转动，从而驱动车辆运动。外转子无刷直流电机结构如图6－21所示，主要由定子铁心、线圈、转子三部分组成，其中定子由铁心及线圈三相绕组构成，转子则由电机外壳及贴在其内表面上的瓦片式永磁体共同组成，永磁体即磁极在电机外壳上是成对布置的，成对的磁极即通常说的电机的极对数 P。

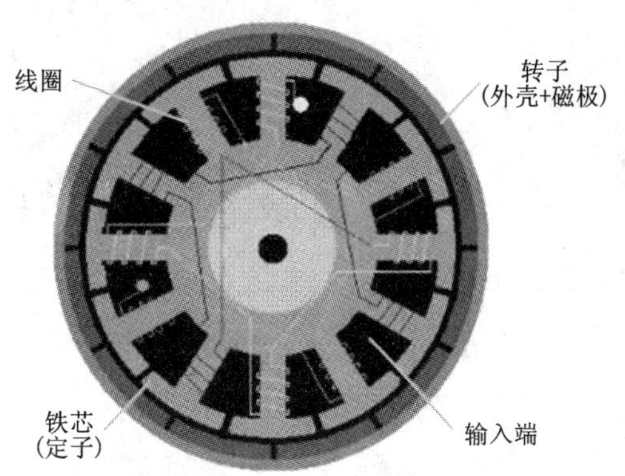

图6－21　外转子式无刷直流电机结构

无刷直流电机驱动控制系统主要由电动机本体、位置传感器、驱动控制电路等三部分组成，其原理框图如图6－22所示。其中，直流电源通过逆变电路给电动机电枢绕组供电，控制器根据位置传感器检测转子位置信号，并根据位置信号进行逻辑信号处理和控制，驱动逆变电路中功率开关器件的导通与关断，实现定子电枢三相绕组的电子换向，使电动机电枢绕组依次馈电，从而在绕组中产生跳跃的旋转磁场，驱动永磁转子旋转。

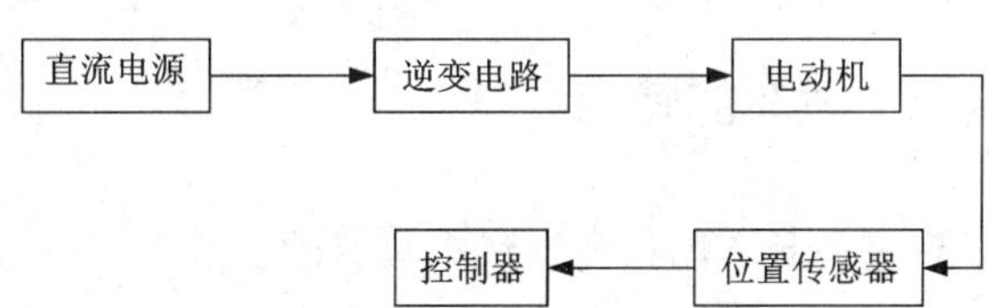

图6－22　无刷直流电机驱动控制原理框图

思考题

1. 纯电动汽车有哪些特点？
2. 轮毂电机分散驱动有哪些形式？各有何优点？
3. 电动轮与传统汽车轮系有哪些区别？
4. 电动汽车驱动系统有哪些布置形式？

第7章 燃料电池电动汽车

7.1 燃料电池电动汽车概述

燃料电池是一种直接将燃料的化学能转变成电能的能量转换装置，由于其能量转换效率高，生成产物为无害的水，它在电动汽车上的应用被认为是清洁高效汽车能源的最终解决方案，受到了极大的关注。和电池储能系统不同，燃料电池是能量转换器，通常由车载的储氢装置向其提供氢气作为燃料，它将氢气中的能量转换成电能，只要车载氢气储量足够，燃料电池汽车可以达到很长的续驶里程，燃料补给时间也短，不像蓄电池电动汽车那样需要长时间来充电。与内燃机汽车相比更有高效率和无污染排放的巨大优点。

7.1.1 燃料电池电动汽车的特点

一、与传统的内燃机汽车相比，燃料电池汽车具有的优点

(1)能量转换效率高。燃料电池将氢燃料中的化学能直接转换成电能，不需要热力学循环，不受卡洛循环的限制，故能量转换效率高，燃料电池的化学能转换效率在理论上可达100%，实际效率已达60%～80%，是普通内燃机热效率的2～3倍。图7-1是采用天然气或者原油为燃料，燃料电池汽车和传统汽油汽车从油井到车轮的总体能量效率比较，可以看出，即使采用相同的原始燃料，燃料电池汽车的效率仍然优于传统汽油汽车的效率。

(2)绿色环保。燃料电池中的化学反应为氢氧两种元素的反应，生成物是水，因此燃料电池汽车属于零排放汽车。即使采用其他富含氢的化合物通过车载重整器制氢作为燃料电池的燃料，产物除了水以外，生成少量的 CO_2，仍然接近零排放。

(3)低噪声。燃料电池属于静态能量转换装置，除了附件中的空气压缩机、冷却系统外，无其他的运动部件，因此与内燃机汽车相比，运行过程中的振动和噪声小，无须复杂的消音隔振装置。

(4)燃料多样化。优化了能源消耗结构。燃料电池所使用的氢燃料来源广泛，自然界中，氢能大量存储在水中，可采用水分解制氢，也可以从可再生能源获得，可取自天然气、丙烷、甲醇、汽油、柴油、煤以及再生能源。燃料来源的多样化有利于能源供应安全和利用现有的交通基础设施(如加油站等)。燃料电池不依赖石油燃料，各种可再生能源可以转化为氢能加以有效利用，减少了对石油资源的依赖，优化了交通能源的构成。

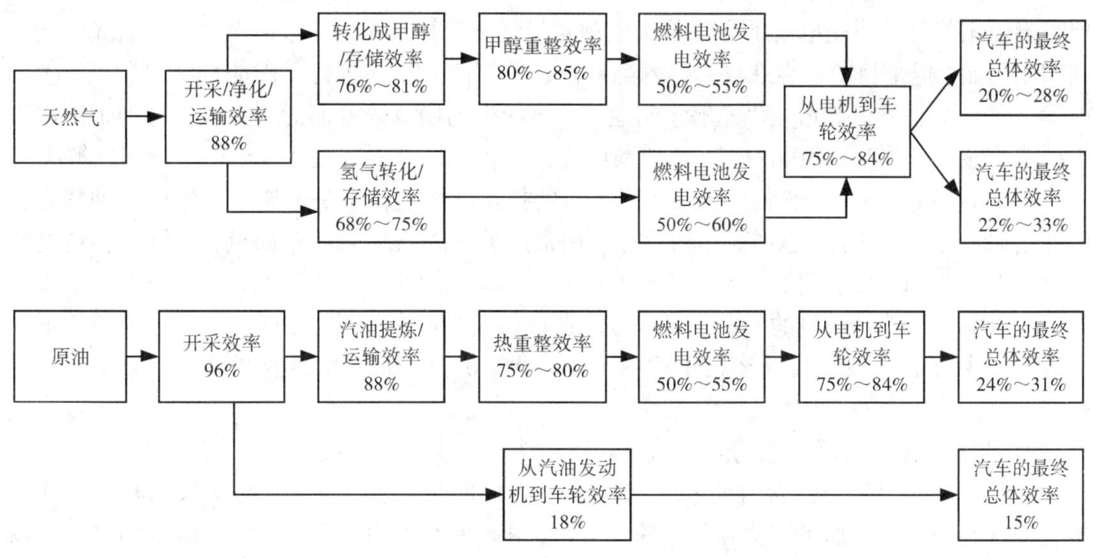

图 7－1　从油井到车轮的效率分析

二、与纯电动汽车相比，燃料电池汽车具有以下优点

(1)续驶里程长。燃料电池汽车克服了当前纯电动汽车续驶里程短的问题，续驶里程及动力性能接近于传统汽车。

(2)注入能量时间短。燃料电池汽车燃料为氢气，氢气的加注时间短。而当前纯电动汽车充电时间太长，大大降低了其使用的便利性。

三、就目前的技术水平而言，燃料电池汽车也具有一些明显的缺陷

(1)制造成本和使用成本过高。影响燃料电池汽车发展最大的因素是成本问题，使用贵金属铂作为催化剂以及昂贵的质子交换膜及石墨双极板加工成本等，导致质子交换膜燃料电池(PEMFC)成本约为汽油、柴油发动机成本的 10～20 倍。PEMFC 要作为商品进入市场，必须大幅度降低成本，这有赖于燃料电池关键材料价格的降低和性能的进一步提高。占燃料电池系统一半成本的是燃料电池组。现在 PEMFC 电池组的成本是 1000～2000 美元/kW，如果未来商业化并与内燃机汽车竞争，燃料电池的成本必须降到 50 美元/kW。燃料电池车成本主要通过燃料电池组、氢燃料罐和配件这三种主要部件降低。其中燃料电池组由电极、电解质膜与双极板构成，如何减少电极上贵金属 Pt 的使用量一直是工业难题。目前燃料电池在中国的示范平均寿命大概是 1200 小时。

(2)启动时间长，系统抗震能力还需提高。采用氢气为燃料的 FCEV 启动时间一般需要超过 3 min，而采用甲醇或者汽油重整技术的 FCEV 则长达 10 min，比起内燃机汽车启动的时间长得多，影响其机动性能。此外，当 FCEV 受到振动或者冲击时，各种管道的连接和密封的可靠性需要进一步提高，以防止泄漏，避免引发安全事故。

(3)经济且无污染地获取纯氢燃料还存在技术难点。通过重整或改质技术转化传统的化石燃料获取纯氢天然气，不仅要消耗大量的能量，而且并没有从根本上摆脱对化石能的依

赖，也没有从根本上消除对环境的污染。自然界中，氢能大量存储在水中，虽然取之不尽，但直接使用热分解或是电解的办法从水中制氢显然不划算。因此多数科学家都将目光转向了利用太阳能，但是目前还存在许多技术障碍。目前，他们正在进行太阳能分解水制氢、太阳能发电电解水制氢、阳光催化光解水制氢、太阳能生物制氢等方面的研究。只有到了能以再生性能源廉价地生产出氢燃料时，氢燃料电池民用汽车的燃料问题才算获得了根本性解决。

(4)氢燃料电池汽车燃料的供应还有大量的技术问题有待解决。通常氢能以三种状态存储和运输：高压气态、液态和氢化物形态。用常用的压缩气体罐储存的氢，只能供燃料电池汽车行驶150 km，续驶里程太短，还不如蓄电池驱动的汽车。由于氢气是最小的分子，很容易造成泄漏。哪怕是微量的泄漏，都有可能造成极度可怕的后果。而在 -253℃的条件下储存液氢的深度制冷技术目前还很不成熟，值得欣慰的是，储氢材料的开发已取得了一定的进展。

(5)供应燃料辅助设备复杂，且质量和体积较大。在以甲醇或者汽油为燃料的 FCEV 中，经重整器出来的“粗氢气”含有使催化剂“中毒”失效的少量有害气体，必须采用相应的净化装置进行处理。这增加了结构和工艺的复杂性，并使系统变得笨重。目前普遍采用氢气燃料的 FCEV，因需要高压、低温和防护的特种储存罐，导致体积庞大，也给 FCEV 的使用带来了许多不便。

(6)稀有金属铂金 Pt 被大量应用也制约着燃料电池电动汽车的推广应用。稀有金属铂金是燃料电池必不可少的反应催化剂，按照现有燃料电池对铂金的消耗量，地球上所有的铂金储量都用来制作车用燃料电池，也只能满足几百万辆车的需求。

(7)加氢站等基础网络设施建设几乎为零，目前全球范围内投入使用的加氢站仅有100多家，且大部分是用于实验用途的。如果说技术和成本是科研机构和企业通过努力可以自行解决的问题，那么相应的配套设施建设则不是举一人之力可以完成的，需要国家政策、产业链条、基础设施建设等多方面的准备，并及时制订完善的行业标准和规范。加氢站等基础设施建设既涉及城市规划、交通、电力等问题，又要解决投资和经营者的获利问题，同时还要有效解决加氢的核心技术和统一标准等问题。对于行驶区间一定的公交车而言，这个问题可能容易解决，但是对于私家车而言要解决这些问题就任重而道远了。

7.1.2 燃料电池电动汽车的基本结构

FCEV 是一种地面车辆，仍然保留了车辆的行驶系统、悬挂系统、转向系统和制动系统等。FCEV 是以电力驱动为唯一的驱动模式，其电气化和自动化的程度大大高于内燃机汽车，早期用内燃机汽车底盘改装的 FCEV，在汽车底盘上布置了氢气储存罐或甲醇改质系统，燃料电池发动机系统，电气控制系统和电机驱动系统等总成和装置，在进行总布置时受到一些局限，其基本结构框图如图 7 - 2 所示。

新研发的 FCEV 采用了滑板式底盘，如图 7 - 3 所示，将 FCEV 的氢气储存罐和供应系统、燃料电池发动机系统、电能转换系统、电机驱动系统、转向系统和制动系统等，统统装在一个滑板式的底盘中，在底盘上部可以布置不同用途和个性化造型的车身。采用多种现代技术，以计算机控制为核心和电子控制的“线传” 系统 (control by wire)、CAN 总线系统等，使新型燃料电池电动车辆进入一个全新的时代。

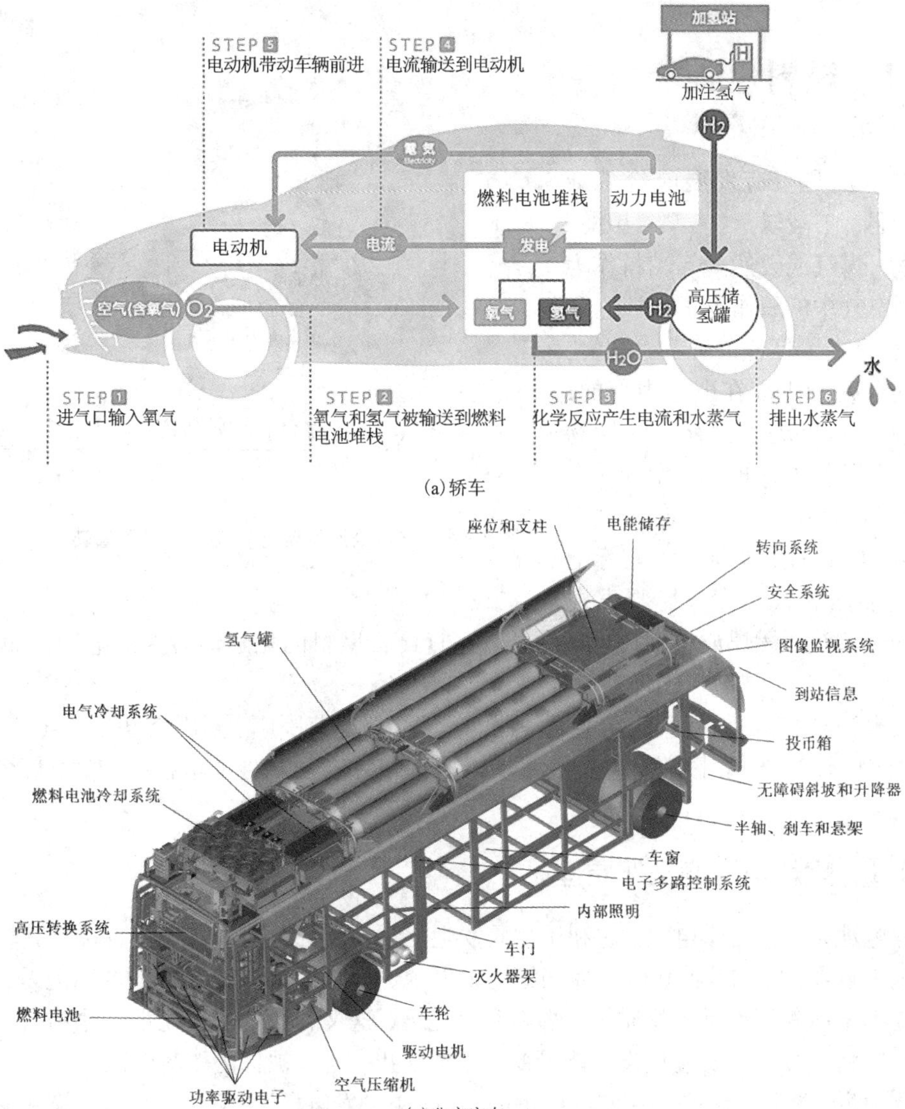

(a) 轿车

(b) 公交客车

图 7－2　燃料电池汽车的基本结构

图 7－3　滑板式底盘与个性化车身

7.2 燃料电池

燃料电池是很有发展前途的新的动力电源，一般以氢气、碳、甲醇、硼氢化物、煤气或天然气等燃料作为负极，用空气中的氧作为正极。它和一般电池的主要区别在于一般电池的活性物质是预先放在电池内部的，因而电池容量取决于贮存的活性物质的量，而燃料电池的活性物质（燃料和氧化剂）是在反应的同时源源不断地输入的，因此，这类电池实际上只是一个能量转换装置。燃料电池发电不同于传统的燃煤或内燃机发电方式，它直接将燃料的化学能转变成电能。如图7-4所示。

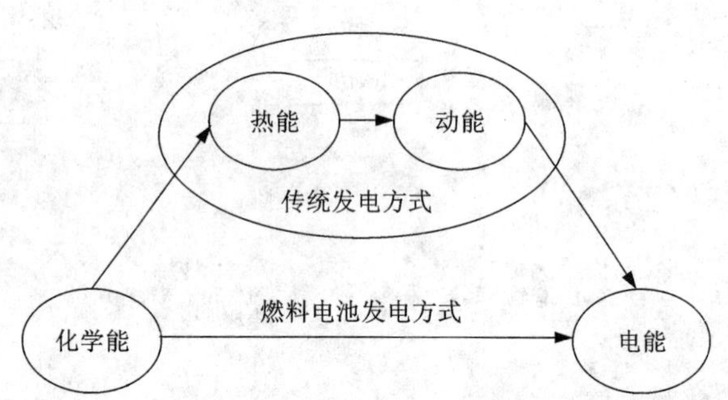

图7-4 燃料电池发电与传统热发电能量转换方式比较

这类电池具有转换效率高、容量大、比能量高、功率范围广、不用充电等优点，但由于成本高，系统比较复杂，仅限于一些特殊用途，如飞船、潜艇、军事、电视中转站、灯塔和浮标等方面。

7.2.1 燃料电池的工作原理

燃料电池是一种化学电池，它利用物质发生化学反应时释出的能量，直接将其转换为电能。从这一点看，它和其他化学电池如锌锰干电池、铅酸蓄电池等是类似的。但是，它工作时需要连续地向其供给反应物质——燃料和氧化剂，这又和其他普通化学电池不大一样。由于它是把燃料通过化学反应释出的能量变为电能输出，所以被称为燃料电池。

具体地说，燃料电池是利用水的电解的逆反应的"发电机"。它由正极、负极和夹在正负极中间的电解质板所组成。最初，电解质板是利用电解质渗入多孔的板而形成，后来发展为直接使用固体的电解质。

如图7-5所示，工作时向负极供给燃料（氢），向正极供给氧化剂（空气，起作用的成分为氧气）。氢在负极分解成正离子 H^+ 和电子 e^-。当氢离子进入电解液中，而电子就沿外部电路移向正极。用电的负载就接在外部电路中。在正极上，空气中的氧同电解液中的氢离子吸收抵达正极上的电子形成水。这正是水的电解反应的逆过程。此过程水可以得到重复利用，发电原理与可夜间使用的太阳能电池有异曲同工之妙。

燃料电池的电极材料一般为惰性电极，具有很强的催化活性，如铂电极、活性炭电极等。利用这个原理，燃料电池便可在工作时源源不断地向外部输电，所以也可称它为一种"发电机"。

一般来讲，书写燃料电池的化学反应方程式，需要高度注意电解质的酸碱性。在正、负极上发生的电极反应不是孤立的，它往往与电解质溶液紧密联系。如氢—氧燃料电池有酸式和碱式两种：

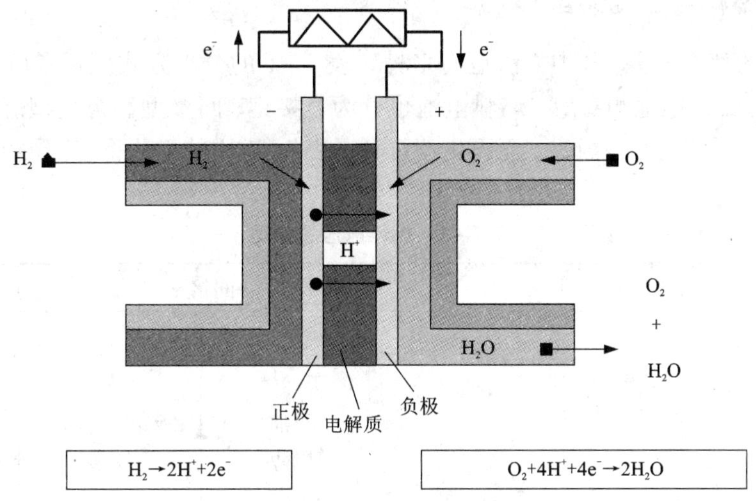

图 7-5　燃料电池反应原理

若电解质溶液是碱、盐溶液，则负极反应式为：

$$2H_2 + 4OH^- - 4e^- = 4H_2O \tag{7-1}$$

正极为：

$$O_2 + 2H_2O + 4e^- = 4OH^- \tag{7-2}$$

若电解质溶液是酸溶液，则负极反应式为：

$$2H_2 - 4e^- = 4H^+ (\text{阳离子}) \tag{7-3}$$

正极为：

$$O_2 + 4e^- + 4H^+ = 2H_2O \tag{7-4}$$

在碱溶液中，不可能有 H^+ 出现，在酸溶液中，不可能出现 OH^-。

7.2.2　燃料电池的特点

(1) 无污染。

燃料电池对环境无污染。它是通过电化学反应，而不是采用燃烧（汽、柴油）或储能（蓄电池）方式。燃烧会释放 CO_x、NO_x、SO 气体和粉尘等污染物。如上所述，燃料电池只会产生水和热。如果氢是通过可再生能源产生的（如光伏电池板、风能发电等），整个循环就是彻底的不产生有害物质排放的过程。

(2) 无噪声。

燃料电池运行安静，噪声大约只有 55 dB，相当于人们正常交谈的水平。这使得燃料电池适合于室内安装，或是在室外对噪声有限制的地方。

(3) 高效率。

燃料电池的发电效率可以达到 50% 以上，这是由燃料电池的转换性质决定的，直接将化学能转换为电能，不需要经过热能和机械能（发电机）的中间变换。

7.2.3 燃料电池的类型

燃料电池的种类很多，分类方法也有多种。表7-1的分类方式概括了所有类型的燃料电池。与一次、二次电池相对应，燃料电池也分为直接型、间接型和再生型燃料电池，直接型和间接型电池反应物被排放掉，而再生型可利用表7-1中的方法将产物再生为反应物。

表7-1 燃料电池的分类

直接型			间接型		再生型
低温	中温	高温	重整型	生化型	热再生
氢-氧 有机物-氧 氮化物-氧 金属-氧 氢-卤素 金属-卤素	氢-氧 有机物-氧 氨-氧	氢-氧 CO-氧	天然气 石油 甲醇 乙醇 煤 氨	葡萄糖 碳水化合物 尿素	充电再生 光化学再生 放射化学再生

直接型燃料电池进一步的细分是依其工作温度分为低温(25～100℃)、中温(100～500℃)、高温(500～1000℃)及超高温(大于1000℃)。

按电池工作状态，可分为固体燃料电池、液体燃料电池、气体燃料电池；按燃料种类，可分为氢氧燃料电池、钠氧燃料电池、甲醇燃料电池等。目前较为普遍接受的是按电解质的不同进行分类，将燃料电池分为六大类：质子交换膜燃料电池(PEMFC)碱性燃料电池(AFC)、磷酸型燃料电池(PAFC)、熔融碳酸盐燃料电池(MCFC)、固体氧化物燃料电池(SOFC)及直接甲醇燃料电池。

(一)质子交换膜燃料电池

由于质子交换膜燃料电池PEMFC (proton exchange membrane fuel cell)同时兼具无污染、高效率、适用广、噪声低、可快速补充能量、具有模块化结构等特点，因此被公认为是替代传统内燃机的理想动力装置。

在燃料电池电动汽车(FCEV)上主要采用的是质子交换膜燃料电池组(堆)。质子交换膜燃料电池PEMFC又名固体高聚合物电解质燃料电池，使用可传导质子的聚合膜作为电解质。这种聚合膜具有选择透过H^+的功能，是PEMFC的关键技术。PEMFC的能量转换效率理论上可达到80%，并具有比功率大、体积小、启动快、能耗少、寿命长、工作温度低等特点，现在各国研发的PEMFC实际能量转换效率已达到50%～60%，体积和质量较小，有利于在电动车辆上进行布置。

图7-6为单体PEMFC的构造示意图。单体PEMFC关键部件包括负极(燃料极)、正极(氧化极)、质子交换膜、催化剂和双极性集流板等。它们的结构形式和理化特性是决定PEMFC性能的内在因素。

(1)膜电极。

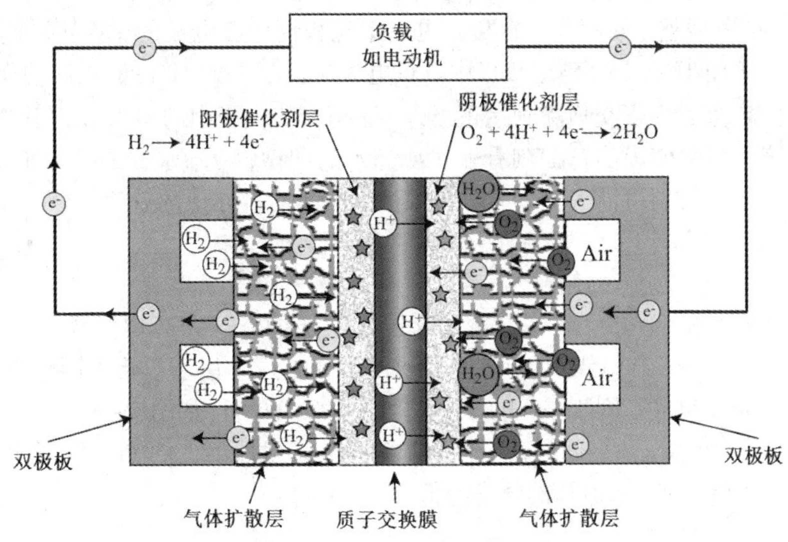

图 7－6　单体燃料电池的结构组成

膜电极包括正极、负极气体扩散层，催化剂层和质子交换膜。正、负极气体扩散层是以多孔碳或石墨为载体，在电极内浸入氟磺酸并与质子交换膜压合，在负极和正极之间为催化剂和电解质层，它们共同组成单体电池，如图 7－6 所示。

质子交换膜（ion echange membrane，IEM）是 PEMFC 的核心。质子交换膜有酚醛树脂磺酸型膜、聚苯乙烯磺酸型膜、聚三氟乙烯磺酸型膜、部分氟化质子交换膜、全氟磺酸质子交换膜和非氟化质子交换膜等。全氟磺酸质子交换膜兼有电解质、电极活性物质的基底和能够选择透过 H^+ 的功能，它只允许 H^+ 透过，但不允许其他离子和 H_2 分子透过，而普通多孔性的电解质膜不具备这些功能。

PEMFC 需要用铂等贵金属作为催化剂，在催化剂的催化作用下，才能促成 H^+ 从负极向正极移动，并与 O_2 发生化学反应生成电能和水。如果燃料气体中含有 CO，CO 会优先附着在铂的表面上，阻碍了 H^+ 与铂表面相接触，使铂出现中毒现象，降低 PEMFC 的性能，甚至使得 PEMFC 失效。CO 的吸附作用与燃料电池的温度成反比，温度愈低，CO 的吸附作用愈强。因此，在燃料气体中须严格控制 CO 的含量，通常用增加燃料气体中的 H_2 的方法，将 CO 的值控制在允许的范围以内。甲醇经过改质后所获得的干氢气中含有 0.5%～1.0% 的 CO，对燃料电池带来不利的影响。因此，在甲醇改质装置的系统中，必须设置 H_2 的净化处理装置，通过净化器使 H_2 中 50% 以上的 CO 被氧化成二氧化碳 CO_2。并控制 H_2 中的 CO 的体积含量不超过 10×10^{-6}，才能将改质后产生的 H_2 输送到 PEMFC 的氢电极中去。

催化剂的关键技术在于减少催化剂中铂 Pt 的用量。有研究者在 PEMFC 中使用铂－钌催化剂，铂的载量为 0.25 mg/cm^2，CO 允许值约为 100×10^{-6}，并且可以使成本更加降低。开发不含铂的催化材料和耐 CO 的新型催化剂的材料，对提高 PEMFC 的寿命和降低 PEMFC 的成本有重要意义。

(2) 双极性集流板。

在正、负膜电极的两侧装有双极性集流板，集流板的材料有石墨板、表面改性的金属集流板和碳－聚合物复合材料板等。在正集流板面向膜电极的一面，刻有用于输送 O_2 的凹槽，通过凹槽将 O_2 扩散到整个正极中，在负膜电极集流板面向膜电极的一面，刻有用于输送 H_2 的凹槽，通过凹槽将 H_2 扩散到整个负极中。负电极集流板中的 H_2 在催化剂的作用下转化为电子 e 和 H^+，H^+ 通过质子交换膜到达正极，与正电极集流板中的 O_2 发生氧化作用后转化为水。在正、负膜电极集流板的背面刻有输送冷却水的凹槽，冷却水在凹槽中流动，将热量导出。双极性集流板对燃料电池气体均匀分布程度、水和热量导出的效率、导电性能以及燃料电池的密封性等有重要作用。图 7－7 所示为一种双极板的结构。

(3)PEMFC 电池组(堆)的构造。

单体 PEMFC 的电压一般为 1 V 左右，需要用多个单体 PEMFC 串联成实用的 PEMFC 电池组（堆）才能获得 FCEV 驱动电动机所需要的工作电压。用端板将不同个数单体 PEMFC 紧密地装配到一起，组成不同规格(电压和容量)的 PEMFC 组(如图 7－8)。在模压成整体的 PEMFC 组中，各个单体电池之间的密封性要求很高，密封性不良的 PEMFC 会因为氢气泄漏而降低氢气的利用率，使 PEMFC 的效率降低。

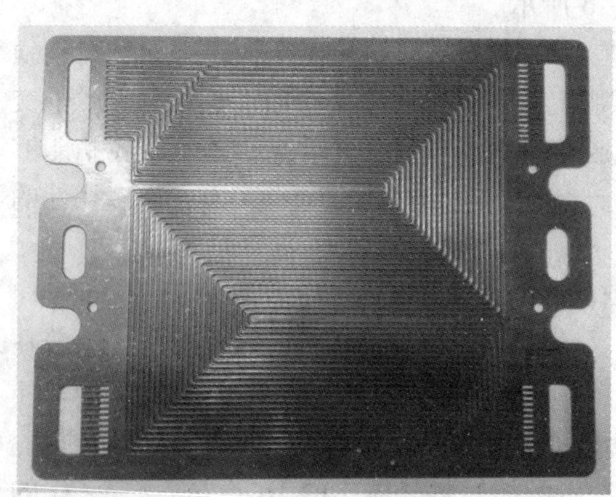

图 7－7　某双极板结构

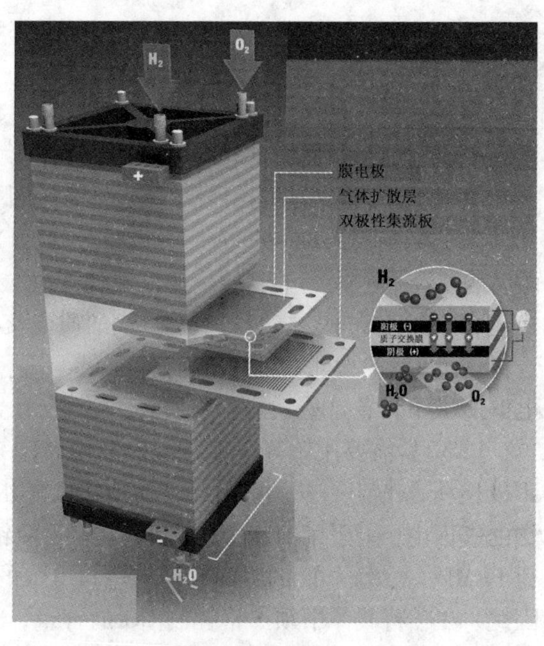

图 7－8　燃料电池电堆的结构

(4)影响 PEMEC 性能的因素。

影响 PEMFC 性能的内在因素主要有：①燃料电池的结构形式和尺寸；②质子交换膜的材质和工艺；③质子交换膜的电导率；④质子交换膜厚度；⑤采用的氧气的纯度；⑥燃料气体中所含的其他气体等。

影响 PEMFC 特性的外在因素主要有：①气体的含水率；②燃料电池的工作温度；③氢气和氧化剂的压力；④燃料电池的密封性等。

二、碱性燃料电池

碱性燃料电池(alkaline fuel cell, AFC)的燃料是氢，氧化剂是氧或空气。采用 35%～50%的 KOH 水溶液作为电解液，它浸在多孔性石棉膜中或装在双极板电极的碱腔中，石棉膜两侧分别压上多孔性阴极和阳极。电池工作温度一般为 60～220℃，可在常压和加压下工作。该电池的电极反应原理是：

燃料的氧化反应：

$$H_2 + 2OH^- \longrightarrow 2H_2O + 2e \tag{7-5}$$

氧化剂的还原反应：

$$O_2 + 2H_2O + 4e \longrightarrow 4OH^- \tag{7-6}$$

电池的总反应：

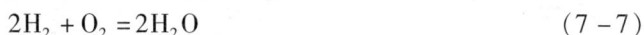

$$2H_2 + O_2 = 2H_2O \tag{7-7}$$

这种电池具有以下优点：

(1)可以采用非贵金属催化剂，这是由于在碱性介质中氢的氧化和氧的还原交换电流密度高。

(2)成本低，可用镍做双极板材料。

(3)工作电压高、效率高，工作电压可选 0.8～0.95 V，效率高达 60%～70%。

(4)启动快，可在室温和常压下工作。

碱性燃料电池的致命缺点是容易吸收空气中的 CO_2 生成碳酸盐，堵塞多孔性电极中的小孔，使电极无法正常工作，故需要用纯氧作氧化剂，成本高，因而不能作为电动汽车电源。碱性燃料电池在美国宇宙飞船上曾得到应用，德国也曾经用它制成 100 kW 电池系统，在 205 级潜艇 AIP 系统做过试验。目前已经不用，研究工作很少，电池技术进展很小。

三、磷酸燃料电池

磷酸燃料电池(phosphoric acid fuel cell, PAFC)以纯磷酸为电解质，它包含在用 PTFE 黏结成的 SiC 粉末基质中作为电解质，其厚度一般只有 100～200 μm。电解质基质两边分别附有铂催化剂的多孔性石墨阴极和阳极。在阳极(电池负极)，燃料气中的氢气在电极表面发生电化学反应生成 H^+，并放出电子：

$$H_2 \longrightarrow 2H^+ + 2e \tag{7-8}$$

在阴极(电池正极)，H^+ 和空气中的 O_2 进行电化学反应生成水：

$$O_2 + 4H^+ + 4e \longrightarrow 2H_2O \tag{7-9}$$

电池总反应：

$$2H_2 + O_2 \Longrightarrow 2H_2O \tag{7-10}$$

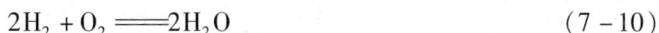

电池工作温度一般为 180～210℃。选择这一温度范围的依据是磷酸的蒸汽压、材料的耐腐蚀性能、催化剂耐 CO 能力及电池性能的要求。提高工作温度会使电池发电效率更高。

电池的工作压力：小功率电池堆采用常压操作；在较高压力下运行时，会使电化学反应速度加快，发电效率提高，因而大功率电池堆则采取加压操作，一般工作压力设定为 0.7～0.8 MPa。单电池工作电压在 0.8 V 以下，发电效率达 40%～50%。

磷酸燃料电池不受 CO_2 限制，可使用空气作氧化剂；燃料可以用重整气，但由于电池使用铂作催化剂，CO 对电池性能影响很大。此外硫化物气体也会降低电极的催化活性。

该电池适合用作固定电站。虽然电池制作成本低，但它的运行发电成本比电网电价格高很多。

四、熔融碳酸盐燃料电池

熔融碳酸盐燃料电池(molten carbonate fuel cell，MCFC)的电解质是 $Li_2CO_3-Na_2CO_3$ 或 $Li_2CO_3-K_2CO_3$ 的混合物熔盐，浸在用 $LiALO_2$ 制成的多孔隔膜中，载流子是碳酸根离子。阳极催化剂通常采用 Ni－Cr 或 Ni－Al 合金；阴极催化剂采用 NiO，电池工作温度为 600～650℃。电池的双极板通常采用不锈钢或镍基合金钢制成。

电池的成流反应过程为：氧气在阴极(电池的正极)和 CO_2 一起在催化剂作用下被氧化成 CO_3^{2-} 离子，后者在电解液中迁移到阳极(电池的负极)，与氢气作用生成 CO_2 和水。

阳极：

$$H_2+CO_3^{2-}\longrightarrow H_2O+CO_2+2e \tag{7-11}$$

阴极：

$$\frac{1}{2}O_2+CO_2+2e\longrightarrow CO_3^{2-} \tag{7-12}$$

电池总反应：

$$H_2+\frac{1}{2}O_2+CO_2=2H_2O+CO_2 \tag{7-13}$$

该种高温燃料电池与低温燃料电池相比具有许多优势：①可以使用石化燃料。②电池产生的废热具有更高的利用价值。③在较高温度下，CO 是一种燃料。④在较高温度下，不需要使用贵金属作为催化剂。⑤电池反应中的载流子不需要使用水介质，避免了复杂的水管理系统。

熔融盐燃料电池的燃料可以使用重整气体，也可以利用天然气进行内部重整发电。目前美国和日本均在 MW 级实验电厂中作运行示范，对电堆的寿命、性能、成本和系统可靠性进行考核。这种电池不适合做电动车动力源。

五、固体氧化物燃料电池

固体氧化物燃料电池(solid oxide fuel cell，SOFC)电解质是掺杂氧化钇的氧化锆，它在 800～1000℃高温下具有氧离子导电性。电池的成流反应过程是：空气中的氧气在阴极(电池的正极)得到电子生成氧离子 O^{2-}，后者经过电解质由阴极流向阳极，同燃料分子(H_2、CO 或 CH_4)发生电化学反应生成水并放出电子，电子由阳极经外电路流向阴极：

阴极：

$$O_2+4e\longrightarrow 2O^{2-} \tag{7-14}$$

阳极：

$$\begin{gathered}2H_2+O^{2-}\longrightarrow 2H_2O+4e\\ CO+O^{2-}\longrightarrow CO_2+2e\\ CH_4+4O^{2-}\longrightarrow 2H_2O+CO_2+8e\end{gathered} \tag{7-15}$$

SOFC 的结构主要有管式、平板式和瓦楞式三种，其中以管式比较成熟。该电池的主要特点有：

(1)在高温 1000℃下工作，不需要使用贵金属作为催化剂，因而不受进气中 CO 的影响，可用空气作为氧化剂，也可用天然气或甲烷作为燃料。

(2)电池开路电压高，可达到理论值的 96%。

(3)电池内阻小，可在高电流密度下工作。

(4)燃料利用率高，一次循环电效率可以超过 70%，如果热电联供，理论热电转换效率可达 90%。

该电池成本过高，限制了它的应用。今后除设法降低成本外，还要研制新材料，使工作温度降低到 400～600℃。

六、直接甲醇燃料电池

直接甲醇燃料电池(direct methanol fuel cell，DMFC)是质子交换膜燃料电池的一种，其膜电极组件 MEA 基本上跟 PEMFC 相同，只是使用的燃料有所不同：DMFC 使用的是液态甲醇，PEMFC 使用的是气态氢。该电池的成流反应是：

阳极：

$$CH_3OH + H_2O \longrightarrow CO_2 + 6H^+ + 6e \tag{7-16}$$

阴极：

$$O_2 + 4H^+ + 4e \longrightarrow 2H_2O \tag{7-17}$$

总反应：

$$2CH_3OH + 3O_2 \longrightarrow 4H_2O + 2CO_2 \tag{7-18}$$

电池工作时，甲醇被输送到阳极室，在阳极上被氧化为 CO_2，同时生成 6 个质子和 6 个电子；电子经外电路由阳极到达阴极，质子经质子交换膜由阳极到达阴极。氧气在阴极上与到达阴极的质子和电子结合生成水。电子通过外电路做功。

根据参与电池反应的物质的热力学数据可以计算出，在标准状况下，DMFC 的电动势达到 1.21 V，能量转换效率高达 97%。但由于在实际使用时电极极化和欧姆压降较大，电池的输出电压和能量转换效率都较理论小很多。

虽然由甲醇重整制氢作为 PEMFC 氢源的电动汽车已经开发了不少，但作为车用动力源的直接甲醇燃料电池还研制得较少。

导致这种状况的原因是 DMFC 存在以下问题：

(1)Pt 催化剂对醇类的催化活性较低，而且易被氧化和被中间产物毒化；

(2)甲醇易透过 Nafion 质子交换膜，既浪费了燃料，又降低了电池性能；

(3)贵金属催化剂用量多，Nafion 质子交换膜价格高，因而导致 DMFC 的成本高；

(4)甲醇易挥发，有毒性。

7.2.4　燃料电池的比较

表 7-2 列出了五种主要的燃料电池的性能比较，其中碱性燃料电池曾在美国的阿波罗飞船上使用过。有的研究者把采用金属锂、锌等做燃料的锂空气电池、锌空气电池等也称为碱性燃料电池。几种典型燃料电池各有优缺点，如表 7-3 所示，综合各方面性能考虑，目前在汽车上应用最具优势的是质子交换膜燃料电池。

表 7-2 燃料电池性能的比较

电池类型	AFC （碱性）	PEMFC （质子交换膜）	PAFC （磷酸）	MCFC （熔融碳酸盐）	SOFC （固体氧化物）
电解质	KOH	全氟磺酸膜	H_3PO_4	$Li_2CO_3-K_2CO_3$	$Y_2O_3-ZrO_2$
燃料	H_2	H_2、甲醇等	天然气、 甲醇、轻油	天然气、甲醇、 石油、煤	天然气、甲醇、 石油、煤
氧化剂	氧气	空气	空气	空气	空气
导电离子	OH^-	H^+	H^+	CO_3^{2-}	O^{2-}
阳极催化剂	Ni 或 Pt/C	Pt/C	Pt/C	Ni/Al	Ni/ZrO_2
阴极催化剂	Ag 或 Pt/C	Pt/C	Pt/C	Li/NiO	$LaMnO_4-Sr$
工作温度/℃	50~200	室温~80	180~220	600~700	750~1000
工作压力/MPa	<0.5	<0.5	<0.8	<1	常压
启动时间	几分钟	几秒钟	几分钟	>10 min	>10 min
比功率/ $(W\cdot kg^{-1})$	35~105	300~1000	100~220	30~40	15~20
发电效率%	45~60	50~70	35~60	45~60	50~60
应用举例	空间、 机动车	电站、机动车、 便携电源	共发电	共发电、机动车、 轻便电源	共发电

表 7-3 燃料电池的优缺点比较

选项	AFC （碱性）	PEMFC （质子交换膜）	PAFC （磷酸）	MCFC （熔融碳酸盐）	SOFC （固体氧化物）
优点	①阴极性能得到改善 ②可以不使用贵金属作为催化剂 ③材料成本低，电解质成本非常低廉	①所有燃料电池中功率密度最高 ②较好的启停能力 ③低操作温度使其更适应便携式应用	①电解质价廉，使用酸性的电解液 ②能够直接使用烃类化合物转换的含有 CO_2 的富氢气体作为燃料 ③技术成熟可靠性高，长期运行性能好	①燃料适应性广 ②使用非贵金属催化剂 ③高品位余热可用于热电联供	①燃料适应性广 ②采用非贵金属作为催化剂 ③高品位余热可用于热电联供 ④固体电解质 ⑤较高的功率密度

续表 7-3

选项	AFC（碱性）	PEMFC（质子交换膜）	PAFC（磷酸）	MCFC（熔融碳酸盐）	SOFC（固体氧化物）
缺点	①必须使用纯的 H_2 和 O_2 ②需周期性地更换 KOH 电解质 ③必须从阳极及时除水 ④电解质容易 CO_2 中毒	①采用昂贵的铂催化剂 ②聚合物膜和辅助组件昂贵 ③经常需要水管理 ④非常差的 CO 和 S 容许度	①效率只有 40% ②启动时间长 ③铂催化剂昂贵 ④对 CO 和 S 中毒敏感 ⑤电解质是有腐蚀性的液体，运行时必须及时补充电解质	① CO_2 必须再循环 ②熔融碳酸盐电解质具有腐蚀性 ③退化/寿命问题 ④材料昂贵	①材料在高温下运行会产生一系列问题 ②密封问题 ③电池部件制造成本高

7.3　燃料电池电动汽车动力系统

7.3.1　动力系统基本结构组成

FCEV 按主要燃料种类可分为以下两类。

(1)以纯氢气为燃料的 FCEV；

(2)经过重整后产生的氢气为燃料的 FCEV。

FCEV 按“多电源”的配置不同，可分为以下 4 类。

(1)纯燃料电池驱动(PFC)的 FCEV；

(2)燃料电池与辅助蓄电池联合驱动(FC 十 B)的 FCEV；

(3)燃料电池与超级电容联合驱动(FC 十 C)的 FCEV；

(4)燃料电池与辅助蓄电池和超级电容联合驱动(FC 十 B 十 C)的 FCEV。

一、纯燃料电池驱动的 FCEV

纯燃料电池电动汽车只有燃料电池一个动力源，汽车的所有功率负荷都由燃料电池承担。纯燃料电池电动汽车的动力系统如图 7-9 所示。

燃料电池系统将氢气与氧气反应产生的电能通过总线传给驱动电动机，驱动电动机将电能转化为机械能再传给传动系，从而驱动汽车前进。

(1)燃料电池系统的优点有：

①系统结构简单，便于实现系统控制和整体布置；

②系统部件少，有利于整车的轻量化；

③较少的部件使得整体的能量传递效率高，从而提高整车的燃料经济性。

(2)燃料电池系统的缺点有：

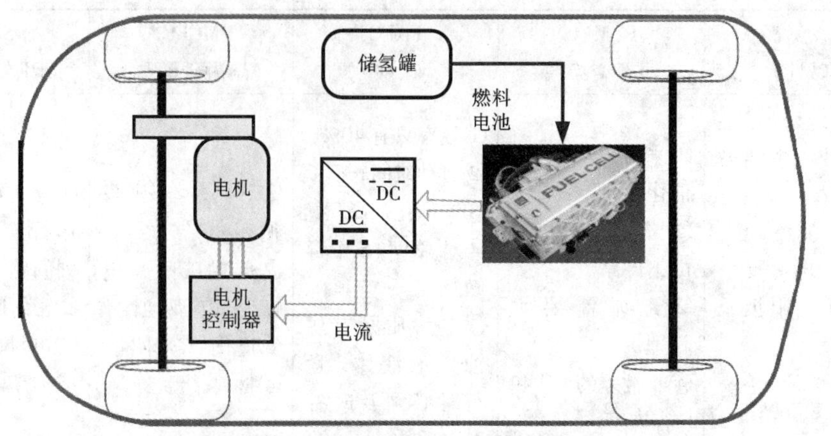

图 7-9　纯燃料电池电动汽车动力系统结构图

①燃料电池功率大、成本高；

②对燃料电池系统的动态性能和可靠性提出了很高的要求；

③不能进行制动能量回收。

因此，为了有效地解决上述问题，必须使用辅助能量存储系统作为燃料电池系统的辅助动力源，和燃料电池联合工作，组成混合驱动系统共同驱动汽车。从本质上来讲，这种结构的燃料电池电动汽车采用的是混合动力结构。它与传统意义上的混合动力结构的差别仅在于发动机是燃料电池而不是内燃机。在燃料电池混合动力结构汽车中，燃料电池和辅助能量存储装置共同向电动机提供电能，通过变速机构来驱动汽车行驶。

二、燃料电池与辅助电池联合驱动(FC+B)的 FCEV

燃料电池+辅助蓄电池联合驱动的燃料电池电动汽车的动力系统如图 7-10 所示。该结构为一典型的串联式混合动力结构。在该动力系统结构中，燃料电池和蓄电池一起为驱动电动机提供能量，驱动电动机将电能转化成机械能传给传动系，从而驱动汽车前进。在汽车制动时，驱动电动机变成发电机，蓄电池将储存回馈的能量。在燃料电池和蓄电池联合供能时，燃料电池的能量输出变化较为平缓，随时间变化波动较小，而能量需求变化的高频部分由蓄电池分担。

根据所匹配的蓄电池的功率大小以及数量，动力系统又分为功率混合型和能量混合型系统两种。功率混合型系统的蓄电池数量较少，主要是满足动态工况下驱动电机的功率需求，燃料电池输出也会在一定范围内动态变化，但相比纯燃料电池驱动系统，燃料电池的功率变化范围减小，可以有力地保护燃料电池工作在较高效率工况，并延长其寿命。能量混合型系统的蓄电池数量较大，蓄电池能够提高所有的瞬态功率，燃料电池可以在定工况点运行，系统效率最高，燃料电池的寿命得到延长。两者的比较如表 7-4 所示。

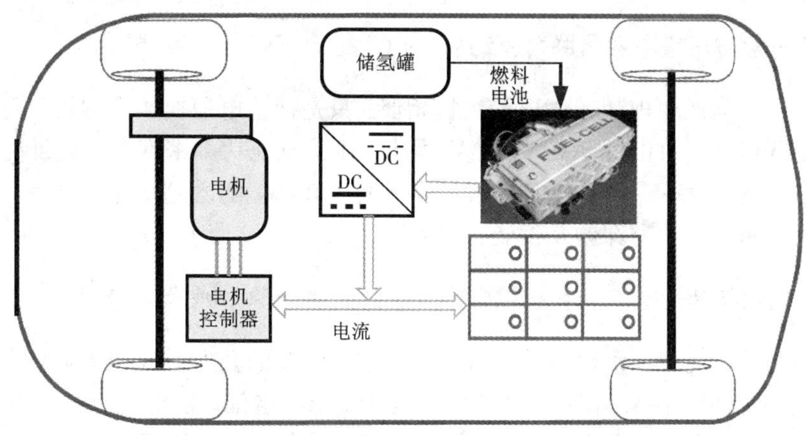

图7－10　燃料电池＋辅助电池联合驱动（FC＋B）的FCEV

表7－4　燃料电池不同动力系统构型的性能比较

动力系统构型	FC单独驱动	FC＋B功率混合型	FC＋B能量混合型
结构特点	结构最简单，无蓄电池，无法进行制动能量回收	结构较复杂，蓄电池重量、体积较小	结构较复杂，蓄电池重量、体积大
燃料经济性	最差	较优	最优
燃料电池的寿命与安全	汽车功率需求较大时，燃料电池易发生过载，燃料电池很难满足所有动态响应要求，燃料电池系统寿命短	当汽车功率需求较大时，燃料电池发生过载大概率较小，燃料电池系统寿命较长	当汽车功率需求较大时，燃料电池可以控制在最高效率点恒功率输出，不发生过载，燃料电池系统寿命长
整车动力性	能够满足动力性要求	能够满足动力性要求	能够满足动力性要求

（1）该系统的优点。

①由于增加了比功率价格相对低廉得多的蓄电池组，系统对燃料电池的功率要求较纯燃料电池结构形式有很大的降低，从而大大地降低了整车成本；

②燃料电池可以在比较好的设定的工作条件下工作，工作时燃料电池的效率较高；

③系统对燃料电池的动态响应性能要求较低；

④汽车的冷启动性能较好；

⑤制动能量回馈的采用可以回收汽车制动时的部分动能，该措施可能会增加整车的能量效率。

（2）这种结构形式的缺点。

①蓄电池的使用使得整车的质量增加，动力性和经济性受到影响，这一点在能量混合型动力汽车上表现更为明显；

②蓄电池充放电过程会有能量损耗；

③系统变得复杂，系统控制和整体布置难度增加。

三、燃料电池与超级电容器联合驱动（FC + C）的 FCEV

这种结构形式与燃料电池 + 蓄电池结构相似，只是把蓄电池换成了超级电容器。相对于蓄电池，超级电容器充放电效率高，能量损失小，比蓄电池功率密度大，在回收制动能量方面比蓄电池有优势，循环寿命长，但缺点是能量密度较小。随着超级电容技术的不断进步，这种结构将成为重要的研究课题及发展方向。

四、燃料电池与辅助蓄电池和超级电容器联合驱动（FC + B + C）的 FCEV

燃料电池与蓄电池和超级电容器联合驱动的电动汽车的动力系统如图 7 - 11 所示，该结构也为串联式混合动力结构。在该动力系统结构中，燃料电池、蓄电池和超级电容器一起为驱动电机提供能量，驱动电机将电能转化成机械能传给传动系，从而驱动汽车前进；在汽车制动时，驱动电动机变成发电机，蓄电池和超级电容将储存回馈的能量。在采用燃料电池、蓄电池和超级电容器联合供能时，燃料电池的能量输出较为平缓，随时间变化波动较小，而能量需求变化的低频部分由蓄电池承担，能量需求变化的高频部分由超级电容器承担。在这种结构中，各动力源的分工更加明细，因此它们的优势也得到了更好的发挥。

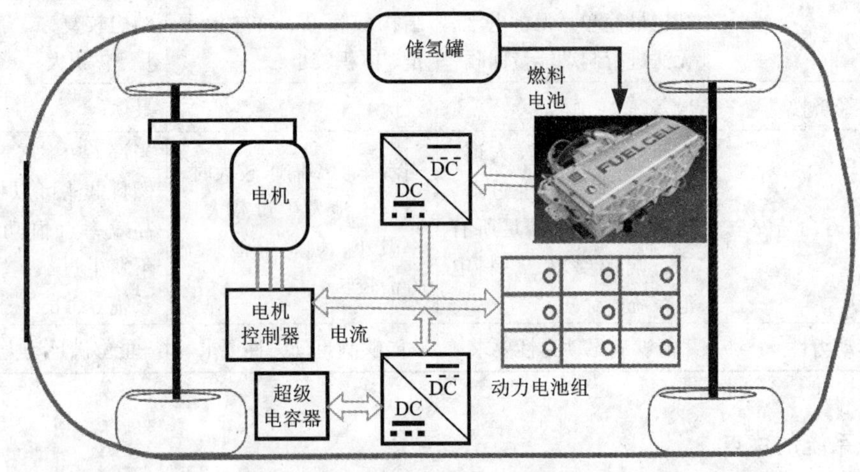

图 7 - 11　燃料电池 + 蓄电池 + 超级电容器形式动力系统结构图

这种结构的优点相比燃料电池 + 蓄电池的结构形式的优点更加明显，尤其是在部件效率、动态特性、制动能量回馈等方面更有优势。

而其缺点也一样更加明显：

（1）增加了超级电容器，整个系统的质量将可能增加；

（2）系统更加复杂化，系统控制和整体布置的难度也随之增大。

总的来说，如果能够对系统进行很好的匹配和优化，这种结构在给汽车带来良好的性能方面具有很大的吸引力。

在 3 种混合驱动中，FC + B + C 组合被认为能够最大限度满足整车的启动、加速、制动的动力和效率需求，但成本最高，结构和控制也最为复杂。目前燃料电池电动汽车动力系统的一般结构是 FC + B 组合。这是因为它具有以下特点：

(1) 燃料电池单独或与动力电池共同提供持续功率，而且在车辆启动、爬坡和加速等时，动力电池提供峰值功率；

(2) 在车辆起步和功率需求量不大时，蓄电池可以单独输出能量；

(3) 蓄电池技术比较成熟，可以在一定程度上弥补燃料电池技术上的不足。

目前，FC + B 混合驱动系统主要有两种结构形式：燃料电池直接混合系统和动力电池直接混合系统。

燃料电池直接混合系统是将燃料电池直接接入直流母线，所以驱动系统的电压必须设计在燃料电池可以调节的范围内，由于动力电池需要向驱动系统传输能量和从燃料电池与车辆系统取得能量，所以必须安装双向 DC/DC，且必须满足响应速度快的要求。燃料电池和动力蓄电池之间的功率平衡由 DC/DC 和燃料电池管理系统共同实现。该结构形式对于燃料电池的输出电压达到了最优化设计。但是对燃料电池的要求比较高，同时 DC/DC 要实现双向快速控制，双向 DC/DC 的成本较高，整个系统的控制也比较复杂。

在动力电池直接混合系统中，DC/DC 转换器将燃料电池的输出电压和系统电压分开，驱动系统电压可以设计得比较高，这样可以降低驱动系统的电流值，有利于延长各电器元件的寿命，同时高的系统电压可以充分满足动力电池的需要。DC/DC 还负责燃料电池和动力蓄电池之间的功率平衡。但是由于燃料电池的能量输出需要通过 DC/DC 才能进入直流母线，导致系统的效率比较低，特别是对于连续负载来说不是最优化设计。例如匀速工况下，系统功率需求较小，只由燃料电池单独提供车辆行驶所需的功率。

两种结构形式的主要差别在于 DC/DC 变换器的使用上。DC/DC 的位置和结构决定了动力系统的构型。DC/DC 的位置主要取决于电动机及其控制器特性和燃料电池的特性，另一个重要的因素是混合度。

7.3.2　燃料电池发电系统

在 FCEV 所采用的燃料电池发动机中，为保证 PEMFC 组的正常工作，除以 PEMFC 组为核心外，还装有氢气供给系统、氧气供给系统、气体加湿系统、反应生成物的处理系统、冷却系统和电能转换系统等。只有这些辅助系统匹配恰当和正常运转，才能保证燃料电池发动机正常运转。

一、以氢为燃料的燃料电池发动机系统

图 7 - 12 所示是以氢为燃料的燃料电池发动机系统。

(1) 氢气供应、管理和回收系统。气态氢通常用高压储气瓶来装载，对高压储气瓶的品质要求很高，为保证燃料电池电动汽车一次充气有足够的行驶里程，就需要多个高压储气瓶来储存气态氢气。一般轿车需要 2 ~ 4 个高压储气瓶，大客车上需要 5 ~ 10 个高压储气瓶。

液态氢气虽然比能量高于气态氢，由于液态氢气是处于高压状态的，不但需要用高压储气瓶储存，还要用低温保温装置来保持低温。低温的保温装置是一套复杂的系统。

在使用不同压力的氢气（高压气态氢气和高压低温液态氢气）时，就需要用不同的氢气储存容器，用不同的减压阀、调压阀、安全阀、压力表、流量表、热量交换器和传感器等来进行

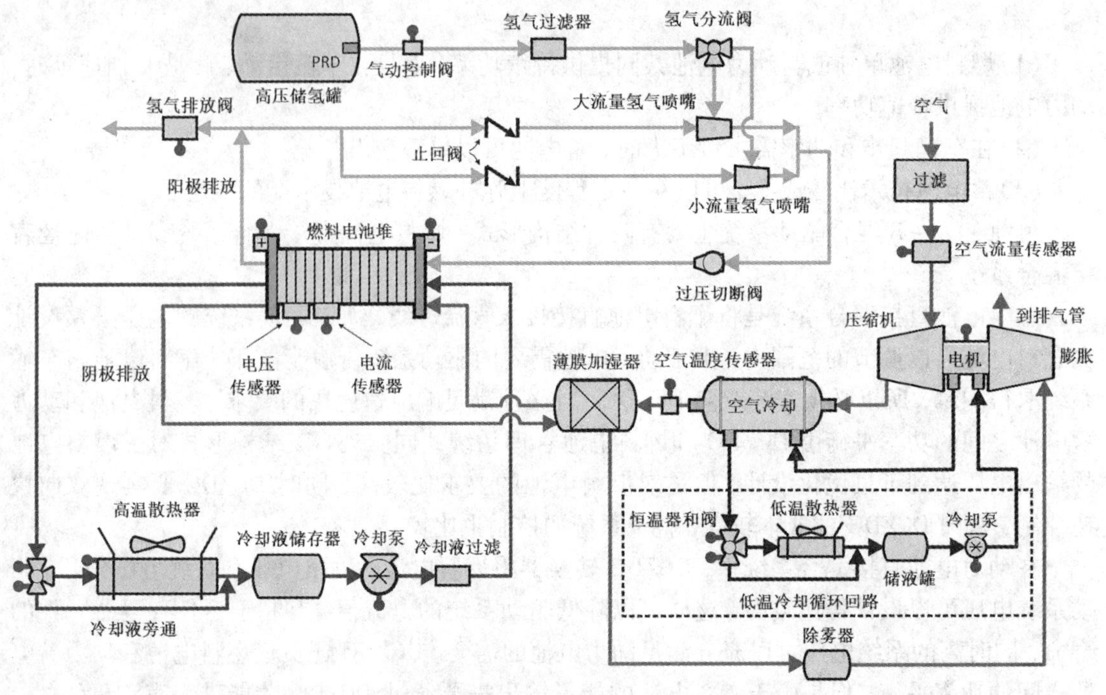

图 7－12　燃料电池发电系统

控制。并对各种管道、阀和仪表等的接头采取严格的防泄漏措施。从燃料电池中排出的水，含有未发生反应的少量氢气。正常情况下，从燃料电池排出的氢气量应低于 1% 以下，应用氢气循环泵将这少量的氢气回收。

(2)氧气供应和管理系统。氧气的来源有从空气中获取氧气或从氧气罐中获取氧气两种方式。空气需要用压缩机来提高压力，以增加燃料电池反应的速度。在燃料电池系统中配套压缩机的性能有特定的要求，压缩机质量和体积会增加燃料电池发动机系统的质量、体积和成本，压缩机所消耗的功率会使燃料电池的效率降低。空气供应系统的各种阀、压力表、流量表等的接头要采取防泄漏措施。在空气供应系统中还要对空气进行加湿处理，保证空气有一定的湿度。

(3)水循环系统。燃料电池发动机中，燃料电池在反应过程中将产生水和热量，在水循环系统中要用冷凝器、气水分离器和水泵等对反应生成的水和热量进行处理，其中一部分水可以用于空气的加湿。另外还需要装置一套冷却系统，以保证燃料电池的正常运转。

(4)电力管理系统。燃料电池所产生的是直流电，需要经过 DC/DC 变换器进行调压，在采用交流电动机的驱动系统中，还需要用 DC/AC 逆变器将直流电转换为三相交流电。

以氢气为燃料的燃料电池发动机的各种外围装置的体积和质量，约占燃料电池发动机总体积和质量的 1/3～1/2。

二、以甲醇为燃料的燃料电池发动机

图 7－13 所示为以甲醇为燃料的燃料电池发动机系统。在以甲醇为燃料的燃料电池发动

机系统中，用甲醇供应系统代替了上述的氢气供应系统。其包括甲醇储存装置、甲醇供应系统的泵、管道、阀门、加热器及控制装置等。

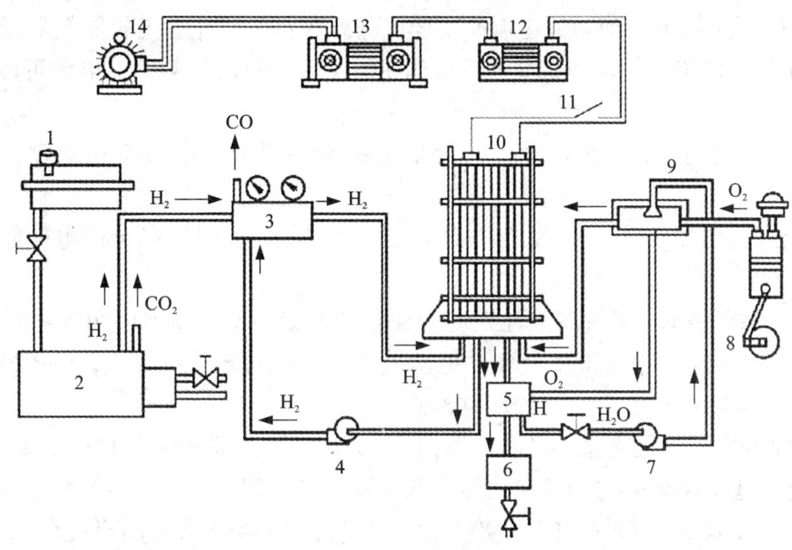

图7－13 以甲醇为燃料的燃料电池发动机系统

1—甲醇储存罐；2—带燃烧器的改质器；3—H_2 净化装置；4—氢气循环泵水循环系统；5—冷凝器及气水分离器；6—水箱；7—水泵；8—空气压缩机（或氧气罐）；9—加湿器及去离子过滤装置；10—燃料电池组；11—电源开关；12—DC/DC 变换器；13—DC/AC 逆变器；14—驱动电动机

（1）甲醇储存装置。甲醇可以用普通容器储存，不需要加压或冷藏，可以部分利用内燃机汽车的供应系统，有利于降低 FCEV 的使用费用。

（2）燃烧器、加热器和蒸发器。甲醇进入改质器之前，要用加热器加热甲醇和纯水的混合物，使甲醇和纯水的混合物一起受高温（621℃）热量的作用，蒸发成甲醇和纯水的混合气，然后进入改质器。

（3）重整器。重整器是将甲醇用改质技术转化为氢气的关键设备。不同的碳氢化合物采用不同的重整技术，在重整过程中的温度、压力会有所不同。例如，甲醇用水蒸气重整法的温度为621℃，用部分氧化重整法的温度为985℃，用废气重整法的第一阶段温度为985℃，第二阶段温度为250℃。当 FCEV 用甲醇经过重整产生的氢气做燃料时，就需要对各种重整方法进行分析，选择最佳重整技术和最适合 FCEV 配套的重整器。

（4）氢气净化器。改质器所产生的 H_2 含有少量的 CO，因此必须对 H_2 进行净化处理。净化器中用催化剂来控制，使 H_2 中所含的 CO 被氧化成二氧化碳 CO_2 后排出，最终进入 PEMFC 的 H_2 中的 CO 的含量不超过规定的 10×10^{-6}。甲醇经过改质后所获得的氢气作为燃料时，燃料电池的效率为40%～42%。以甲醇为燃料的燃料电池系统中的氧气供应、管理系统都反应生成的水和热量的处理系统和电力管理系统都与以氢为燃料的燃料电池系统基本相同。燃料电池发动机的运转一般采用计算机进行控制，根据 FCEV 的运行工况，通过 CAN 总线系统进行信息传递和反馈，并经过计算机的处理，以保证燃料电池正常运行。

7.3.3 辅助动力源

在 FCEV 上燃料电池发动机是主要电源，另外还配备有辅助动力源。根据 FCEV 的设计方案不同，其所采用的辅助动力源也有所不同，可以用蓄电池组、飞轮储能器或超级电容器等共同组成双电源系统。在具有双电源系统的 FCEV 上，驱动电动机的电源可以出现以下驱动模式：

(1)在 FCEV 启动时，由辅助动力源提供电能带动燃料电池发动机启动，或带动车辆起步。

(2)车辆行驶时，由燃料电池发动机提供驱动所需全部电能，剩余的电能储存到辅助动力源装置中。

(3)在加速和爬坡时，若燃料电池发动机提供的电能还不足以满足 FCEV 驱动功率要求，则由辅助动力源提供额外的电能，使驱动电动机的功率或转矩达到最大，形成燃料电池发动机与辅助动力源同时供电的双电源的供电模式。

(4)储存制动时反馈的电能，以及向车辆的各种电子、电器设备提供所需要的电能。

由于燃料电池发动机的比功率和比能量在不断改进和提高，现代燃料电池电动汽车逐步向加大燃料电池发动机功率的方向发展，最终实现由燃料电池发动机提供驱动所需全部电能。

另外采用 42 V 蓄电池来储存制动时反馈的电能，并为车载电子电器系统提供电能。因此，可以取消用于辅助驱动的动力电池组，减轻辅助电池组和整车的质量。

7.3.4 DC/DC 变换器

一、安装 DC/DC 的必要性

FCEV 采用的电源有各自的特性，燃料电池只提供直流电，电压和电流随输出电流的变化而变化。燃料电池不可能接受外电源的充电，电流的方向只是单向流动的。

FCEV 采用的辅助电源(蓄电池和超级电容器)在充电和放电时，也是以直流电的形式流动，但电流的方向是可逆的。

FCEV 上的各种电源的电压和电流受工况变化的影响呈不稳定状态。为了满足驱动电动机对电压和电流的要求及对多电源电力系统的控制，在电源与驱动电动机之间，用计算机控制实现对 FCEV 的多电源的综合控制，保证 FCEV 的正常运行。FCEV 的燃料电池需要装置单向 DC/DC 变换器，蓄电池和超级电容器需要装置双向 DC/DC 变换器。

二、DC/DC 变换器的基本功能

DC/DC 变换器具有以下基本功能：

(1) 当输入直流电压在一定范围内变化时，能输出负载要求的变化范围的直流电压，例如，输入电压最低时也能达到最高输出电压，输入电压最高时也能达到最低输出电压等。

(2)输出负载要求的直流电流(范围)：能够输出足够的直流负载电流，并且能够允许在足够宽的负载变化范围的情况下(如从空载到满载，即电流从零到最大) 设备能正常运行(如电压稳定、不损坏器件)。

三、FCEV 车载 DC/DC 的功能

燃料电池轿车中的 DC/DC 变换器的功能概括起来主要包括以下三点：

(1)调节燃料电池的输出电压。由于燃料电池的输出特性较软，输出电压随负载的变化而变化，轻载时输出电压偏高，重载时输出电压偏低，难以满足驱动电动机控制器的需求，所以借助 DC/DC 变换器对燃料电池的输出电压进行调节。

(2)调节整车能量分配。燃料电池轿车是一种混合动力轿车，配有燃料电池和动力蓄电池两种能源，控制燃料电池的输出能量就可以控制整车能量的分配。如果燃料电池的输出能量不足以驱动电动机，缺口能量就由动力蓄电池来补充；当燃料电池输出的能量超出电动机的需求时，多余的能量可以后进入蓄电池中，补充蓄电池的能量。DC/DC 变换器用于控制燃料电池的能量输出。

(3)稳定整车直流母线电压。燃料电池的输出电压经过 DC/DC 变换器后能稳定整车直流母线电压。

四、FCEV 车载 DC/DC 变换器的要求

DC/DC 变换器在燃料电池电动汽车中起着重要的作用，它的性能必须满足以下要求：

(1)变换器是能量传递部件，因此需要的转换效率要高，以便提高能源的利用率；

(2)为了降低对燃料电池的输出电压要求，变换器应具有升压功能；

(3)由于燃料电池存在输出不稳定的问题，需要变换器闭环运行进行稳压，为了给驱动器以稳定的输入，需要变换器有较好的动态调节能力；

(4)体积小，重量轻。

7.3.5 驱动电动机

燃料电池电动汽车用的驱动电动机主要有直流电动机、交流电动机、永磁电动机和开关磁阻电动机等。

直流电动机驱动系统采用换向器和电刷，保证了励磁磁动势与电枢磁动势的严格正交，易于控制。但直流电动机结构复杂，其高速性能和可靠性受换向器和电刷的影响较大。随着交流调速理论及电力电子器件技术的发展，目前在燃料电池汽车上的应用已逐步减少。

交流电动机坚固耐用、结构简单、技术成熟、免维护、成本低，尤其适合恶劣的工作环境。其缺点在于损耗大、效率低、功率系数低，进而导致控制器容量增加，成本上升。美国制造的燃料电池汽车较为广泛地使用交流异步电动机系统，例如，GM 开发的燃料电池汽车 Sequel 采用了 60 kW 的异步电动机。

永磁电动机通常可分为方波供电的无刷直流电动机和正弦波供电的永磁同步电动机。转子采用永磁体，不需要励磁，因此，功率系数大，电动机具有较高的功率密度和效率。但受永磁材料性能的影响，目前仍然存在成本高、可靠性较低及使用寿命较短的缺点。另外，永磁电动机的控制器在电动机发生故障而起保护作用时，由于永磁体的原因电动机会产生与转速成正比的反电势并通过反向二极管加在高压母线两端，造成潜在的安全问题。与异步电动机相比，永磁电动机安全性稍差。目前日本汽车公司较多采用永磁电动机驱动系统，如本田推出的燃料电池汽车 FCX 前轮驱动电动机为 80 kW 的永磁电动机。

开关磁阻电动机作为一种基于“磁阻最小原理”设计的新型电动机，定子、转子均采用凸极结构，具有结构简单、可靠性高、控制简便及功率/转矩特性优越的特点。但存在噪声大、转矩和母线电流脉动严重的缺陷。因此，在燃料电池汽车上应用较少。

燃料电池汽车驱动电动机的选型必须结合整车开发目标，综合考虑电动机的特点。驱动电动机的详细介绍见第3章。

7.3.6 动力电控系统

燃料电池汽车的动力电控系统主要由燃料电池发动机管理系统（FCE－ECU）、蓄电池管理系统（BMS）、动力控制系统（PCU）及整车控制系统（VMS）组成，而原型车的变速器系统会简化很多。其系统结构框图如图7－14和图7－15所示。

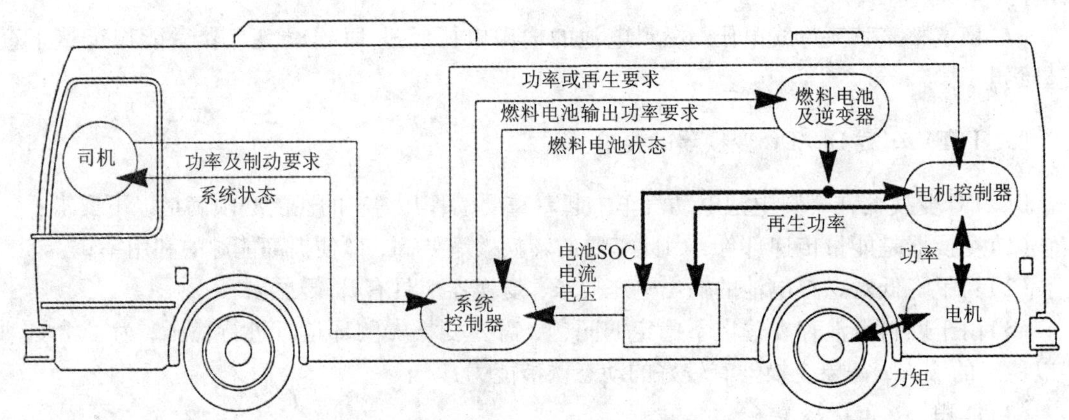

图7－14　燃料电池客车系统结构框图

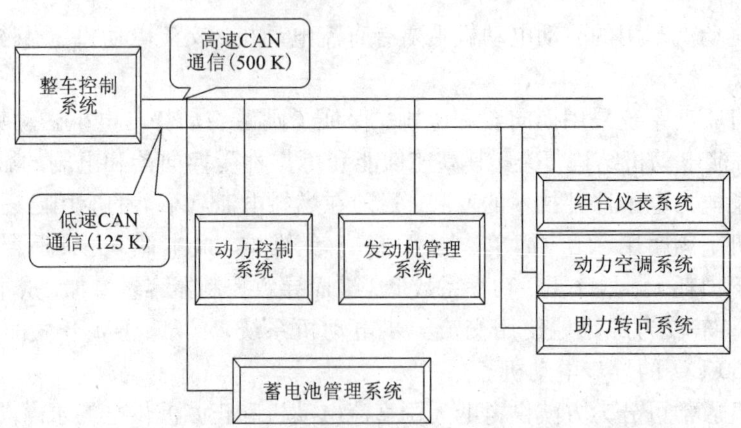

图7－15　燃料电池汽车动力电控系统结构框图

（1）燃料电池发动机管理系统。

燃料电池发动机管理系统，按整车控制器的功率设定值控制燃料电池发动机的功率输出，监测发动机的工作状态，保证发动机稳定可靠地运行时进行故障诊断及管理。其具体组成包括供氢系统、供氧系统、水循环及冷却系统。

(2)蓄电池管理系统。

蓄电池管理系统分上下两级：下级 LECU 负责蓄电池组电压、温度等物理参数的测量，进行过充过放保护及组内组间均衡；上级 CECU 负责动力蓄电池组的电流检测及 SOC 估算以及相关的故障诊断，同时运行高压漏电保护策略。

(3)动力控制系统。

动力控制系统包含 DC/DC 变换器、DC/AC 变换器、高低压转换器 DCL 和空调控制器及空调压缩机变频器，以及电动机冷却系统控制器。DC/DC 变换器和 DC/AC 逆变器的作用如前所述，DCL 负责将高压电源转换为系统零部件所需的 12 V/24 V 低压电源，电动机冷却系统控制器负责电动机及电机驱动控制器 PCU 的水冷却系统控制。

(4)整车控制系统。

整车控制系统的核心是多能源控制策略(包括制动能量回馈功能)，它一方面接收来自驾驶员的需求信息(如点火开关、油门踏板、制动踏板、挡位信息等)实现整车工况控制，另一方面基于反馈的实际工况(如车速、制动、电动机转速)以及动力系统的状况(燃料电池及动力蓄电池的电压、电流等)，根据预先匹配好的多能源控制策略进行能量分配调节控制。当然，整车的故障诊断及管理也由它负责。

上述各系统都通过高速 CAN－Bus 进行信息交换。在上述基本动力系统架构基础上，可以根据混合度的不同，把燃料电池混合动力汽车分为电量消耗型和电量维持型。所谓混合度，是指燃料电池额定输出功率与驱动电动机的额定功率之比。前者的混合度较低，蓄电池是主要的能量源，燃料电池只作为里程延长器来使用，后者的混合度较高，在行驶过程中蓄电池的荷电状态基本保持在一个合理的范围。目前国外大部分及国内全部都采用该方案。

7.4　水热管理系统

水、热管理是质子交换膜燃料电池发电系统的重要环节之一。电堆运行时，质子交换膜需要保持一定的湿度，反应生成的水需要排出。不同形态的水的迁移、传输、生成、凝结对电堆的稳定运行都有很大影响，这就产生了质子交换膜燃料电池发电系统的水、热管理问题。通常情况下，电堆均须使用复杂的增湿辅助系统来为质子交换膜增湿，以免电极“干死”(质子交换膜传导质子能力下降，甚至损坏)；同时又必须及时将生成的水排出，以防电极“淹死”。由于质子交换膜燃料电池的运行温度一般在 80℃左右，此时其运行效能最好，因此反应气体进入电堆前需要预加热，这一过程通常与气体的加湿过程同时进行；电堆发电时产生的热量将使电堆温度升高，必须采取适当的冷却措施，以保持质子交换膜燃料电池电堆工作温度稳定。这些通常用热交换器与纯水增湿装置进行调节，并用计算机进行协调控制。

思考题

1. 简述燃料电池电动汽车的动力系统组成。
2. 燃料电池电动汽车有何特点？
3. 燃料电池的工作原理是什么？

4. 简述质子交换膜燃料电池的结构组成和工作原理。

5. 燃料电池汽车加上动力电池组的必要性和作用是什么?

6. 燃料电池汽车动力系统中 DC/DC 的作用是什么?

第 8 章　混合动力电动汽车

8.1　混合动力电动汽车概述

传统内燃机车辆拥有良好的运行性能，并利用石油燃料高能量密度的优点可实现远距离的行驶里程。然而，传统内燃机车辆有燃油经济性不良和污染环境的缺点。形成其不良的燃油经济性的主要原因在于：①发动机燃油效率特性与实际的运行要求不相匹配。如图 8 - 1 所示，某柴油车的Ⅰ，Ⅱ，Ⅲ，Ⅳ挡行驶的道路行驶阻力转换成对发动机的平均有效压力的需求曲线后，一起画到发动机的万有特性曲线中，可以看出格挡下发动机行驶需求与发动机的低油耗工况区域相差甚远，但汽车往往为了保持有较大的剩余功率用以加速，所以最大功率较实际等速行驶需求功率大很多，造成发动机长期工作在低负荷区域，远离了燃油经济性较好的高负荷区域。②制动期间车辆动能消耗，当车辆在市区中运行时尤其明显。③发动机经常怠速运行。④液压传动装置低效率等。与此相对应，配置蓄电池的电动汽车(electric vehicle，EV)具有一些优于传统内燃机车辆的优点，如高能量效率和零环境污染。但是，由于就汽油的能量容量而言，蓄电池组较低的能量容量使 EV 的性能尚不能与内燃机车辆性能相竞争，尤其明显体现在单次充电续驶里程短、充电时间长的问题上。混合动力电动汽车(hybrid electric vehicle，HEV)利用了两个能源——一个基本能源和一个辅助能源，它具有内燃机车辆和 EV 两者的优点，并克服了它们的部分缺点。

一般说来，一台车辆可有多个能源及其能量变换器，例如，汽油(或柴油)热机系统；氢燃料电池 - 电动机系统；化学蓄电池 - 电动机系统等。配置有两个或更多个能源及其能量变换器的车辆被称作混合动力车，当其携带有电气的动力系(能源及其能量变换器)时，进而被称为混合动力电动汽车。

通常所说的混合动力汽车，一般是指油电混合动力汽车，即采用传统的内燃机(柴油机或汽油机)和电动机作为动力源，也有的经过发动机改造使用其他替代燃料，例如压缩天然气、丙烷和乙醇燃料等。

混合动力电动汽车的驱动系通常由不多于两个的动力系组成，因为多于两个动力系的结构使系统过于复杂。为回收在传统内燃机车辆中以热形式消耗的部分制动能量，通常的混合动力系统含有一个双向的能源及其能量变换器(如电机—蓄电池系统)，同时也含有单向的能源及其能量变换器(如燃油—发动机系统)。图 8 - 2 展示了混合动力电驱动系的概念，以及可能的各种动力流的通路。

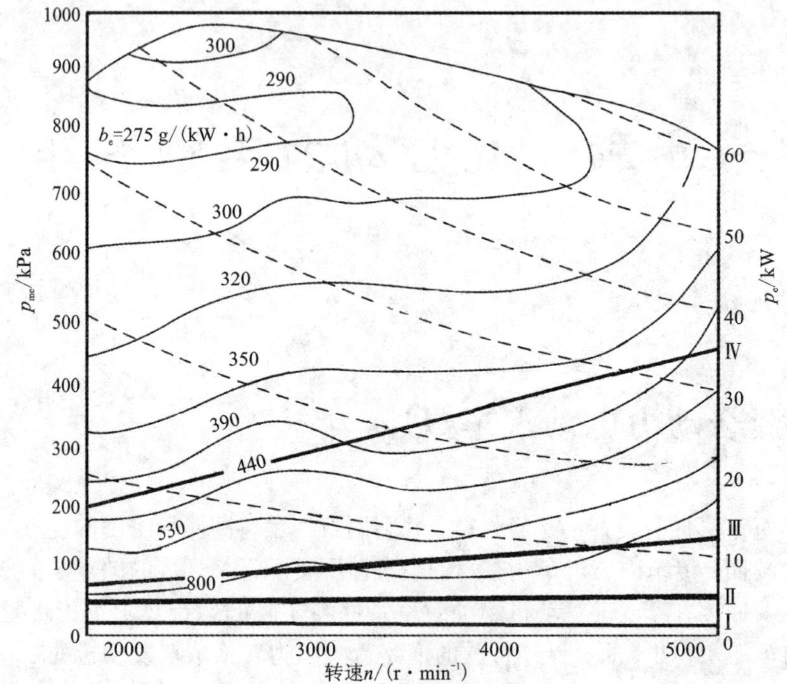

图 8-1　某小型柴油车的万有特性

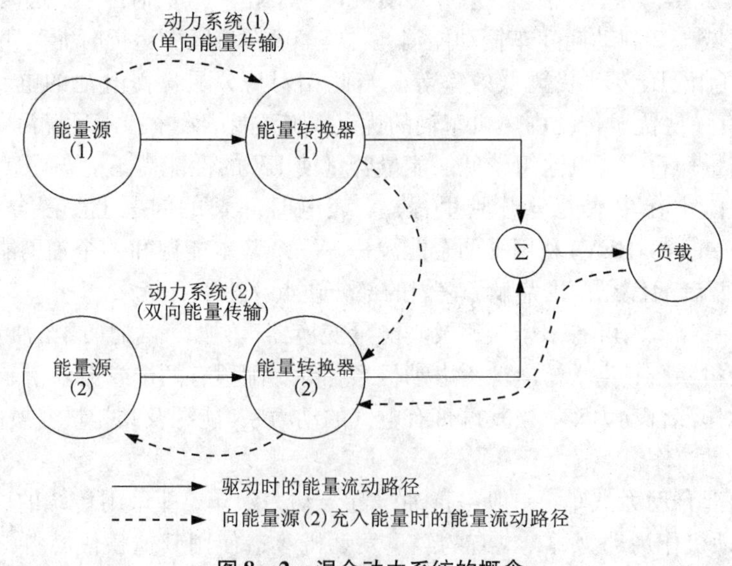

图 8-2　混合动力系统的概念

1901 年保时捷公司开发了世界上第一款 Lohner - 保时捷混合动力汽车，90 年代一些汽车公司开展了多个混合动力电动汽车开发项目，例如宝马公司开发了一款 CVT 混合动力汽车。但是直到 1997 年丰田的普锐斯发布，混合动力电动汽车商业化才成为现实，随后在 1999 年本田公司发布了 Insight 混合动力轿车。在那个油价还比较低的年代，人们认为开发混合动力汽车没有必要，2000 年后，随着世界油价的攀升，很多汽车制造企业发布了他们的混合动力汽车产品，并且认为这是将来汽车市场的核心组成部分。到 2015 年 7 月，全世界已经售出一千多万辆混合动力汽车。

随着世界各国环境保护的措施越来越严格，混合动力车辆由于其节能、低排放等特点成为汽车研究与开发的一个重点，并已经开始商业化。混合动力汽车的车型包括轻型乘用车及商用车、中重型乘用车及商用车，以及特种车。

表 8 - 1 是美国环境保护署给出的 2013 年到 2016 年北美市场混合动力汽车的燃油经济性和排放水平排名前十的混合动力汽车列表。

表 8 - 1　2013 到 2016 年美国燃油经济性排名前十的混合动力汽车

混合动力车型	年份	综合工况燃油经济性（L/100 km）	城市工况燃油经济性（L/100 km）	高速公路燃油经济性（L/100 km）	尾气排放（g/km CO_2）
Toyota Prius Eco	2016	4.20	4.06	4.44	98.18
Toyota Prius（4th gen）	2016	4.52	4.36	4.70	105.63
Toyota Prius c	2013—2016	4.70	4.44	5.11	110.60
Toyota Prius（3rd gen）	2013—2015	4.70	4.61	4.90	111.23
Honda Accord（2nd gen）	2014—2015	5.00	4.70	5.23	116.82
Honda Civic Hybrid（3rd gen）	2014—2015	5.23	5.35	5.00	121.79
Volkswagen Jetta Hybrid	2014—2015	5.23	5.60	4.90	124.27
	2016	5.35	5.60	4.90	
Ford Fusion（2nd gen）	2013—2016	5.60	5.35	5.74	131.11
Toyota Prius v	2013—2016	5.60	5.35	5.88	131.11
Lexus CT 200h	2013—2016	5.60	5.47	5.88	131.73

8.1.1　混合动力电动汽车的主要技术总成

(1)奥托循环和狄塞尔循环内燃机。

四冲程往复活塞式内燃机是汽车上最常用的内燃机，包括汽油机和柴油机。

汽油机的基本结构和原理如图 8 - 3 所示，一个工作循环包括进气、压缩、做功和排气四个活塞冲程。进气门打开，活塞下行将气体吸入气缸为吸气冲程；接着活塞上行，进气门关闭进入压缩冲程；气缸中的气体被压缩后温度压力升高，在压缩的末期，火花塞点燃可燃混合气，混合气燃烧放热，气体膨胀推动活塞下行做功，即为做功冲程；在活塞接近下止点时，排气门打开，燃烧后的废气在膨胀余压以及后期活塞的推动下排出气缸，为最后的排气冲程。排气行程结束后又进入新的进气冲程，发动机如此周而复始地工作，并且在活塞连杆和曲柄的作用下，将活塞的往复运动转变成曲轴的旋转运动，并通过曲轴对外输出机械功。

柴油机的工作过程与汽油机不同的地方在于柴油机在活塞压缩末期直接将燃油喷入气缸，柴油在高温高压下自行着火燃烧，不像汽油机是借助于火花塞将可燃混合气点燃，其工作过程如图 8 -4 所示。

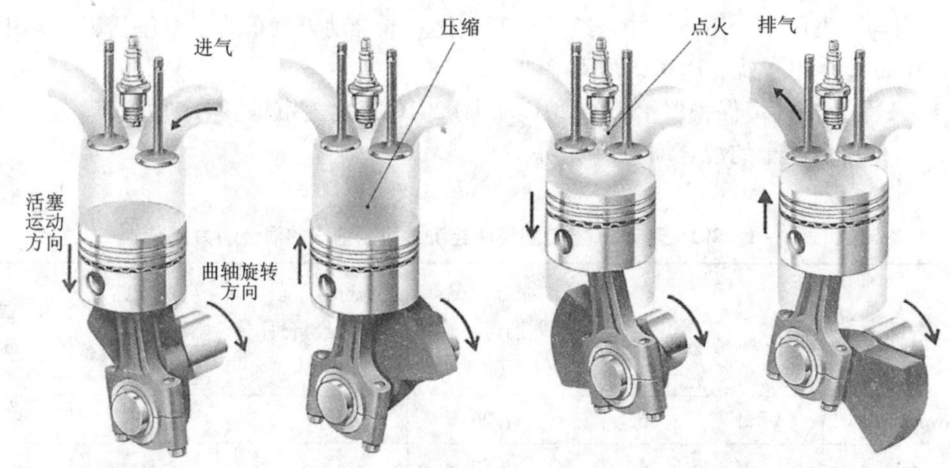

图 8 -3　四冲程汽油机的工作过程

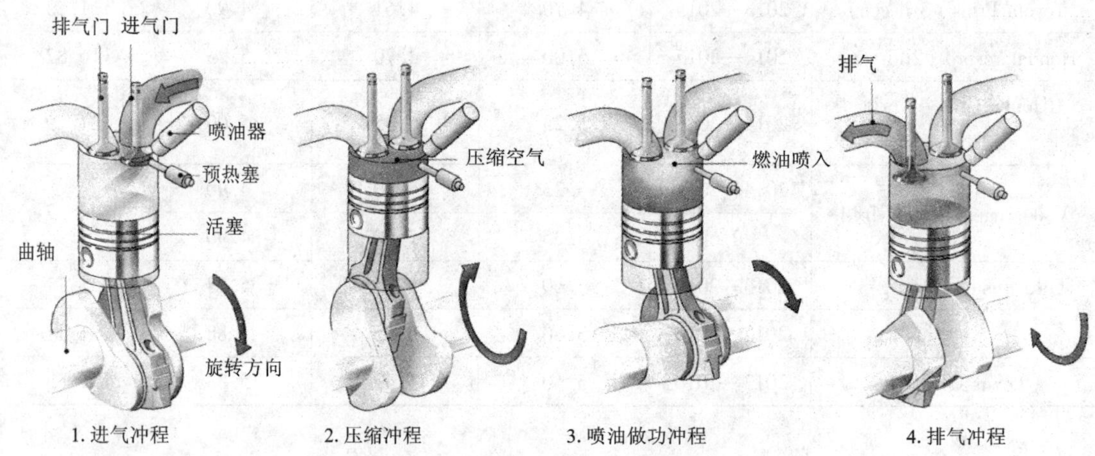

图 8 -4　四冲程柴油机的工作过程

内燃机仍然是混合动力汽车的最重要的部件，早期的混合动力汽车不需要外接充电，电机只用于优化内燃机汽车的工况，从而提高系统的能量效率，节省燃油，所以提高发动机的效率仍然是混合动力汽车的重要任务。而后来出现的插电式混合动力汽车虽然采用了部分电能作为替代能源，但内燃机仍然是长途行驶的主要驱动力源。

混合动力汽车用的内燃机虽然与传统单一内燃机驱动汽车的内燃机没有本质的不同，但是结合混合动力汽车的工作特点，内燃机技术也有所变化。除了采用内燃机电子控制技术、增压技术外，还出现了一些在传统内燃机汽车上难以应用，而在混合动力汽车上可以运用的高效内燃机技术。

(2)阿特金森循环(米勒循环)发动机。

阿特金森循环发动机和奥托循环发动机的工作过程一样，主要的不同是阿特金森循环的膨胀比较有效压缩比大，这样使燃气膨胀更为充分，降低了排气损失，从而达到提高效率的目的。最初的阿特金森循环通过特殊的摆杆机构实现，结构比较复杂。而现在使用的实际是米勒循环发动机，它通过改变发动机的配气正时来实现。

其原理如图 8－5 所示，发动机进气过程中，奥托循环发动机在活塞处于 a 点时进气门关闭，吸气行程结束，而米勒循环发动机在活塞处于 b 点处进气门才关闭，部分吸入的气体被返送回进气道中，这样发动机的有效压缩比下降，而活塞的膨胀行程与传统奥托循环发动机相同，所以膨胀比相比压缩比得到提高。

例如丰田的第一代普锐斯混合动力轿车使用了阿特金森循环发动机，其有效压缩比为 8∶1，而有效的膨胀比为 13∶1，效率比同样条件下的奥托循环提高 12%～14%。但是阿特金森循环发动机也有弊端，那就是提高效率的同时，其功率相对下降，并且发动机只能在一个较窄的转速范围良好工作。为了解决这个问题，采用电子控制的可变气门正时技术，可以使发动机在传统的奥托循环和米勒循环两种工作状态直接切换，从而使发动机能够发挥出最大的功率。另一方面，改变配气正时来减小进气行程的方法，如果不对发动机的燃烧室容积做出改变，米勒循环的实际压缩比降低，发动机的效率不能够发挥到最佳，因此丰田新装备的发动机对发动机的压缩比做了适当提升，使得效率进一步提高。

(3) 发动机启停控制技术。

发动机怠速运转消耗的能量全部用于克服发动机机械摩擦，维持自身运转。为了避免停车怠速的油耗和排放，发动机启停系统应运而生。发动机启停控制就是在汽车车速为 0 的情况下(如等待交通灯)，驾驶员踩下制动踏板，发动机随即停止运转，当驾驶员松开制动踏板或转动方向盘，发动机重新快速启动。以下是几种典型的发动机启停系统。

①增强起动机型启停系统。

图 8－6 是增强起动机型启停系统，它是在传统的启停系统的基础上，增强起动机的性能以便快速拖动发动机，并且加强电池系统以延长电池的寿命。

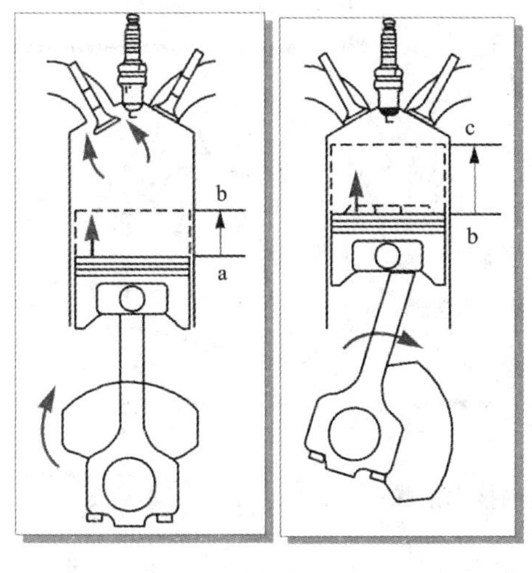

图 8－5　米勒循环发动机原理

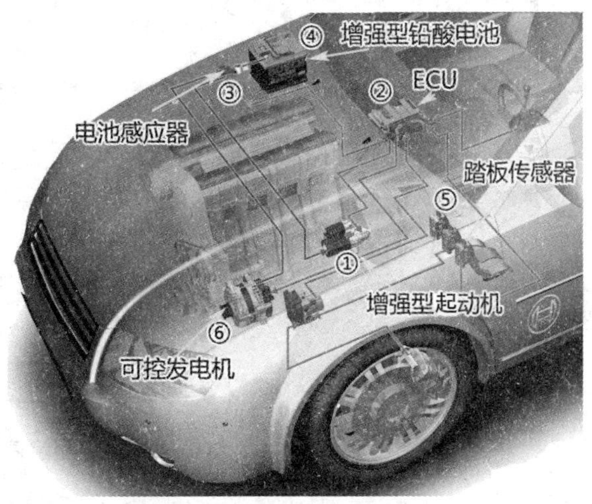

图 8－6　增强起动机型启停系统

②BSG 型启停系统。

图 8 -7 是 BSG(带传动启动发电机)型启停系统，这种系统一般属于微度混合动力系统，系统中起动机和发动机为同一个电机的两种工作模式，当发动机启动时该电机作为电动机工作，在制动过程和整车运行过程中作为发电机工作，为蓄电池充电。采用 BSG 系统须对整个发动机启动系统进行优化设计，主要采用的技术措施如图 8 -8 所示。

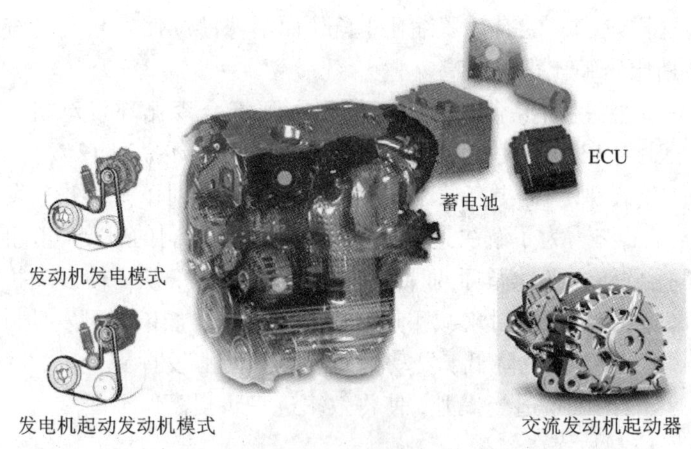

图 8 -7　BSG 型启停系统

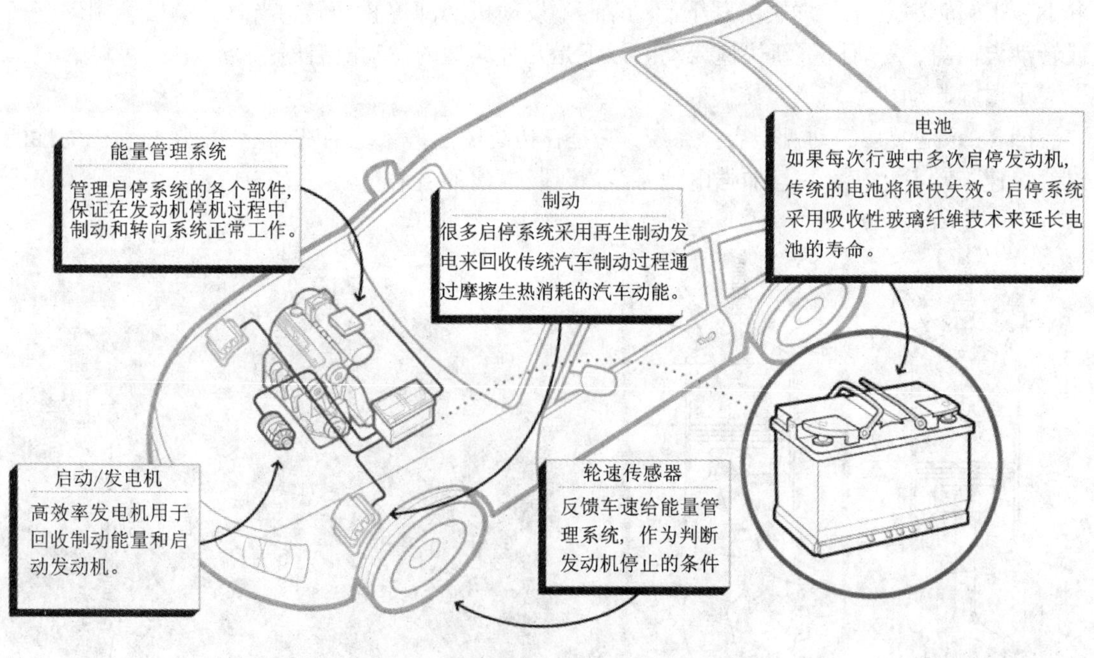

能量管理系统
管理启停系统的各个部件，保证在发动机停机过程中制动和转向系统正常工作。
制动
很多启停系统采用再生制动发电来回收传统汽车制动过程通过摩擦生热消耗的汽车动能。
电池
如果每次行驶中多次启停发动机，传统的电池将很快失效。启停系统采用吸收性玻璃纤维技术来延长电池的寿命。
启动/发电机
高效率发电机用于回收制动能量和启动发动机。
轮速传感器
反馈车速给能量管理系统，作为判断发动机停止的条件

图 8 -8　BSG 型启停系统的技术措施

③ISG 型起停系统。

图 8 -9 是 ISG(集成启动发电机)型启停系统，这种系统一般用于轻度、中度或完全混合

的混合动力系统，有的轻度混合动力系统中没有牵引电机，只有 ISG 电机，实际应用的如本田的 Insight 混合动力。如果再增加一个牵引电机，就可以组成全混合系统，并且可以实现串联和并联方式工作，也就是混联系统，具有多重工作模式，这将在后续的章节中介绍。

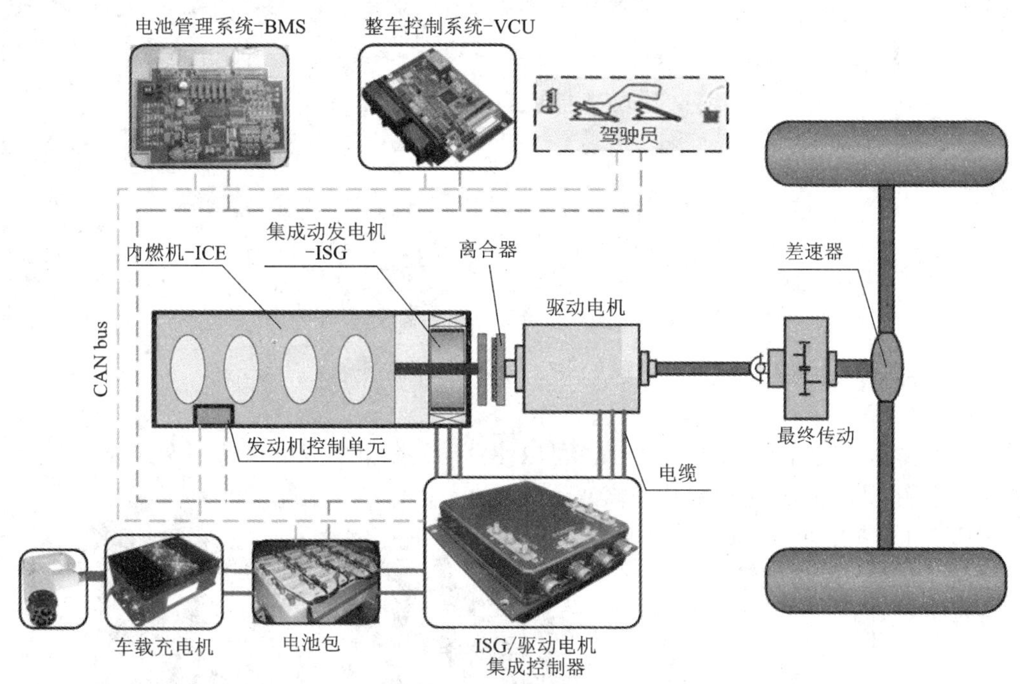

图 8－9　ISG 型启停系统

④活塞位置控制型启停系统。

该系统首先应用于 Mazda 汽车，主要是通过在气缸内进行燃油直喷，燃油燃烧产生的膨胀力来重启发动机的，发动机上的传统起动机在发动机启动时起到辅助作用。据官方数据，使用该技术，发动机在最短 0.35 s 的时间内就能启动，比单纯使用起动机或电动机的系统要快一倍。其工作原理如图 8－10 所示，发动机在停机过程中，通过控制发电机，使发动机的某个处于做功行程的活塞停在气缸的特定位置，在下次启动发动机时，通过直接点燃缸内混合气做功来辅助启动发动机，降低起动机的阻力，从而实现快速启动。

(4)发动机断缸技术。

发动机断缸技术也称为可变排量技术，是指发动机在部分负荷下运行时，通过相关机构切断部分气缸的燃油供给、点火和进排气，停止其工作，使剩余工作气缸负荷率增大，以提高效率，降低燃油消耗。

实现断缸的方法有三种：①仅仅停止供油；②停止气门运动和断油；③断油的同时引入工作缸的废气到不做功的气缸内。

第一种方法在电喷发动机上最容易实现，但发动机与三元催化的匹配、发动机热负荷的均匀性、气流造成的热损失和节油的效果等因素，导致其不是最佳方案。而第三种方法的节油效果较好，结构也不复杂，发动机的进排气系统不做改动，通过单独的管路与控制阀组成

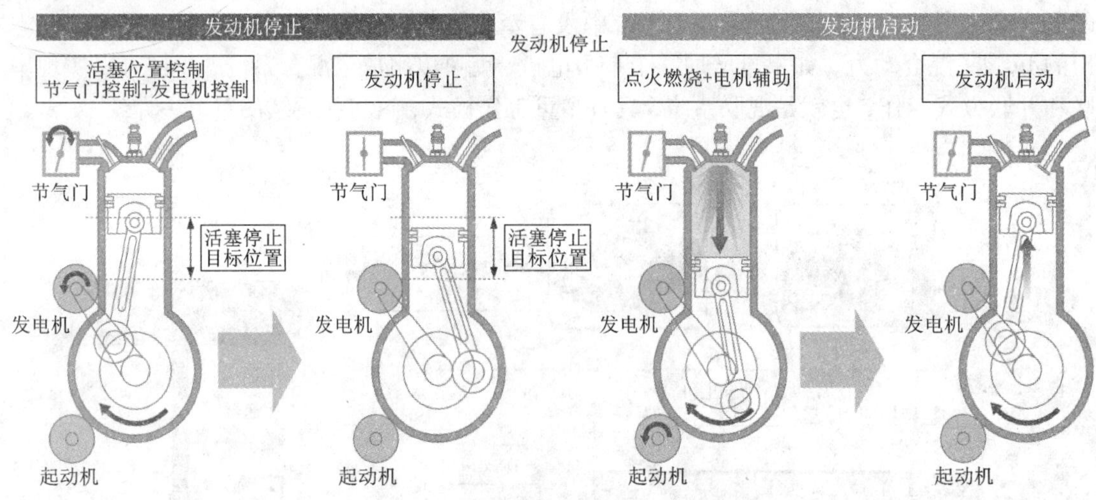

图 8－10　活塞位置控制型启停系统

的系统把工作缸废气引入不做功的气缸，可以使发动机断缸的气缸保持一定的温度，热负荷基本保持平衡，从而实现发动机快速恢复到全缸大负荷做功的工况。

相比之下，第二种方法的节油效果最好，停阀结构相对复杂，关闭进排气门与打开进排气门相比，后者节流损失大，气门密封面容易被污物黏附，使密封面遭到破坏。目前主要采用的方案是关闭进排气门和切断燃油喷射，如图 8－11 所示，采用这种方法，发动机停缸后可以与三元催化正常匹配，尾气排放也更容易控制，是目前的主流断缸方式。

图 8－11　发动机断缸技术中的气门控制机构

混合动力电动汽车的其他总成系统还包括电机驱动系统、能量存储系统、多能源管理与控制系统、机电动力耦合系统等，这些内容将在后续分别介绍。

8.1.2　混合动力电动汽车的分类

混合动力电动汽车因各个组成部件、布置方式和控制策略的不同，形成了多种分类形式。混合动力车辆的节能、低排放等特点引起了汽车界的极大关注并成为汽车研究与开发的一个重点。混合动力装置既发挥了发动机持续工作时间长、动力性好的优点，又可以发挥电动机无污染、低噪声的好处，二者“并肩战斗”，取长补短，汽车的热效率可提高 10% 以上，废气排放可改善 30% 以上。

一、按照混合度划分

混合电动汽车的混合度是指电功率占整个动力源总功率的百分比。

$$H = \frac{P_{elec}}{P_{total}} \times 100\% \tag{8-1}$$

式中：P_{elec}为电系统功率；P_{total}为总的驱动功率。对于不同的传动系构型，混合度的定义会略有不同。对于并联式混合动力汽车混合度定义为

$$H = \frac{P_m}{P_m + P_e} \times 100\% \tag{8-2}$$

式中：P_e、P_m为发动机、电动机功率，kW

而对于串联式混合动力汽车，所有动力均由电动机提供，电动机功率即为动力源总功率需求，属于电电混合形式，即发动机发电机组输出的电功率和电池输出的电功率混合，一起向电动机提供驱动功率，所以混合度定义为

$$H = \frac{P_{ess}}{P_m} \times 100\% \tag{8-3}$$

式中：P_{ess}为电池功率，kW。

上述动力源功率指最大功率，由于电动机的峰值功率按不同持续时间计算其数值变化很大，对混合度定义和研究带来不便，而额定功率反映动力源的持续最大输出能力，因此，以额定功率来定义和研究混合度。

从混合度定义可知，混合度越大，说明发动机占的比例越小，越接近纯电动汽车。相反，混合度越小，相应发动机功率较大，越接近传统汽车。可以认为传统汽车是混合度为 0 的混合动力汽车，而纯电动汽车是混合度为 1 的混合动力汽车。

混合动力电动汽车按照混合度可分为微度混合动力（$H<5\%$），轻度混合动力（$5\%<H\leqslant 20\%$），中度混合动力（$20\%<H<50\%$），重度或者完全混合动力系统（$H>50\%$）。

如图 8－12 所示，不同的混合度代表不同类型的汽车，从传统型到启停微度混合、轻度混合（电机助力）、完全混合（插电式/双模式）、增程式（续驶里程延伸型），最后到纯电动，混合度是逐渐增大的。从混合动力汽车类型与混合度关系可以看出，对于启停微度混合系统，主要是防止发动机怠速工作，并且回收部分制动能量，由于相对传统内燃机汽车增加成本较少，又能起到一定的节能减排效果，正逐渐得到大量采用。助力型 HEV（轻、中度混合动力），发动机为主动力源，电动机作为辅助动力源，优化了发动机的工作特性，提高车辆的经济性和降低排放，具有良好的节能潜力，同时整车布置、质量与成本也非常有利，因此，这种助力型是目前混合动力汽车应用最多的一种类型，其混合度小于 50%。全混合（插电式/双模式）混合动力车辆综合了上述两种类型车辆的特点，且电功率与发动机功率基本相同，混合度约为 50%。这种类型汽车的主要特点为：既可以用作传统汽车在郊外行驶，也可用作纯电动汽车以零排放模式行驶相当长距离。因此，这种系统的发动机、电动机与电池选择都较大，系统复杂，成本较高；增程式 HEV 的设计思想是在普通电动车辆上增加一附加的车载能源（或原动机）并及时为蓄电池补充充电（或承担部分车辆行驶功率），减小蓄电池的能量消耗，延长电动车辆的续行里程，通常增程式混合动力车辆都装备有一个较大容量的电池组和一个小型的附加车载能源（如发动机/发电机组），使整车质量与成本增加，其混合度比较

大，适用于对排放严格限制的市区行驶车辆。

从混合度概念可知，混合度可直接表明两动力源的功率组合，是混合动力汽车的重要特性参数。

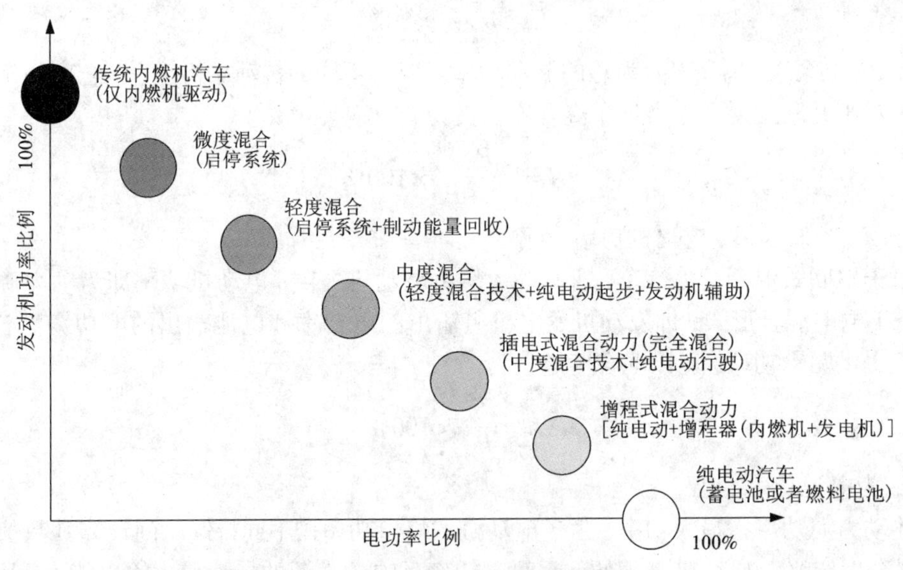

图 8-12 混合度与车型变化关系

混合度对混合动力汽车的整车成本、结构、控制、能量消耗和排放水平都有重大影响，是混合动力系统设计的关键参数。表 8-2 大致表明了不同混合度的混合动力汽车较传统燃油汽车在燃油经济性上的改善情况。

表 8-2 不同混合度及技术措施对燃油经济性的影响

类型	启停系统	微度混合		轻、中度混合		全混合
启停系统	√	√	√	√	√	√
再生制动		√	√	√	√	√
智能能量管理			√	√	√	√
纯电动起步					√	√
纯电动行驶能力						√
燃油经济性提高 (典型综合工况循环测试)	3%	7%	10%	30%	35%	40%~50%

二、按照内燃机与电机功率耦合方式划分

按照内燃机功率与电功率组合的方式，混合动力汽车可以分为串联式、并联式和混联式三种类型，详细内容见本章 8.3 至 8.5 节。

三、按照充电与不充电划分

早期的混合动力电动汽车在初次给电池充满电后，使用的过程中除了进行电池的维护外，一般是不需要进行外接充电的，电池的电量全部来自电动机按照发电机模式工作时给电池所充，这种混合动力叫作普通混合动力汽车，或者称为电量平衡式混合动力汽车。另一种混合动力是可以外接电源对电池进行补充充电的，它具有更长的纯电动续驶里程，称为插电式混合动力汽车(plug in hybrid electric vehicles，PHEV)，或者电量消耗型混合动力汽车。

8.1.3　混合动力电动汽车的特点

混合动力电动汽车是将内燃机、电动机、能量存储装置(蓄电池)等组合在一起，它们之间的良好匹配和优化控制，可充分发挥内燃机汽车和电动汽车的优点，避免各自的不足，是当今最具实际开发意义的低排放和低油耗电动汽车。较之纯电动汽车，混合动力电动汽车具有如下的优点：

(1)由于有内燃机作为辅助动力，蓄电池的数量和质量可减少，因此汽车自身重量可以减小；

(2)汽车的续驶里程和动力性可达到内燃机汽车的水平；

(3)借助内燃机的动力，可带动空调、真空助力、转向助力及其他辅助电器，无须消耗蓄电池组有限的电能，从而保证了驾车和乘坐的舒适性。

较之内燃机汽车，混合动力电动汽车具有如下的优点：

(1)可使内燃机在最佳的工况区域稳定运行，避免或减少了内燃机变工况下的不良运行，使得内燃机的排污和油耗大为降低；

(2)在人口密集的商业区、居民区等地可用纯电动方式驱动车辆，实现零排放；

(3)可通过电动机提供动力，因此可配备功率较小的发动机，并可通过电动机回收汽车减速和制动时的能量，进一步降低汽车的能量消耗和排污。

显然，混合动力电动汽车研发的主要目的就是要减少石油能源的消耗，减少汽车尾气中的有害气体量，降低大气污染。

表 8 - 3 对不同类型的混合动力电动汽车在燃油经济性、尾气排放和控制难易程度等方面做了比较。表 8 - 4 对不同类型的混合动力电动汽车在驱动模式、传动效率、整车布置、适用条件等方面进行了比较。

表 8-3 混合动力电动汽车类型的比较

项目	串联式	并联式	混联式
公路行驶燃油经济性	较优	优	优
城市行驶燃油经济性	优	较优	优
无路行驶燃油经济性	较优	优	优
低排放性能	优	较优	较优
成本	低	较低	较低
复杂程度	简单	较复杂	复杂
控制难易程度	简单	较复杂	复杂

表 8-4 不同类型的混合动力电动汽车的特点

结构模型	串联式	并联式	混联式
动力总成	发动机、发电机、驱动电动机三大动力总成	发动机、电动/发电机或电动机两大动力总成	发动机、电动/发电机、电动机三大动力总成
驱动模式	电动机是唯一的驱动模式	发动机驱动模式、电动机驱动模式、发动机-电动机混合驱动模式	发动机驱动模式、电动机驱动模式、发动机-电动机混合驱动模式、电动机-电动机混合驱动模式
传动效率	能量转换效率较低	传动效率较高	传动效率较高

8.2 混合动力电动汽车安全要求

混合动力电动汽车较传统燃油汽车增加了高压电池系统和电机系统，这样就增加了在各种情况下高压电气系统所带来的危险。

8.2.1 混合动力电动汽车的车辆结构要求

车辆的结构要求主要是从结构设计上来保护高压电池包和降低高压电带来的危险。

一、动力蓄电池

(1)动力蓄电池的绝缘电阻、爬电距离的要求应符合的要求。

如果发生电解液的泄漏，建议按照下列方法确定爬电距离：

①两个蓄电池连接端子之间的爬电距离：

$$d \geqslant 0.25U + 5 \tag{8-4}$$

②带电部件与电底盘之间的爬电距离：

$$d \geqslant 0.125U + 5 \tag{8-5}$$

式中：d 为爬电距离，mm，其含义如图8－13所示；U 为蓄电池两个连接端子之间的标称电压，V。

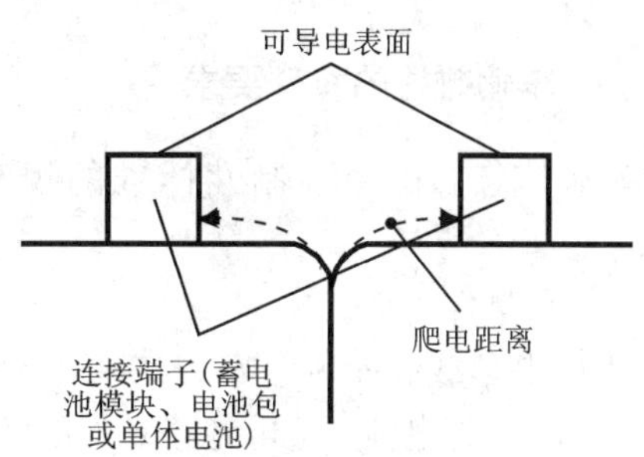

图8－13　爬电距离

(2)应保证车辆的任何地方不得有动力蓄电池产生的危险气体聚集。

(3)动力蓄电池舱应尽可能与乘客舱隔开。动力蓄电池舱应确保均匀散热和通风，使车辆运行过程中或过程后，动力蓄电池处于安全允许的温度范围内，动力蓄电池排出的有害气体能安全地逸到大气中，不允许排到乘客舱。

(4)在发生意外事故或其他故障条件下，动力蓄电池可能会释放出较多的有害物质，此时应使其危险降到最低限度，尤其要注意乘客舱。

(5)动力蓄电池和动力电路系统应通过断路器和熔断器进行保护。该装置应能在车辆制造厂规定的过流、与动力蓄电池连接的电路出现短路的情况下，自动断开与动力蓄电池的连接电路。该装置的响应时间应根据车辆制造厂根据动力蓄电池参数、动力蓄电池和电路发生过流或短路的防护方式来确定。

(6)应清晰可见地注明动力蓄电池的化学类型，以便识别。

二、触电防护要求

防止与动力电路系统中带电部件直接接触。高电压动力电路系统应满足下列要求：

(1)车辆不得含有暴露的导线、接线端、连接单元。动力电路系统的带电部件，应通过绝缘或使用盖、防护栏、金属网板等来防止直接接触。这些防护装置应牢固可靠，并耐机械冲击。在不使用工具或无意识的情况下，它们不能被打开、分离或移开。

(2)在乘客舱及行李箱中，带电部件在任何情况下都应由满足国家标准防护等级的壳体来防护。发动机舱中的带电部件应设计为只有在有意接近的情况下，才有可能接触到。机盖内与系统连接的部件以及其他地方的带电部件，应达到满足相应国标的防护等级。

(3)所有电气设备的设计、安装应避免相互摩擦，防止绝缘失效。应通过绝缘的方法来防止间接接触，并且使车载的外露可导电部件电联接在一起，达到电位均衡。

(4)混合动力电动汽车的高电压电路系统和电平台应绝缘，绝缘电阻值的要求应符合相关国家标准的规定。

三、动力电路系统和燃料供给系统

(1)燃油系统设计的安装位置及管路应避开温度较高的热源以及动力电路系统等可能产生电弧的地方，尤其不能放置在一个密闭的空间内。

(2)动力电路系统和燃油供给系统设计的安装位置及线路、管路走向应保证两个系统具有安全距离或保证有效隔离。

(3)车辆在各种使用条件下，供油管路与其接头不允许有泄漏。一旦发生燃油泄漏，设计上应保证绝缘，不允许流到动力蓄电池和高电压电路系统。

(4)对于使用汽油、柴油之外燃料的车辆，燃料供给系统须满足其相应燃料车辆标准的安全要求。

四、车辆碰撞的特殊要求

车辆应按照国家强制性标准的规定进行相关的碰撞试验，满足相关的要求以及下列要求：

(1)乘员保护。

①如果车载储能装置安装在乘客舱的外部，进行碰撞试验中和试验后，动力蓄电池包及其部件(动力蓄电池、蓄电池模块、电解液)不得穿入乘客舱内。

②如果车载储能装置安装在乘客舱内，车载储能装置的任何移动应确保乘客的安全。

③进行碰撞试验中和试验后均不能有电解液进入乘客舱。

④进行碰撞试验中和试验后储能装置不能出现爆炸、着火。

(2)第三方保护。

进行碰撞试验时，动力蓄电池包及其部件(动力蓄电池、蓄电池模块、电解液)或超级电容器等储能装置不能由于碰撞而从车上甩出。

(3)防止短路。

进行碰撞试验时，应防止造成动力电路的短路。

(4)绝缘电阻的测量。

碰撞试验结束后，按照国家标准的要求(无须进行准备阶段)进行绝缘电阻的测量，并满足绝缘电阻的要求。

(5)其他要求。

对于使用汽油、柴油之外燃料的混合动力电动汽车，应满足相应燃料的相关安全标准要求。

五、防水要求

应通过一个绝缘电阻值监测系统提供防水监控，或通过遮蔽电压设备(非高电压部件本标准不做要求)，防止其暴露在水中。

8.2.2 混合动力电动汽车的功能安全要求

(1)启动程序。

应通过一个钥匙开关启动车辆。对于需要外接充电的车辆，当车辆与外部电路(如电网、外部充电器)连接时，不能通过其自身的驱动系统使车辆移动。防止车辆在钥匙开启状态和换挡器在“行驶”和“倒退”位置时开动车辆。而且，应提供必要的互锁装置：

①除非换挡器位置选择在“停车”或“空挡”，在任何其他位置时控制器都不能向车辆传输移动的最初动力；

②启动钥匙只有“点火开关”在“关”的状态，换挡器在“停车”的状态时才能够拔掉。

(2)行驶和停车。

车辆应通过一个明显的信号装置提示驾驶员车辆可以起步行驶。

当车辆处于停车状态、发动机不工作时，如果车辆仍处于“可行驶”状态，或只通过一个操作动作就可使车辆处于“可行驶”状态时，则应通过一个信号(声学或光学信号)明显地提醒驾驶员。“可行驶”状态即当踩下加速踏板时，车辆就可能行驶的状态。

如果车辆装有在紧急情况时(如某部件过热)可限制操作的装置，则应通过一个明显的信号通知车辆使用者。

当车辆在停车状态以及钥匙开关在“关”位置时，车辆不得自动启动发动机给动力蓄电池充电。

需要外部充电的车辆，车辆充电时氢气测量及要求应符合相应的国家或行业标准（如 GB/T 18384.1）的规定。

（3）手动开关。

应配备一个手动开关来断开车载动力电源（如动力蓄电池）。当车辆因维修保养或故障不能确保高压系统绝缘时，该开关能够切断高压动力电路系统。

（4）电磁兼容性。

车辆应满足相应的国家标准（如 GB/T 18387、GB 14023、GB 18655、GB/T 17619）的要求。

8.2.3　混合动力电动汽车的故障防护要求

这里主要指混合动力汽车特有的系统和部件出现故障引起危险的防护。其他系统和部件应同内燃机汽车一样处理。

（1）电气连接。

电气连接件任何意外的断开都不应导致车辆产生危险。

（2）过流切断装置。

当电流过大时，应使用一个电路保护器、切断装置或熔断器断开动力电路。每次电源切断后，在故障明确的情况下，应允许仅通过正常的电源接通程序来重新给驱动系统供电。

（3）意外的车辆动作。

应防止驱动系统出现意外的加速、减速及倒车。如果出现某一故障（如动力控制装置的故障），静止且未施加制动的车辆应切断其驱动系统，以防止出现意外的车辆移动。

8.3　串联式混合动力电动汽车

8.3.1　串联式混合动力电动汽车的驱动系统

串联式混合动力电动汽车的驱动系统是一个由两个能源向单个动力机械（电动机）供电，以推进车辆的驱动系。一般的串联式混合动力电驱动系的组成如图 8－14 所示。其中，单向能源为燃油箱，而单向的能量变换器为发动机和发电机的组合。发电机的输出通过电子变流器（整流器）连接到电力总线。双向能源为电化学蓄电池组，并通过电力电子变换器（电机控制器）连接到电力总线。电力总线也连接到牵引电动机的控制器，牵引电动机将被控制为电动机，或是发电机，并以正向或反向运转。

8.3.2　串联式混合动力电动汽车的特点

串联式混合动力电动汽车的驱动系流呈现以下几方面的优点：

（1）发动机与车轮之间没有机械连接，所以发动机的运行工况不直接受到行驶工况的影响，因此，它能运行在其转速—转矩特性图上的任何运行工作点，且可能完全运行在其最高效率区，如图 8－15 所示。在该狭小区域内，通过优化设计和控制，发动机的效率和排放可进一步得到改善。相比于全范围内的优化，该狭小区域内的优化可使发动机性能获得很显著的改进。此外，发动机从驱动轮上的机械解耦，使得难以应用于传统汽车的高转速发动机能够得到应用，因为在传统的汽车上，这些发动机难以直接通过机械连接去带动车轮，如燃气轮机发动机或具有缓动态特性的动力机械。

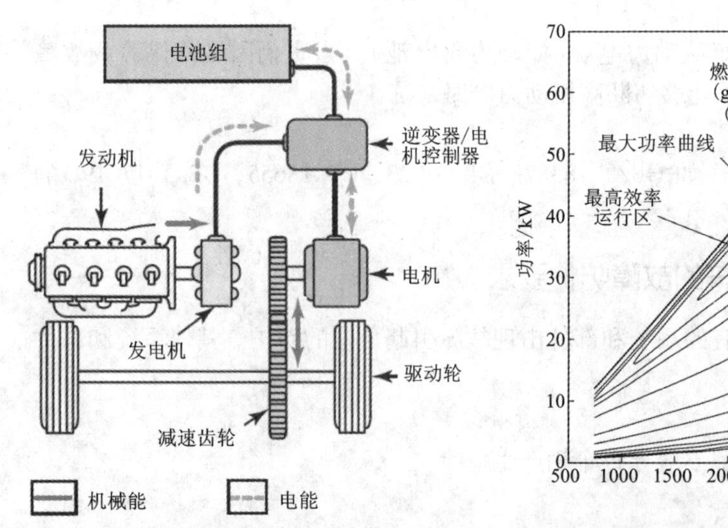

图 8－14　串联式混合动力汽车的系统结构

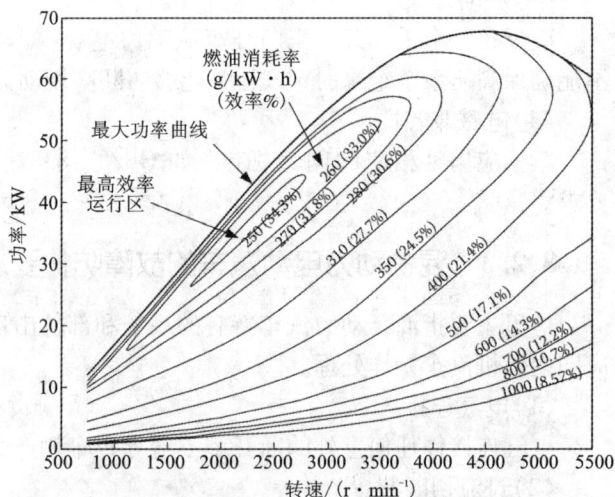

图 8－15　发动机万有特性曲线上的最高效率运行区

（2）因电动机具有近乎理想的转矩—转速特性，用电机驱动汽车不需要多挡的传动装置，从而使传动装置得到简化，传动效率得到提高。此外，如果采用电动轮驱动的结构，传动系统还可以得到进一步简化，取消原来的机械式差速器通过电子差速来实现。

（3）由于发动机的工况不受行驶工况的影响，而电机在较宽广的工况范围效率都比发动机高很多，所以串联式混合动力很适用于在城市的复杂工况下提高经济性。

（4）由于内燃机和发电机组成的发电机组与车轮无机械连接，所以发电机组的布置较为灵活，对于增程式混合动力系统的布置较为有利。

然而，串联式混合动力电动汽车的驱动系统有以下一些缺点：

（1）内燃机输出的能量有一部分会向蓄电池充电，使用的过程中再由蓄电池中放出，这部分能量经过发电机发电、蓄电池充电、蓄电池放电、驱动电机的多次能量传递，效率损失环节多，即使发电机发出的电能直接传送给电动机，能量也需要被两次转换（在发电机中，由机械能转变为电能；在牵引电动机中，由电能转变为机械能），发电机和牵引电动机两者的效率损失叠加，总体效率提高也受到影响，所以系统的总体效率提高受到这些因素的影响。

（2）系统中需要一个发电机和一个牵引电机，系统复杂，总体质量和成本增加。

串联式混合动力汽车可以不外接充电，电能完全来自发电机组，动力电池组只起到能量缓存中转的作用，以适应复杂路况功率不断变化的需要。因为内燃机、发电机的功率都必须满足整车行驶需求的平均功率，而电动机也必须满足整车行驶的最大功率，三者的功率都比较大，系统的成本高，加上不能使用外部电能来替代燃油消耗，也就达不到摆脱对石油的依赖的目的，这种形式正逐渐减少。

如果将发动机和发电机的功率减小，电池的功率增大，转成以来源于电池的能量为主要能源驱动汽车，就是所谓的增程式混合动力，它更接近于纯电动汽车，只是通过小型的发电机组来不断向驱动系统补充能量，延长了纯电动汽车的续驶里程，电池的能量处于不断消耗的状态，无法维持平衡，电能耗尽后要通过外接充电方式进行补充。

8.3.3　串联式混合动力电动汽车的控制方法和控制策略

一、电量平衡式串联式混合动力汽车

所谓电量平衡式串联混合动力电动汽车，就是在使用的过程中，其电池的电量维持在一个设定的合理范围，一般不需要进行外接补充充电。

(1) 串联式混合动力电动汽车耦合结构。

如图 8－16 所示为串联式动力型耦合结构，这种结构的电池输出电压、电动机电压和发电机整流输出电压相等，一般串联式情况下电机的电压较高，以便在相同功率下，降低线路的电流和损耗，但是这样电池的输出端电压也随之提高，电池组中单体电池的数量就较大，适用于电池组较大的系统，如插电式/增程式混合动力系统。

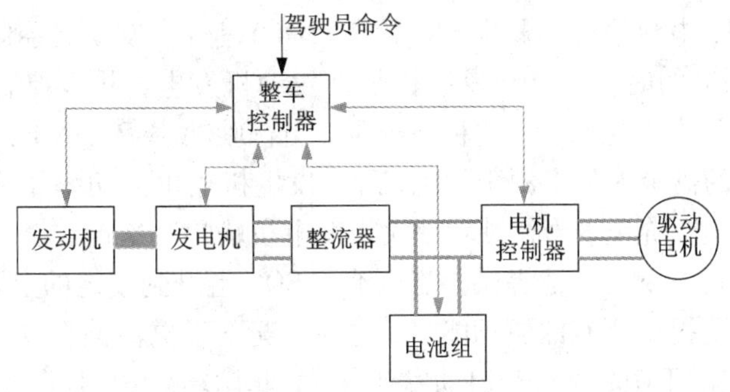

图 8－16　串联式动力型耦合结构

如图 8－17 所示为串联式功率型耦合结构，在电池的输入输出端接入双向 DC/DC 变换器，这样可以将电池包的尺寸缩小，通过 DC/DC 变换器调节电压，使电池系统的最终输出电压和电机的使用电压相匹配。

从这两种结构可以看出，电机的供电可以直接来源于发电机的输出或者电池的输出。

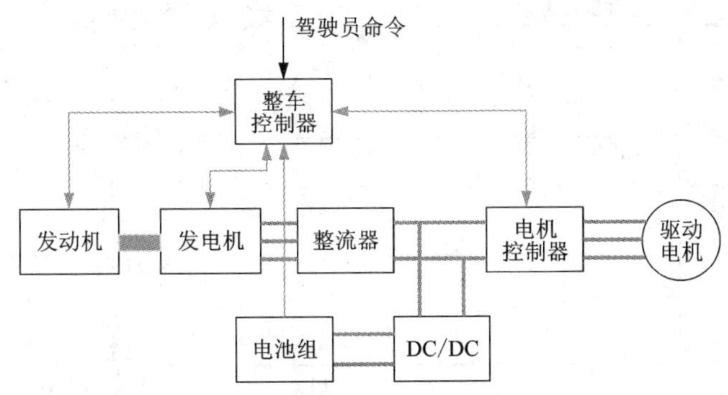

图 8－17　串联式功率型耦合结构

(2)运行模式分析。

①电池单独供电模式：发动机关闭，车辆仅由蓄电池组供电、驱动。

②发电机组单独供电模式：车辆牵引功率仅源于发动机－发电机组，而蓄电池组既不供电也不从驱动系中吸收任何功率。电设备组用作从发动机到驱动轮的电能传送。

③混合供电模式：牵引功率由发动机－发电机组和蓄电池组两者提供。

④发电机组供电驱动并向蓄电池组充电模式；发动机—发电机组供给向蓄电池组充电和驱动车辆所得功率。

⑤再生制动模式：发动机—发电机组关闭，而牵引电动机以运行模式，所产生的电功率用于向蓄电池组充电。

⑥蓄电池组充电模式：牵引电动机不接收功率，发动机—发电机组向蓄电池组充电。

⑦混合式蓄电池充电模式：发动机—发电机组和运行在发电机状态下的牵引电动机两者都向蓄电池组充电。

(3)控制策略。

①恒温器控制。

如图 8－18 所示，电池系统的剩余电量状态(SOC)是进行发动机控制的最重要的判断依据，当 SOC 低于下限值的时候，启动发动机带动发动机发电，并且控制发动机的油门和转速，使其工作在最高效率工况点上，此种情况下，当行驶功率 P_{eng} 小于或等于发电机输出功率 P_{gen} 时，汽车行驶的需求能量来源于发电机组，发电机输出的功率扣除驱动汽车的需求功率，剩余的功率向蓄电池充电；当行驶功率大于发电机输出功率时，发电机所有功率用于驱动汽车，不足的驱动功率由蓄电池提供。当电池的 SOC 上升到设定的上限值时，关闭发动机停止充电，汽车由电池提供所有的驱动能量，这种情况下蓄电池储存的能量逐渐下降，当蓄电池 SOC 下降到设定的下限，再重新启动发动机，如此循环往复，控制流程如图 8－19 所示。

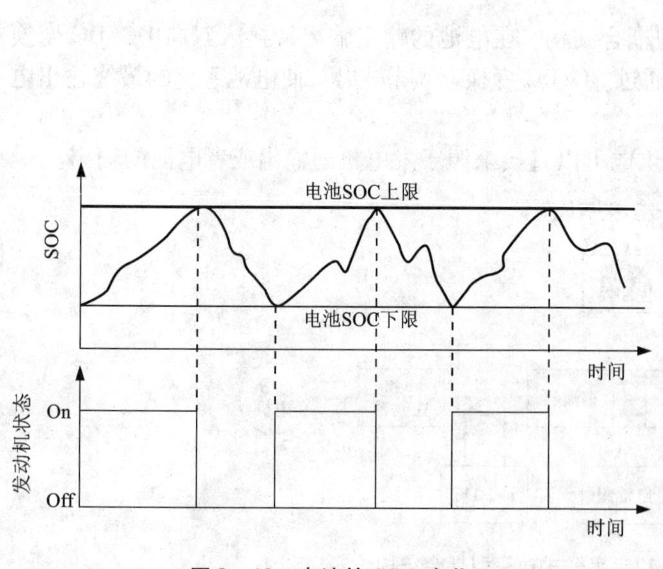

图 8－18　电池的 SOC 变化

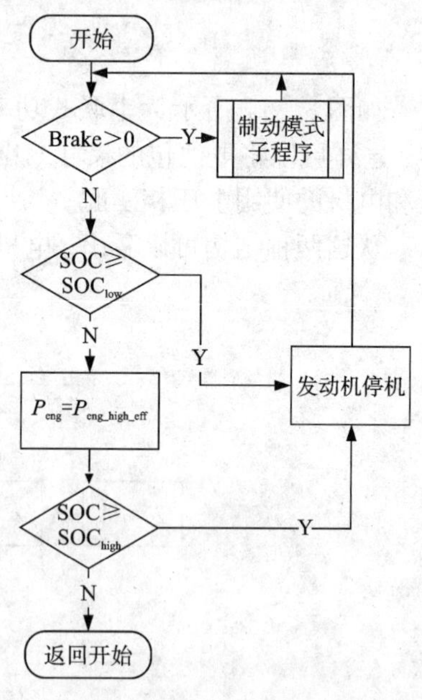

图 8－19　恒温器控制策略的控制流程

恒温器控制方式的优势在于控制简单，发动机始终工作在高效率点，缺陷在于电池的输出功率随路况的变化而变化，输出的功率变化频繁，放电电流波动幅度较大，影响电池的寿命，另外，发电机组输出的能量大部分要先进入电池，再从电池中放出，经历了充放电过程的损耗，能量效率受到一定的影响。

②功率跟随式控制。

为了进一步提高串联混合动力汽车的能量效率，克服恒温器控制方式的缺陷，可以考虑让发电机发出的电能更多地直接供给驱动电机，减少电能充入电池再放出造成的损耗，可以通过适当变化发动机 - 发电机组的输出功率，在一定范围适应道路工况的需求，这样虽然表面上看来发动机没有一直工作在高效率点，但是发动机工作在高效率区间，在此工况区间效率的变化并不大，而减少电池充放电过程的损耗，不仅可以提高系统的能量效率，而且尽量使蓄电池 SOC 保持在较高的水平，一定程度上减少了电池输出电量的变化频率，对电池的寿命延长有一定的帮助，其控制流程图如图 8 - 20 所示。在功率跟随控制策略中，$P_{eng\_high\_eff}$、P_{eng_high}、P_{eng_low}的设定大致位置如图 8 - 21 所示。

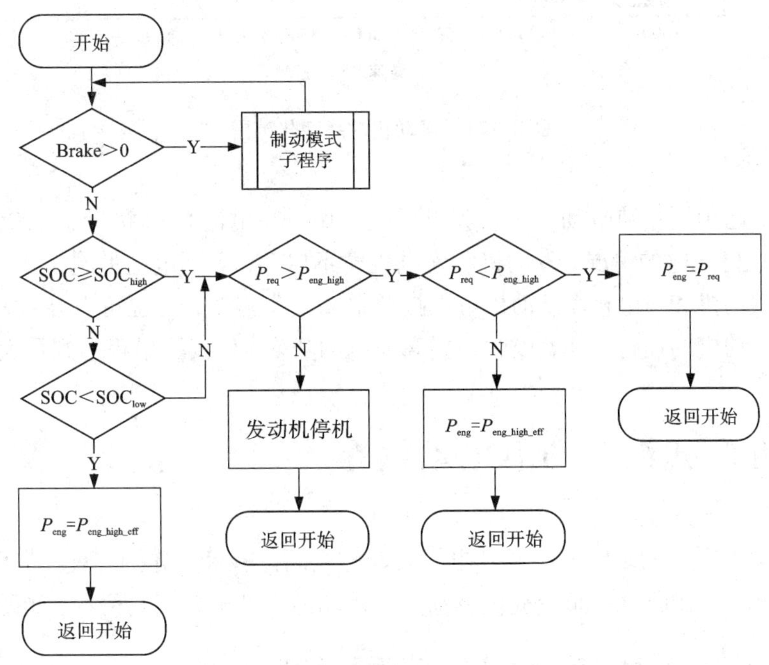

图 8 - 20　功率跟随控制流程图

图中 Brake 表示制动踏板位置，SOC_{high}表示电池 SOC 的设定上限值，SOC_{low}表示电池 SOC 的设定下限值，P_{eng}表示发动机的功率，$P_{eng_high_eff}$表示发动机工作在最高效率点的功率，P_{eng_high}表示设定的发动机最大运行功率，P_{eng_low}表示设定的发动机最小运行功率，P_{req}表示驾驶员的需求功率。

二、插电式串联混合动力电动汽车

插电式串联混合动力汽车，也就是增程式混合动力汽车，其发动机功率较小，主要是为

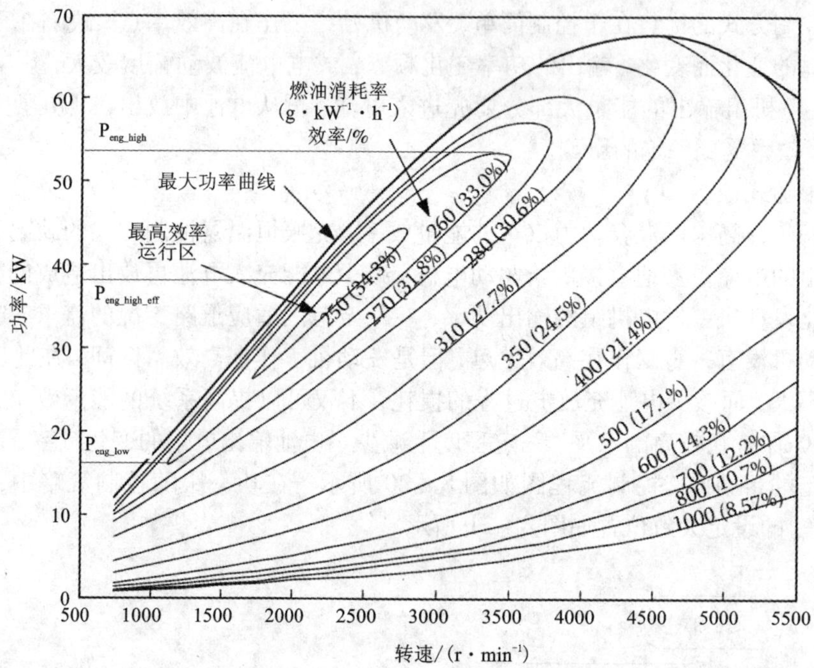

图 8－21　发动机功率变化范围

电池补充充电，起到延长纯电动汽车续驶里程的作用。在电池 SOC 接近于 100% 的初期，为了不让电池出现过充电的情况，发动机和发电机暂不启动，等到电池的电量下降到一定的值时，开始启动发动机和发电机，发动机可以按照最高效率点工作，也可以在效率下降不多的情况下，提高发动机的运行功率，以此来提高充电的功率，使续驶里程得到最大限度的延长。

8.4　并联式混合动力电动汽车

并联混合动力系统的发动机和驱动电机与车轮之间都有机械连接，两者都可以向驱动车轮提供机械驱动力，在向驱动车轮提供驱动力这个功能上处于并列的位置，如图 8－22 所示。

8.4.1　并联式混合动力电动汽车的驱动系统

并联混合动力的核心问题之一是如何将来自发动机和电动机的机械功率汇合到一起输送给车轮，实现这一功能的机构称为动力耦合装置。按照动力耦合方式的不同，并联混合动力系统可以分为转矩耦合和转速耦合两种方式。

一、转矩耦合的并联式混合动力驱动系统

转矩耦合系统的系统结构如图 8－22 所示。系统中发动机和电机两者的转速比例关系固定，转矩比例关系不固定，通过调节两者的转矩关系来调节两者的输出功率，最后汇总输送到车轮，转矩耦合装置的输入输出量如图 8－23 所示。两者的转矩、转速关系可以由式(8－6)和

式(8－7)来表示。

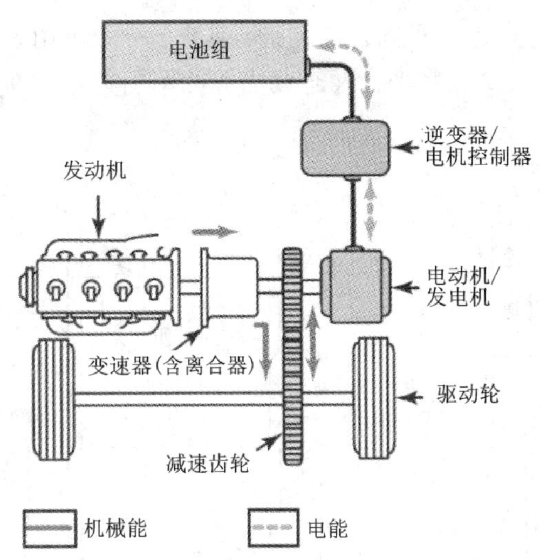

图 8－22　转矩耦合系统的结构

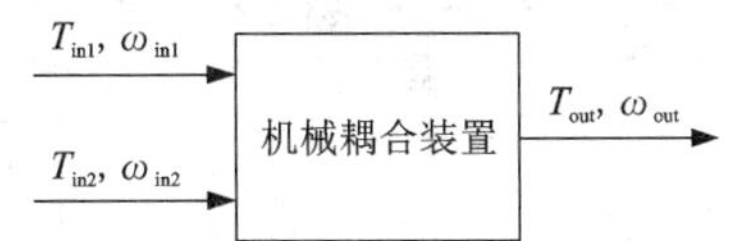

图 8－23　转矩耦合系统输入－输出关系

如果忽略机械传动损失，转矩耦合系统的两个动力源间的参数关系为：

$$T_{out} = K_1 T_{in1} + K_2 T_{in2} \tag{8-6}$$

$$\omega_{out} = \frac{\omega_{in1}}{k_1} = \frac{\omega_{in2}}{k_2} \tag{8-7}$$

在转矩耦合的并联式混合动力驱动系统中存在各种各样的结构。最常见的转矩耦合机构是齿轮系统和传动轴，它们可分类为两轴和单轴式设计，在每一种类内，传动装置可配置在不同的位置，并设计为不同的排挡数，从而导致相异的牵引特性。优化设计主要取决于牵引需求、发动机尺寸及其特性、电动机尺寸及其特性等。

图 8－24(a)为一个两轴式的结构设计，这种结构通过齿轮传动将发动机和电动机的转速范围调节到一个相互匹配的范围，然后再通过变速器的不同挡位调节发动机的工况，以提高发动机的工作效率。

对于转矩耦合的并联式混合动力驱动系统而言的，简单且紧凑的构造是单轴结构，其中，电动机转子起着转矩耦合装置的作用。在式(8－1)和式(8－2)中，$K_1=1$ 和 $K_2=1$。传动装置可安置在电动机的后端，该电动机通过离合器与发动机相连，如图 8－24(b)所示，也可安置在发动机和电动机之间，如图 8－24(c)所示。前者的结构被称为"前传动装置"(电动机在传动装置之前)，而后者的结构被称为"后传动装置"(电动机在传动装置之后)。

在前传动装置结构中，发动机转矩和电动机转矩两者均由传动装置调节，此时，发动机和电动机必须有相同的转速范围。这一结构常用于使用小型电动机的情况，被称为轻度混合动力驱动系统，其中，电动机发挥着发动机的起动机、发电机、发动机的动力辅助机和再生制动的功能。

然而，在如图 8－24(c)所示的后传动装置结构中，当电动机转矩直接传递给驱动轮时，传动装置仅能改进发动机转矩。这一结构可用于有大范围恒功率区的大型电动机的电驱动系。传动装置仅用于改变发动机的运行工作点，以改进车辆性能和发动机的运行效率。应该注意，当车辆停止，并且电动机固定连接到驱动轮时，蓄电池组不可能由发动机通过带动电动机作为发电机而充电。

另一种转矩耦合的并联式混合动力驱动系统是分离轴间耦合的构造，其中，一个轴由发动机提供动力，而另一轴则由电动机提供动力(图 8 – 25)。来自两个动力源的牵引力通过车辆底盘和行车道路相加。

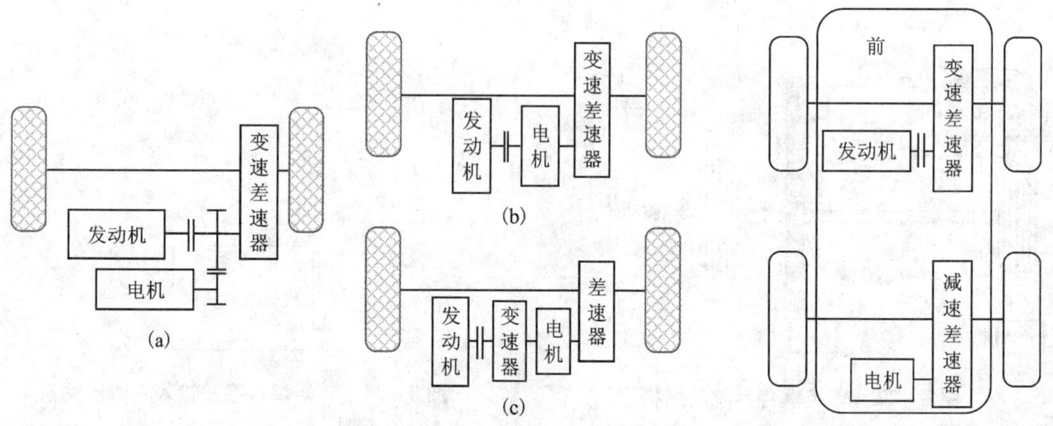

图 8 – 24　齿轮及轴转矩耦合系统典型结构　　**图 8 – 25　分离轴耦合系统**

分离轴的构造使电动汽车具有了某些传统车辆的优点。它保持了原始发动机和传动装置不变，并在另一轴上附加了一个电牵引系统。它也有四轮驱动形式，由此可优化在光滑路面上的牵引力，且减小了作用于单个轮胎上的牵引力。

然而，电设备和末端差速齿轮系占据了可观的空间，致使有效的乘客和行李装载空间减小。但若电动机传动装置是单挡的，并以放置在两驱动车轮内的两个小尺寸的电动机替代该电动机，则可以解决这一问题。应该注意，当车辆处于停止状态时，蓄电池组不可能由发动机予以充电。

二、转速耦合并联混合动力驱动系统

转速耦合的并联式混合动力驱动系统的两个动力装置之间的转矩比例关系是固定的，而转速比例关系可调，转速耦合的特性可描述为：

$$\omega_3 = K_1\omega_1 + K_2\omega_2 \tag{8-8}$$

$$T_3 = \frac{T_1}{k_1} = \frac{T_2}{k_2} \tag{8-9}$$

式中：K_1 和 K_2 是与实际设计相关联的常数，下标 1、2 为输入，下标 3 为输出，关系如图 8 – 26 所示。

两种典型的转速耦合元件如图 8 – 27 所示，一种是行星齿轮，另一种为具有浮动定子的电机(本书称为传动电机)。行星齿轮机构是一个三端口组件，由分别标记为 1、2 和 3 的中心齿轮、齿圈和行星齿轮支架构成。其三接口之间的转速和转矩关系表明该组件是一个转速耦合的器件，其中，转速、中心齿轮和齿圈相关联，并通过行星齿轮支架输出。常数 K_1 和 K_2 仅取决于每一个齿轮的半径，或每一个齿轮的齿数。

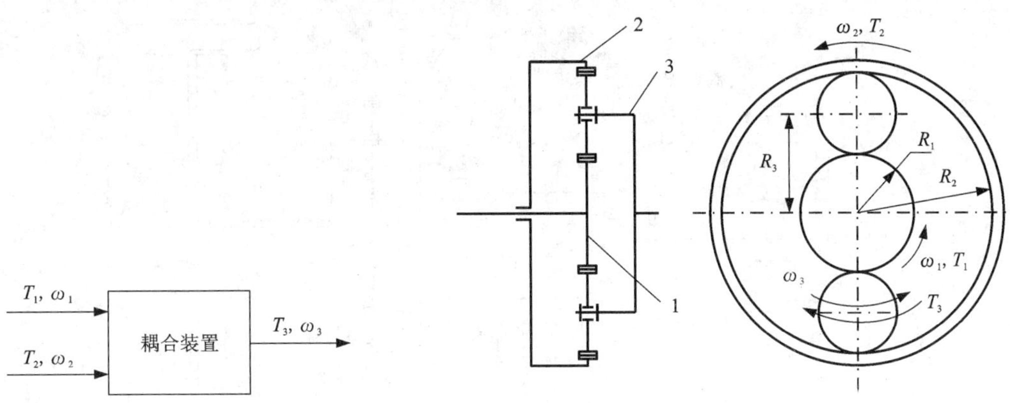

图8-26　转速耦合输入输出关系　　　　**图8-27　单排行星齿轮**

单排行星齿轮系的转速转矩关系满足以下方程：

如果

$$i_g = \frac{R_2}{R_1} = \frac{Z_2}{Z_1} \tag{8-10}$$

有

$$\omega_1 + i_g\omega_2 - (1 + i_g)\omega_3 = 0 \tag{8-11}$$

所以

$$\omega_3 = \frac{1}{1 + i_g}\omega_1 + \frac{i_g}{1 + i_g}\omega_2 \tag{8-12}$$

根据能量守恒

$$T_1\omega_1 + T_2\omega_2 + T_3\omega_3 = 0 \tag{8-13}$$

所以

$$T_3 = -(1 + i_g)T_1 = -\frac{1 + i_g}{i_g}T_2 \tag{8-14}$$

在图8-28中，发动机通过离合器和传动装置向中心齿轮供给动力，传动装置用以调整发动机的转速-转矩特性，以匹配牵引的要求。电动机通过一对齿轮向齿圈供给动力。锁止器1和2用来将中心齿轮和齿圈锁定在静止的车梁上，以满足不同运行模式的需要。该转速耦合的并联式混合动力驱动系统可满足的运行模式如下：

(1)混合牵引：当锁定器1和2都释放时，中心齿轮和齿圈可以旋转，于是，发动机和电动机两者都向驱动轮供给正向转速和转矩(正向动力)。

(2)发动机单独牵引：当锁定器2将齿圈锁定在车梁上，而锁定器1被释放时，仅发动机向驱动轮供给动力。

(3)电动机单独牵引：当锁止器1将中心齿轮锁定在车梁上(发动机关闭，或离合器脱开)，而锁止器2被释放时，仅电动机向驱动轮供给动力。

(4)再生制动：锁止器1置于锁止状态，发动机关闭或离合器脱开，且操纵电动机处于发电运行状态(负转矩)，车辆的动能或位能可由电机吸收发电并充入电池中。

(5)蓄电池由发动机充电：当电机控制器对电动机设定负向转矩，电动机处于发电状态，从发动机吸收能量对蓄电池充电。

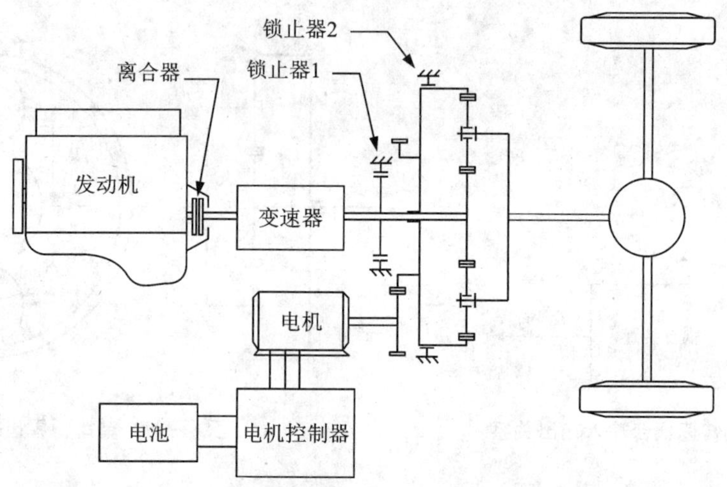

图 8-28　单排行星齿轮转速耦合系统

8.4.2　并联式混合动力驱动系统的特点

并联式混合动力驱动系统具有如下主要特点:

(1)发动机通过机械传动机构直接驱动汽车,无机械能→电能的转换损失,因此发动机输出能量的利用率相对较高,如果汽车行驶工况能保证发动机在其最佳的工作范围内运行时,并联式混合动力驱动系统的燃油经济性要比串联式混合动力驱动系统的高。

(2)当电机仅起功率调峰作用时,电机、发动机的功率可适当减小,电池的容量也可减小。

(3)在繁华的市区低速行驶时,并联式混合动力系统可通过关停发动机、以纯电动方式运行实现零排放,但这就需要有功率足够大的电机,所需电池的容量相应也要大。

(4)发动机与电机并联驱动时,还需要动力复合装置的传动机构,机构及其控制较为复杂。

(5)并联混合动力驱动系统与车轮之间直接机械连接,发动机的运行工况会受车辆行驶工况的影响,所以车辆在行驶工况频繁变化的情况下运行时,发动机要么可能不在其最佳工作区域内运行,要么需要发动机频繁启动和停止,系统的工作模式切换频繁,其油耗和排放指标可能不如串联式混合动力系统。并联式混合动力系统最适合于汽车在中、高速工况下稳定行驶。

8.4.3　并联式混合动力驱动系统的控制方法和控制策略

一、并联式混合动力驱动系统的两种基本控制模式

(1)发动机辅助混合动力模式。这种模式主要利用电池-电机系统来驱动车辆,仅当以较高的巡航速度行驶、爬坡和急加速时才使发动机启动。这种控制模式的优点是大多数情况下车辆都是用电池的电能来工作,车辆的排放和燃油消耗较少,同时发动机的起动机可以取消,利用车辆运动的惯性力启动发动机。这种控制模式的缺点是,一方面需要系统的电机功

率较大，相应的电池的容量大，电池的体积和重量大，系统成本高，另一方面由于发动机每次关机期间，发动机和催化转化装置的温度将降低，导致它们的效率降低，尾气排放增加。

在纯并联混合动力系统的实际应用中，这种结构很少。

(2)电机辅助混合动力模式。这种模式主要利用发动机来驱动车辆，电机只在两种状态下使用：一是用于瞬间加速和爬坡需要峰值功率时，可使发动机工作在最高效率区间，以降低排放和减少燃油消耗；二是在车辆减速制动时电机被用来回收车辆的制动动能对电池进行充电。这种模式的主要缺点是车辆不具备纯电动模式，在行驶过程中若经常加速，电池的电能持续消耗而不能得到及时补充，达到最低限度则会失去电机辅助能力，驾驶员会感到车辆动力性能有所降低。

采用这种模式系统由于增加的电机功率不是很大，电池的容量和体积也不是很大，成本增加不是很高，实际应用较多，主要是轻度、中度混合动力系统。

二、典型控制策略

并联混合动力系统的控制策略与系统的混合度有很大关系，控制策略包括发动机和电机的输出功率分配控制和系统的各种工作状态之间切换的协调控制，本书主要介绍混合度属于轻度和中度、电机助力型并联混合动力系统的发动机和电机之间的功率分配控制策略。系统的典型结构如图 8－24(b)所示。

(1)控制的目标。

①满足驾驶性能的需求(爬坡、加速、高速巡航等)。

②达到最高的系统能量效率和较低的排放水平。

③在任何工况下保持电池的 SOC 处于预设的区间。

④尽可能多地回收制动能量。

(2)并联混合动力系统的一般工作模式。

并联混合动力系统的典型工作模式包括：发动机单独驱动、电机单独驱动、发动机和电机共同驱动、发动机驱动并带动电机发电以及制动能量回收几种典型的工作模式。

图 8－29 表示并联混合动力系统的总体控制框架，整车控制器处于控制系统的最顶层，接受来自发动机控制器、电机控制器、制动控制器、电池管理系统、离合器控制器以及变速器控制器等的信息，加上加速踏板、制动踏板等传感器信息，决定系统的工作模式以及发动机的油门大小、电机的输出转矩及转速、离合器的状态和变速器的挡位等。

(3)典型转矩耦合并联系统的控制策略

①驱动模式发动机转矩控制策略。

当车辆运行于频繁停车－启动的工况下时，为了启动车辆，电源必须向驱动系统频繁地输出功率。为了维持电池的电量平衡，使汽车保持良好的启动加速性能，必须维持电源在较高的荷电状态。

电池较高荷电状态保持控制策略下发动机的转矩如何进行控制可通过图 8－25 进行说明，图中，将发动机的输出转矩在万有特性曲线上进行分区，在某一转速下(如 n_2)，将最大转矩线 1 和大转矩下边界线 3 之间的工况区域划为大转矩区，大转矩边界线和小转矩上边界线之间的工况区域划为中等转矩区，小转矩边界线以下的工况区域划为小转矩区。图中还包括发动机的最大转矩线和发动机在各个转速下的最优效率工作线。

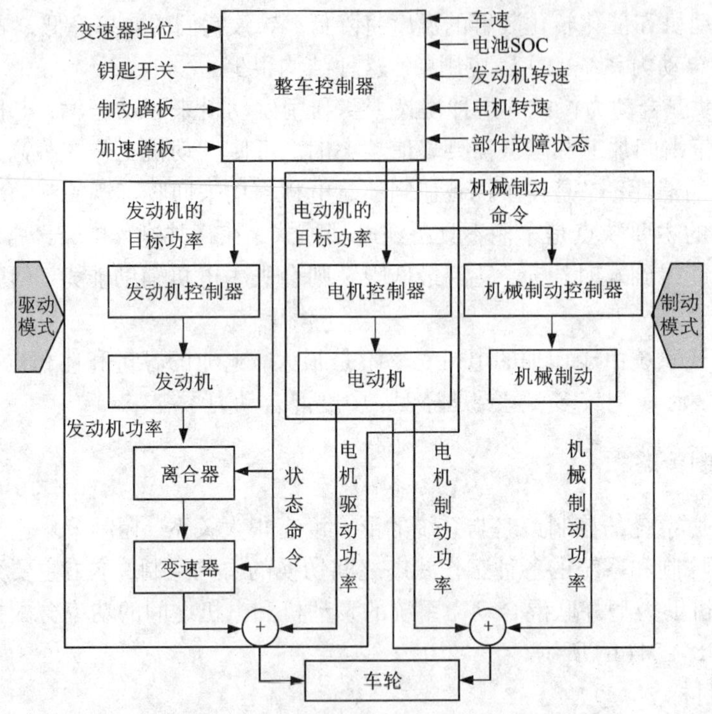

图 8－29 并联混合动力汽车的总体控制框架

电机单独驱动模式：车速小于预设的值 $V_{\min}$，发动机转速处于 0 到 n_1 范围，发动机将不能稳定地运转，所以让发动机处于关闭状态，由电动机单独驱动汽车行驶；或者驾驶员的需求转矩较小，小于发动机的最低工作转矩线（如图中的 D 点），且电池的 SOC 处于高位状态，这种情况下发动机也处于关闭状态，由电动机单独驱动汽车行驶。

设发动机转矩为 T_{eng}，电机转矩为 T_{mot}，驾驶员需求转矩为 T_{req}，电池充电消耗发动机转矩为 T_{cha}：这种工作模式下，以上各个转矩之间的关系为：

$$T_{req} = T_C$$

$$T_{eng} = 0$$

$$T_{mot} = T_{req}$$

$$T_{cha} = 0$$

混合驱动模式：在图 8－30 中，设发动机处在某一转速 n_3，驾驶员的需求转矩处于发动机的大转矩区域（如 A'），或者驾驶员的需求转矩点在发动机的最优工作线之上（如 A 点），如果电池的 SOC 处于中高水平，为了使发动机的效率较高，采用发动机和电动机共同驱动汽车行驶，并且尽量使发动机工作在最优工作线上（如图中的 b 点），此时驾驶员需求转矩、发动机、电动机以及电池充电消耗的转矩和驾驶员需求转矩之间的关系为：

$$T_{req} = T_A$$

$$T_{eng} = T_b$$

$$T_{mot} = T_{req} - T_{eng} = T_A - T_b$$

$$T_{cha} = 0$$

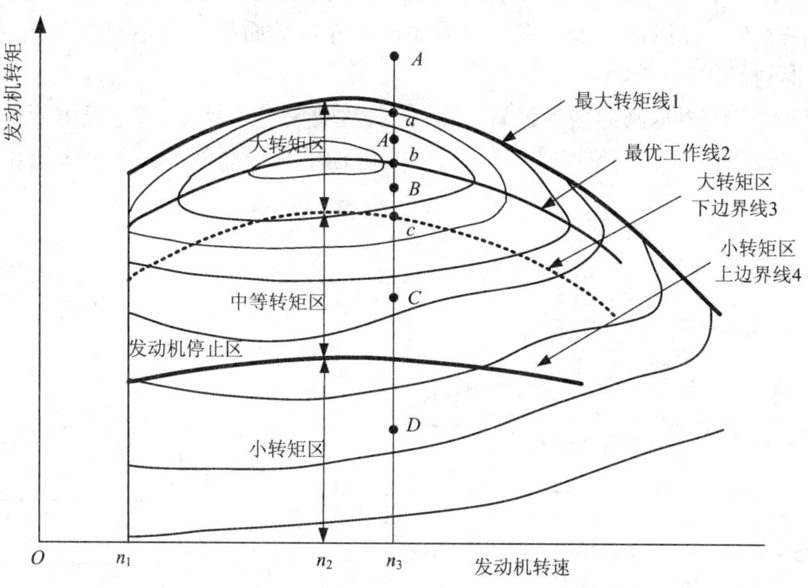

图8－30　发动机转矩控制原理图

单发动机驱动模式：图8－25中，设发动机转速为n_3，当驾驶员的需求转矩处于发动机最优工作线2和发动机小转矩线4之间，如图中的B或者C点，且电池的SOC处于高位状态，这种情况下采用发动机单独驱动汽车行驶，这种模式下各个转矩之间的关系为：

$$T_{\mathrm{req}}=T_{\mathrm{B、C}}$$
$$T_{\mathrm{eng}}=T_{\mathrm{B、C}}$$
$$T_{\mathrm{mot}}=0$$
$$T_{\mathrm{cha}}=0$$

或者虽然电池的SOC处于低位状态，但驾驶员的需求转矩处于高转矩，如图中的A点或者A'点，发动机的最大转矩无法满足驾驶员的需求，或者发动机的转矩满足驾驶员的需求后剩下的储备转矩很小，不能用于驱动电机进行发电，这时也采用发动机单独驱动车辆的模式。需要说明的是需求转矩到达A点，而电池SOC却处于低位的情况是在设计整车系统参数以及电池SOC工作范围时应尽量避免的情况，因为这样会让驾驶员感觉到整车的动力性能下降，需求转矩得不到满足。

发动机驱动并对电池充电模式：图8－30中，设发动机转速为n_3，电池的SOC处于低位状态，需要对电池进行补充充电。如果驾驶员的需求转矩处于图8－30中的B、C或D点位置，那么可以提高发动机的输出，使发动机尽量靠近最优工作线工作，剩下的输出转矩则由电机吸收进行发电，为电池补充充电，此时各个转矩之间的关系为：

$$T_{\mathrm{req}}=T_{\mathrm{B、C、D}}$$
$$T_{\mathrm{eng}}=T_{\mathrm{b}}$$
$$T_{\mathrm{mot}}=T_{\mathrm{req}}-T_{\mathrm{eng}}=T_{\mathrm{B、C、D}}-T_{\mathrm{b}}$$
$$T_{\mathrm{cha}}=-T_{\mathrm{mot}}$$

需要说明的是，当驾驶员需求转矩接近发动机最优工作线，如图8－30中的B点，如果把发动机的输出调节到最优工作线上，会出现电机的发电功率很小的情况，电机的发电效率会较低，这种情况下可以适当提高发动机的输出转矩，从而提高发电机的发电功率，使系统的整体效率得到优化。

图 8 - 31 中，P_b 表示制动踏板位置；T_{req} 表示驾驶员需求转矩；T_{top} 表示当前发动机转速下的最高效率转矩；SOC_{low}、SOC_{mid}、SOC_{high} 以及电池的工作区间如图 8 - 32 所示。

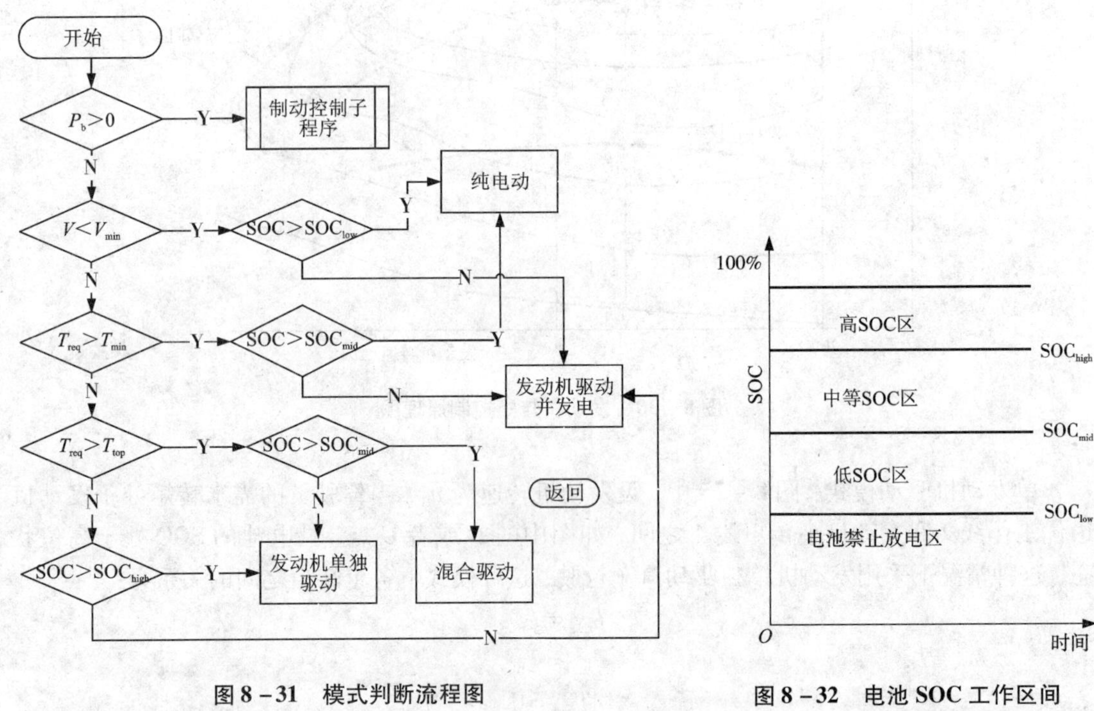

图 8 - 31　模式判断流程图　　**图 8 - 32　电池 SOC 工作区间**

8.5　混联式混合动力电动汽车

8.5.1　混联式混合动力电动汽车的驱动系统

混联式混合动力驱动系统兼有串联式和混联式两种驱动系统的特点，典型的混联式混合动力系统为功率分流式，它通过行星齿轮机构来进行功率分流。来自发动机的一部分功率可以通过发电机发电后传送到电力驱动系统，另一部分能量则通过机械结构，与来自电机的驱动功率相加后传送到车轮。常见的功率分流式混联式混合系统如图 8 - 33 所示。所谓功率分流，是指当发动机工作时，发动机的功率一部分通过发机 MG1 转变成电能输送给电机MG2，或者送入电池包对电池进行充电；另一部分发电机功率则通过行星齿轮和减速齿轮直接输送到车轮，与电机 MG2 的功率一起驱动汽车行驶。系统通过电机 MG1 和行星齿轮对发动机的工作转速进行调节，同时也通过电机 MG2 与发动机进行转矩分配，调节发动机的输出转矩点，从而最终使发动机尽量处于高效率工况，以此提高系统的能量效率。由于系统可以对发动机转矩和转速同时进行调节，相当于对发动机的功率进行调节，发动机工作于高效率工况的可能性更高。

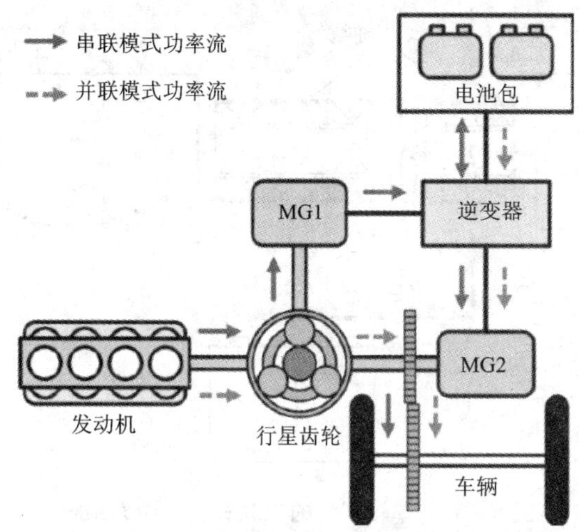

图 8－33　功率分流式混联混合动力系统

图 8－34 是行星齿轮功率分流系统的连接结构实例，发动机连接于行星齿轮的行星架上，电机 MG1 连接于太阳轮上，电机 MG2 通过减速行星齿轮减速后连接于动力分配行星齿轮的齿圈上，动力分配齿轮的齿圈则通过进一步的减速齿轮连接于差速器、半轴和车轮。

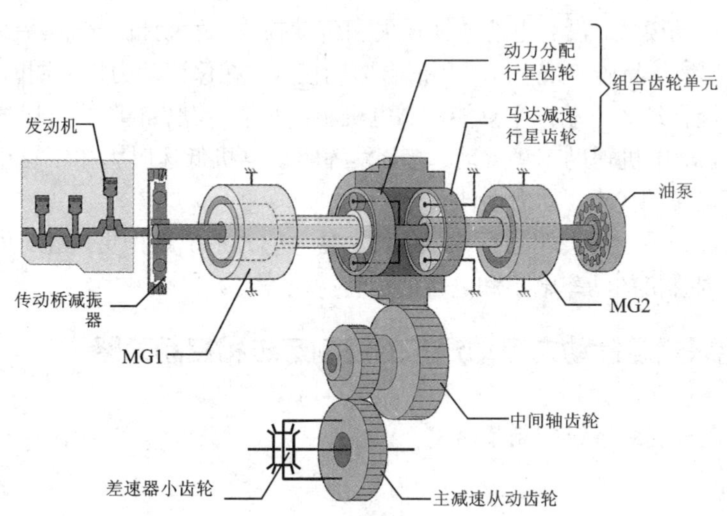

图 8－34　行星齿轮功率分流系统连接结构图

另一种典型的混联式混合动力系统是通过传动轴间进行耦合，如图 8－35 所示，当电机 EM1 处于发电状态，离合器分离，电机 EM2 驱动汽车时，系统处于串联工作模式；当电机 EM1 发电，离合器结合，发动机输入一部分转矩给电机 EM1，一部分转矩到车轮，电机 EM2 也输出转矩到车轮，系统处于发动机功率分流混合驱动模式，当内燃机和电机同时驱动汽车时，系统处于并联工作状态。

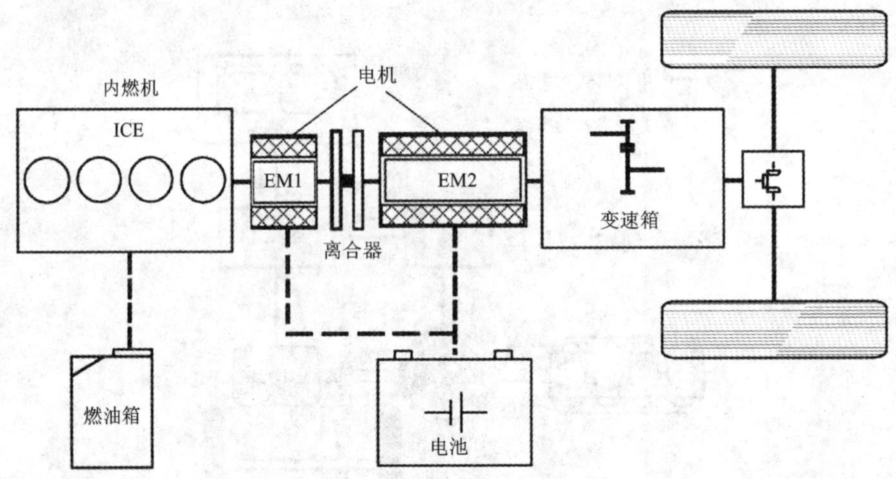

图 8－35　单轴耦合的混联式混合动力系统

8.5.2　混联式混合动力电动汽车的特点

采用混联式混合动力系统的电动汽车，起步和低速段采用纯电动和串联模式，充分利用串联式的优点，可以充分利用车辆对电能输出要求低的时间段高效率补充储能器电能，如等红绿灯、堵车等发动机怠速时段，发动机在满足相关条件情况下也可以熄火。在经济时速段采用发动机直接驱动模式，没有电能转换损失和传动损失，发动机工作在最佳工作区，效率高。在急加速、爬坡等特殊工况下，采用混合驱动模式，在保证动力性的同时兼顾系统效率。

相比串联式混合动力电动汽车只能依靠电机驱动车辆行驶，混联式可以通过优化控制策略，使发动机和驱动电机辅助车辆驱动，充分发挥驱动电机低速时大扭矩输出和高速时发动机高效率低油耗工作的优点，动力性佳。

相比并联式混合动力两套驱动系统，混联式混合动力系统结构更优化，可以更加灵活地根据工况来调节内燃机的功率输出和电机的运转。

8.5.3　混联式混合动力电动汽车的控制方法和控制策略

一、功率分流式混联系统控制策略

(1) 系统结构。

图 8－36 是单排行星齿轮功率分流式混联混合动力系统的结构。行星排是动力耦合机构，也就是功率分流器，其中行星架连接发动机，太阳轮连接电机 MG1，这两者是功率分流器在驱动工况下的输入端，以齿圈作为输出端，实现了发动机和电机 MG1 的转速耦合。

发动机通过齿轮 Z_1，Z_2，Z_4 和 Z_5 连接到差速器。电机 MG2 通过齿轮 Z_3，Z_2，Z_4 和 Z_5 连接到差速器。发动机和电机 MG2 的转矩在齿轮 Z_2 处汇合后共同经过 Z_4 和 Z_5 传到差速器，实现了两者转矩的耦合。

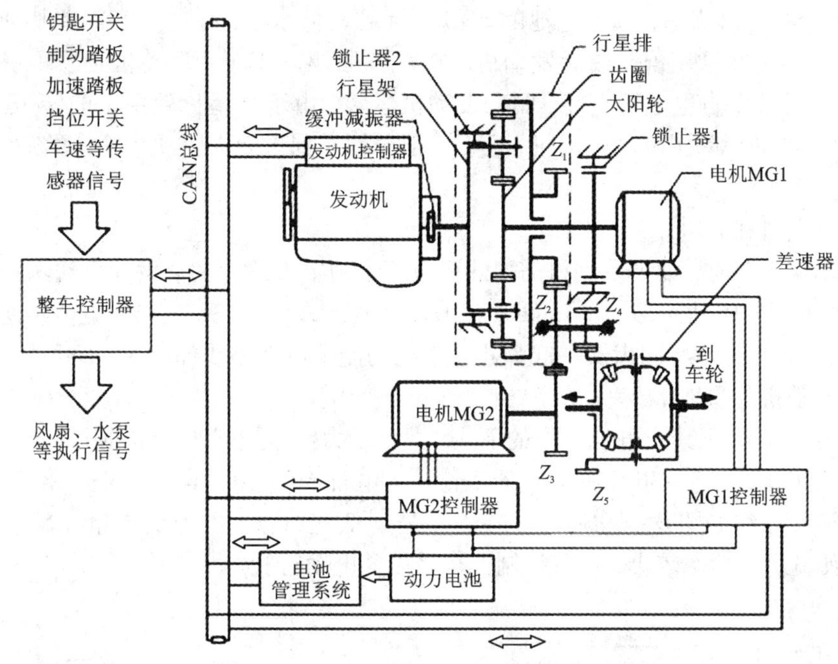

图 8-36　功率分流混联系统控制结构

锁止器 1 和锁止器 2 不能同时锁止，其中至少一个应处于松开状态。锁止器 1 锁止时，太阳轮固定，电机 MG1 停止工作，发动机和电机 MG2 可以并联工作；锁止器 2 锁止时，发动机停止工作，电机 MG1 和电机 MG2 可以共同驱动汽车或其中一个电机单独驱动汽车，实现纯电动工况。两个锁止器都松开时，系统以功率分流模式工作。

(2) 系统工作模式及控制策略

①发动机启动。

当电池的 SOC 较低，无法单独驱动汽车起步时，或者驾驶员的起步加速转矩需求很大时，需要启动发动机时，图 8-36 中的两个锁止器松开，而齿圈和汽车都保持静止，电机 MG1 作为电动机工作，吸收来自电池的电能，通过行星齿轮的中心轮带动连接在行星架上的发动机运转，系统的能量流动路线如图 8-37(a) 所示。

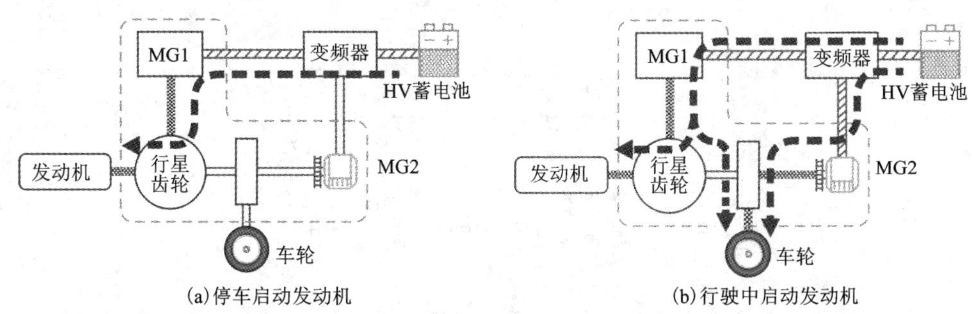

图 8-37　发动机启动过程中的系统能量流动路径

在汽车行驶过程中，当汽车处于纯电动工况下，车速超过一定限值，驾驶员的需求转矩超出电机 MG2 的输出范围，或者电池的 SOC 下降到较低水平，这时汽车需要从纯电动行驶工况过渡到发动机驱动工况，或者发动机和电机并联驱动工况，发动机必须很快被启动起来，电机 MG1 接收来自电池的电能，驱动发动机运转，由于行星齿轮系中的转矩必须平衡，所以电机 MG1 的功率除了驱动发动机，还有一部分输送到齿圈去驱动车轮，系统的能量流动路线如图 8－37(b)所示。

②发动机热机和充电。

在汽车车速为 0 时，如果发动机需要热机或蓄电池需要充电时，发动机输送功率到行星架、行星轮、太阳轮驱动 MG1 运转，MG1 吸收功率处于发电状态，发出的电能经逆变器后向电池充电。这时电机 MG2 同齿圈一起静止。系统的能量流动路线如图 8－38 所示。

③汽车电动机起步。

如果电池 SOC 大于禁止电池工作的下线，混合动力汽车的起步通常使用纯电驱动，燃油发动机不参与工作，图 8－36 中的锁止器 2 锁止。电机 MG2 由蓄电池供电，驱动汽车行驶，系统的能量流动路线如图 8－39 所示。在汽车处于低速行驶，电池的电量比较充分的情况下，如果驾驶员需求功率较小，也可控制汽车采用纯电动行驶。

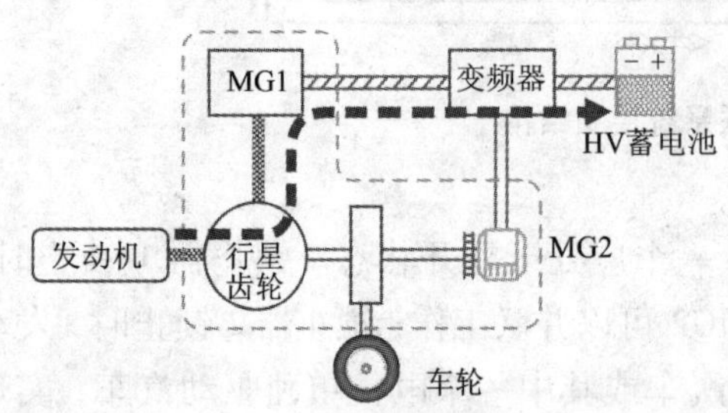

图 8－38　停车充电模式下系统的能量流动

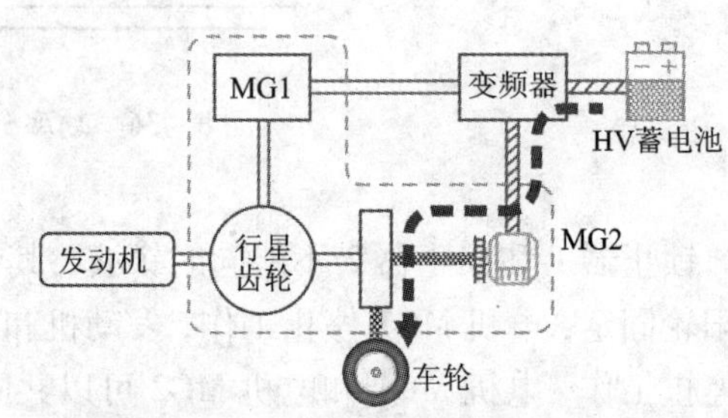

图 8－39　纯电动工况下的系统能量流动路线

④发动机驱动并发电(多用于加速结束后，以一定速度行驶的工况)。

当电池的 SOC 处于较低水平，再向电机供电就会产生过度放电的情况下，如果行驶车速不是很高，行驶需求功率不大，为了及时补充电池的电量，采用发动机驱动汽车，并同时带动发电机 MG1 发电，给电池补充充电。电机 MG2 处于空转状态，不消耗来自电池的能量。系统的能量流动路径如图 8－40 所示。

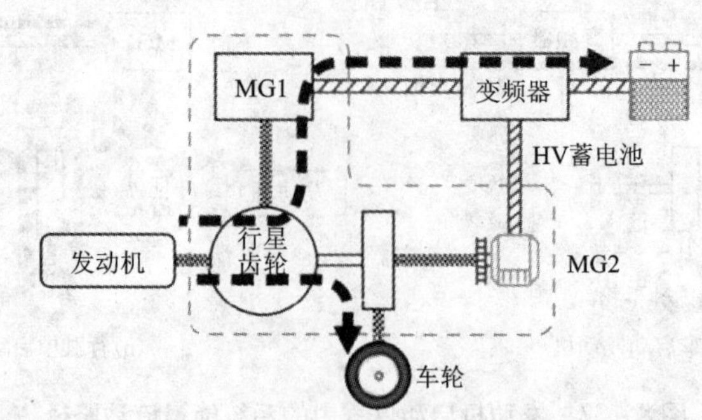

图 8－40　发动机驱动并向电池充电时的能量流动路线

⑤发动机单独提供驱动能量。

当电池的 SOC 较高，汽车行驶在中高车速，发动机将会工作在高效率工况，但是如果将图 8－36 中的锁止器 1 锁止，发动机的工作转速受到车速的限制，将难以工作在高效率工况，所以此时采用电机 MG1 对发动机进行调速，使发动机尽量工作在高效率点上，而 MG1 发出的电能通过变频器送给电机 MG2 驱动车轮。这种模式下，所有驱动车轮的功率都来自发动机，所以可以归入发动机单独提供驱动功率的驱动模式。系统的能量流动路线如图 8－41(a)所示。

如果发动机的工作转速和转矩能够落在高效率工作区，可以使图 8－36 中的锁止器 1 锁止，电机 MG1 静止，电机 MG2 空转，发动机通过行星齿轮减速后直接驱动车轮行驶，如图 8－41(b)所示。

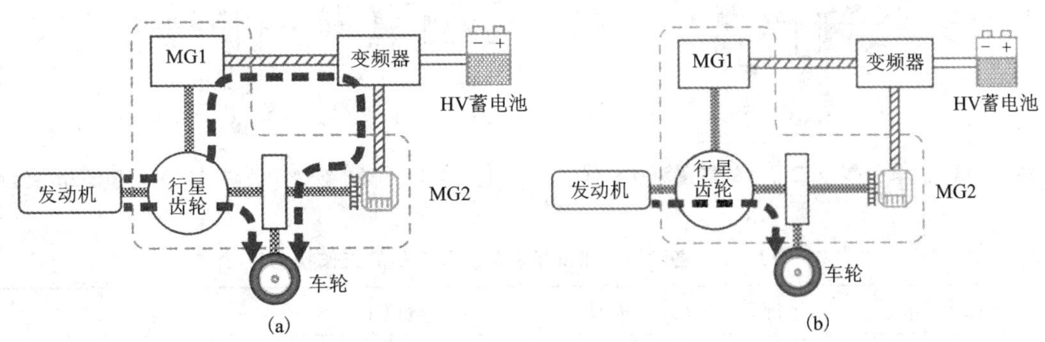

图 8－41　发动机单独提供驱动功率时的能量流动路线

⑥发动机和电动机并联驱动。

如图 8－42 所示，当汽车需要大转矩或急加速起步前进时，发动机和电动机同时参与工作。图 8－36 中的锁止器 1 和锁止器 2 都松开，发动机的功率一部分用于驱动汽车行驶，一部分流入电机 MG1 发电，发出的电能经过变频器后与来自电池的电能一起供给电机 MG2 驱动汽车行驶。此时电机 MG1 的作用是调节发动机的工作转速，避开效率不佳的低速和高速工况。

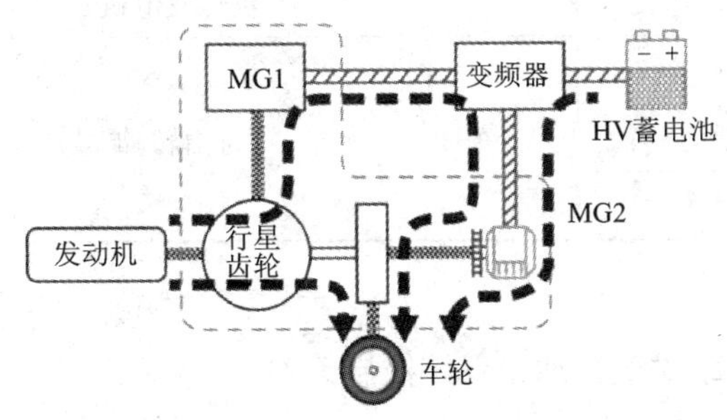

图 8－42　并联驱动下的系统能量流动路线

⑦大转矩需求(有很大转矩需求)。

在需要很大转矩需求的工况下，当发动机工作于较经济的转速下，为了发挥动力系统的全部转矩潜力，在电池 SOC 较高的情况下，发动机、电机 MG1 和电机 MG2 都参与驱动，系统达到最大的驱动转矩，系统的能量流动路线如图 8－43 所示。

⑧制动能量回收。

汽车制动、下坡行驶时，通常采用制动能量回收模式工作，此时发动机停止工作。

电机 MG2 以发电模式工作，将汽车的动能转变成电能向电池充电，系统能量流动路线如图 8－44 所示。

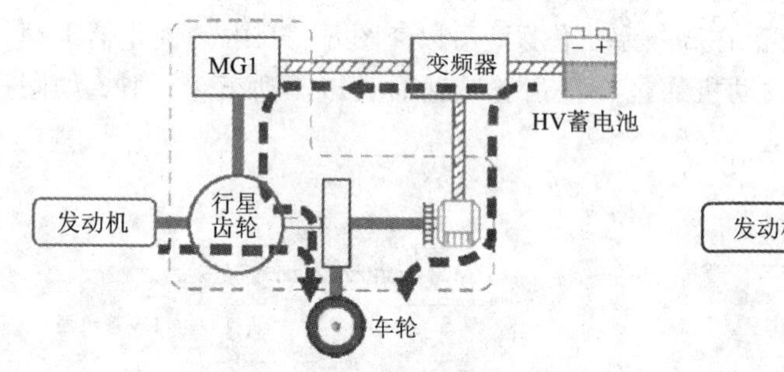

图 8－43　大转矩需求工况下的能量流动路线

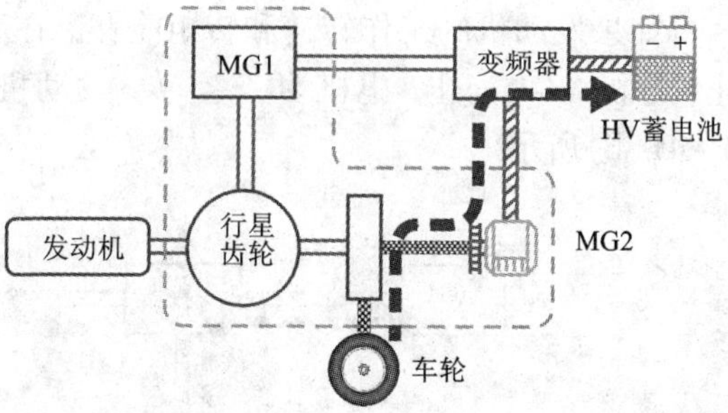

图 8－44　制动能量回收模式下的能量流动路线

表 8－5　各种运行工况下发动机和电机的工作状态

运行工况	子工况	发动机	电机 1	电机 2
纯电动	SOC 较高	关闭	自由转动	电动机
	SOC 较低	运行	反转发电机	
巡航	低速巡航	运行	反转发电机	
	中速巡航		正转发电机	
	高速巡航		正转发电机	发电机
爬坡	无	运行	反转发电机	电动机
加速	低速加速	运行	反转发电机	电动机
	中高速加速		正转发电机	
制动	电机制动	关闭	自由转动	发电机
	联合制动			
	液压制动			自由转动

二、传动轴耦合式混联式混合动力系统控制策略

对于图 8－45 所示的混联式混合动力系统，在离合器结合状态下，发动机、ISG 电机和电动机之间的转速关系固定，三者之间进行转矩分配调节。系统可以实现纯电动、发动机单独驱动、串联驱动、并联驱动各种工作模式。系统的基本工作模式和相应的能量分配控制策略如表 8－6 所示，对应的系统能量流动路径如图 8－46 所示。

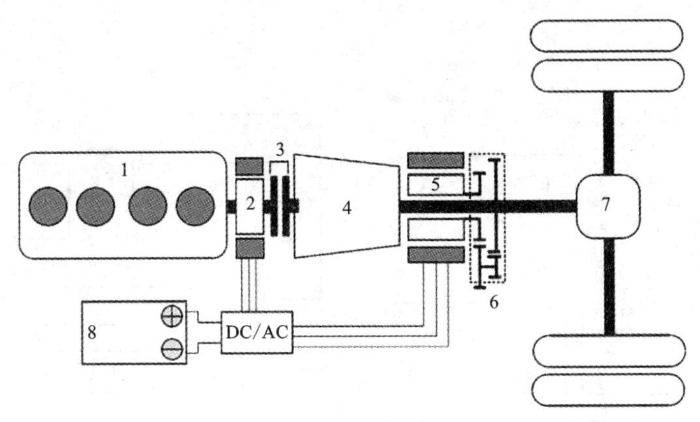

图 8－45　传动轴耦合混联式混合动力系统结构

1—发动机；2—ISG；3—离合器；4—变速箱(1 挡改造)；5—驱动电机；6—扭矩耦合器；7—驱动桥；8—电池

表 8－6　混联式混合动力汽车行车工况、工作模式及能量流动路径图对应关系

能量流动路径图	行驶工况	电池状态	工作模式	发动机	离合器	电机 1	电机 2
图 8－46(a)	低速	SOC 中高，放电	纯电动	不工作	分离	不工作	驱动
图 8－46(b)	低速高负荷	SOC 中上，充电	串联联合驱动	工作	分离	发电	驱动
图 8－46(c)	低速	SOC 低，充电	串联驱动并充电	工作	分离	发电	驱动
图 8－46(d)	高速大负荷	SOC 正常，不工作	发动机单独驱动	工作(处于高效率工作区)	结合	不工作	不工作
图 8－46(e)	加速	SOC 正常，放电	并联联合驱动	工作	结合	不工作	工作
图 8－46(f)	高速小负荷	SOC 低，充电	发动机驱动并发电	工作	结合	发电	不工作
图 8－46(g)	制动或减速	SOC 不超过设定值，充电	制动能量回收	不工作	分离	不工作	发电

对于基于模式控制的并联式混合动力汽车能量管理策略，可以通过多种控制规则实现不同模式之间的迁移。下面介绍一种将发动机控制在一个优化的工作区域的控制策略，这种控制方式以转矩需求和电池的荷电状态作为输入参数，以一定的规则将发动机的优化工作区域限定在两个转矩值之间，并满足维持电池荷电状态的需要。如图 8－47 所示，将电池的荷电状态划分为 3 个区域：$[0, L_{soc}]$、$[L_{soc}, H_{soc}]$和$[H_{soc}, 1]$，需求转矩划分为 4 个区域$[0, T_{ice-lo}]$、$[T_{ice-lo}, T_{ice-hi}]$、$[T_{ice-hi}, T_{ice-max}]$和$[T_{ice-max}, \infty]$的控制策略。其中 T_{ice-lo}表示发动机优化工作转矩低限，*TICE－HI* 表示发动机优化转矩高限。采用这种控制策略，发动机被尽量控制在一个燃油消耗率较低和排放较优的区域工作。另外一种优化控制的方式是将发动机的转矩控制在最优转矩曲线附近。图 8－48 显示了一种“优化控制线”类型的并联结构混合动力汽车模式迁移的基本方法。从某种意义上，“优化线”控制方式也是“优化区域”控制策略的一种。因为在实际的应用中，发动机的实际转矩会被控制在一个在优化线附近的误差范围内，即优化线被定义为一个允许的较小转矩波动区域。采用“优化线”控制能够减少发动机转矩波动带来的燃油损失和动态特性问题，缺点是增加了并联模式下电能量流动的机会，从而可能导致较多的电能量传递损耗和电池损伤。

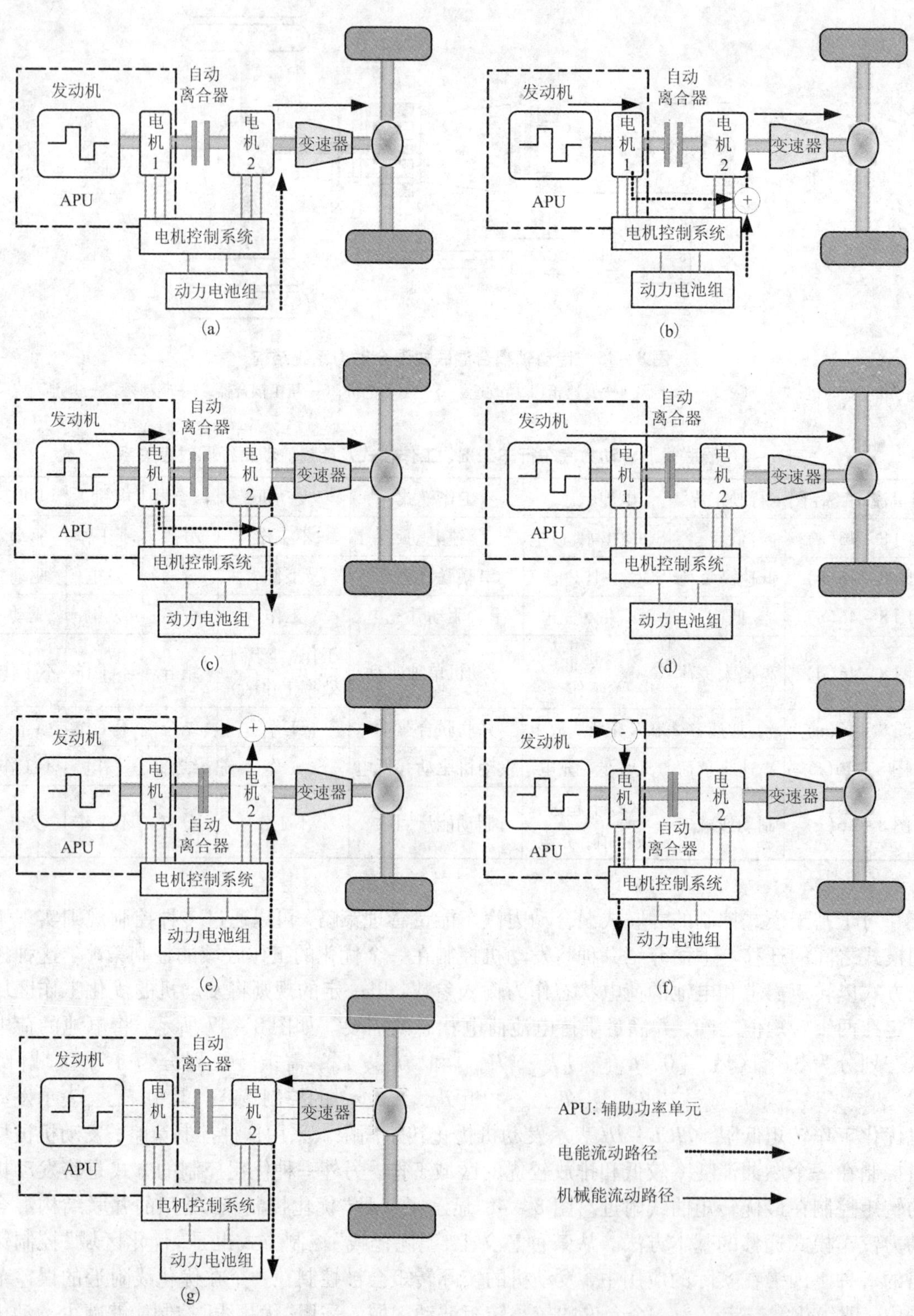

图 8－46 传动轴耦合混联式混合动力系统不同工作模式下能量流动路径

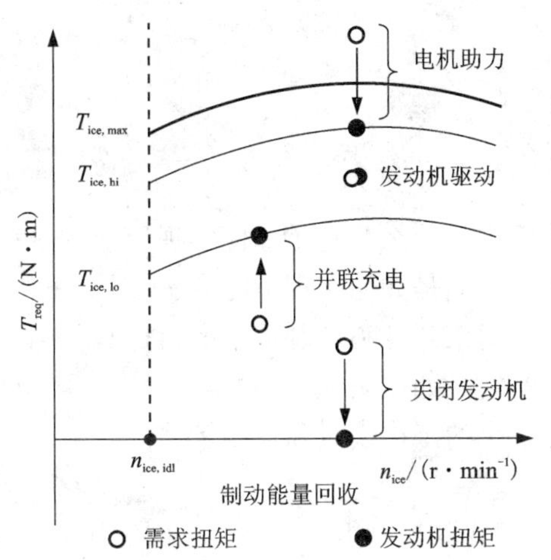

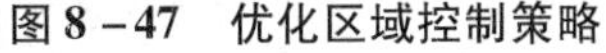

图 8－47 优化区域控制策略

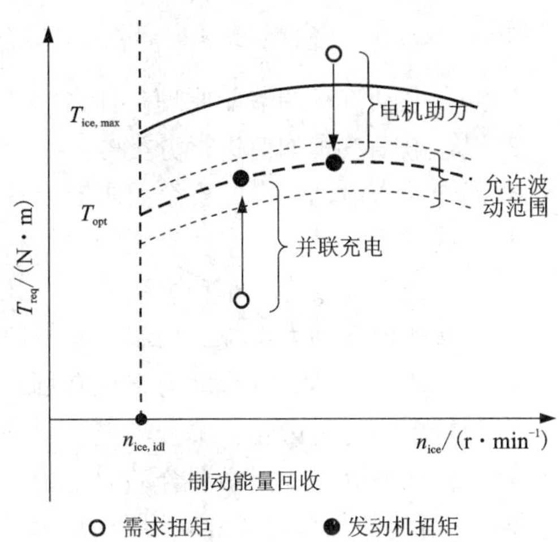

图 8－48 优化线控制策略（SOC 正常范围）

如图 8－49 所示为并联子模式迁移规则。在该模式迁移规则中包含了荷电维持规则，当 SOC 小于低限值 L_{SOC}时，如果需求转矩在发动机转矩范围之内，发动机的转矩会被增加至一个较高的范围，这部分增加的转矩即为发电转矩；如果需求转矩超出发动机的转矩范围，发动机则被维持工作在外特性曲线上，同时电机不提供动力，以阻止电池荷电的衰减。当电池 SOC 在正常范围，发动机的转矩被调谐至最优曲线附近，电机则根据需求转矩以助力或发电工况运行。当 SOC 超过了最高限值 H_{SOC}，如果需求转矩大于发动机优化转矩，则发动机被控制工作在优化转矩，电机提供额外的助力驱动车辆；如果需求转矩小于发动机优化转矩，则车辆被发动机单独驱动，以避免电池系统过度充电。

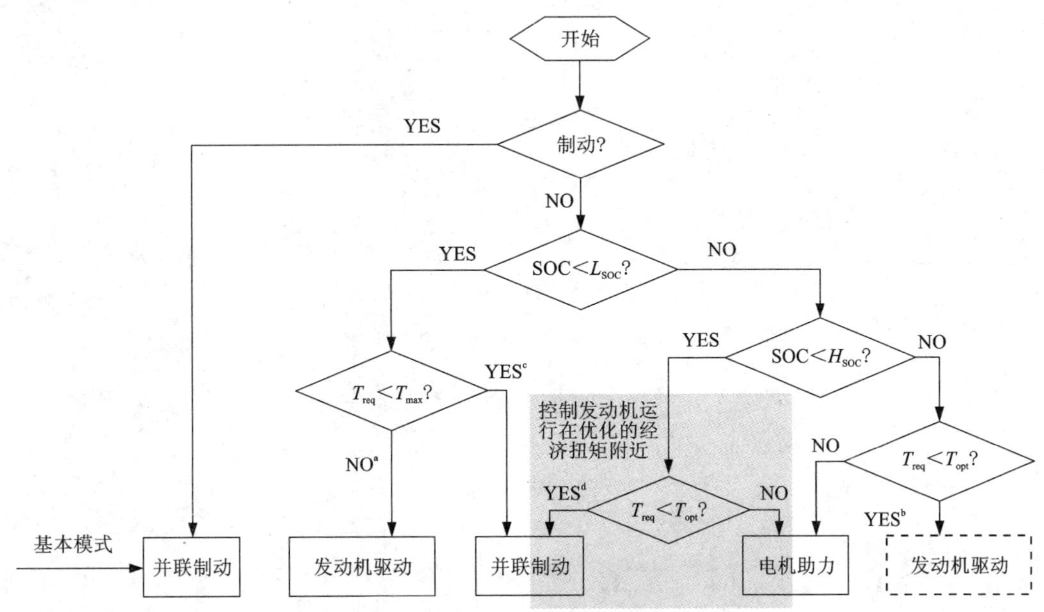

图 8－49 混联式混合动力系统模式迁移规则流程图

思考题

1. 混合电动汽车的节能原理是什么?
2. 混合电动汽车如何进行分类?
3. 混合动力电动汽车的安全要求有哪些?
4. 串联式混合动力汽车动力系统的结构和工作原理是什么?它是如何实现节能的?
5. 并联式混合动力汽车动力系统有哪几种结构?它们是如何实现节能的?
6. 并联式混合动力系统的控制策略一般考虑哪些约束条件和控制策略的目标是什么?
7. 混联式混合动力汽车动力系统有哪几种结构?它是如何实现节能的?
8. 分析单排行星齿轮功率分流式混联混合动力系统的工作模式和控制策略。
9. 分析功率分流式混联混合动力系统的优缺点。
10. 分析传动轴耦合式混联混合动力系统的工作模式和控制策略。

第 9 章　电动汽车的充电设备

电动机的驱动电能来源于车载可充电蓄电池或其他能量储存装置。

大部分电动汽车直接采用电机驱动，有一部分车辆把电动机装在发动机舱内，也有一部分直接以车轮作为四台电动机的转子，其难点在于电力储存技术。

电动机的驱动电能本身不排放污染大气的有害气体，即使按所耗电量换算为发电厂的排放，除硫和微粒外，其他污染物也显著减少。

类似于手机充电的 ICM 阶梯波六段式充电，具有较好的去硫化效果，可对电池首先激活，然后进行维护式快速充电，具有定时、充满报警、电脑快充、密码控制、自识别电压、多重保护、四路输出等功能，配套万能输出接口，可对所有的电动车快速充电。适用于商场、超市、医院、停车场、小区门口、路边小卖部等公共场所。

汽车充电网络建设模式，在充电设施推进过程中，亟待突破的难题就是充电服务网络布点问题。电力部门依托现有的停车场设施，因地制宜地建设微电网、分布式、综合化的可充、可换全功能充电站，可避免充电模式存在的两个短板：一是充电时间长，二是停车环境有限。

9.1　系统结构

一、电动轿车充电主电路

一般情况下，电动轿车充电机都是采用 220 V 或 380 V 交流电源，因此，在充电机的电源系统中，需要有将交流电整流成直流电的整流 AC/DC 逆变器。另外根据不同蓄电池的充电电压要求，则采用 DC/DC 转换器来进行调压。当充电需要以脉冲去极化快速充电时，为了得到去极效应，还要增加放电负载。由于电源有 220 V 和 380 V 两种，因此有两种不同的 AC/DC 逆变器，由于采用了不同的器件组合，又有带开关变压器隔离的主电路单相升压式和三相降压式两种 DC/DC 转换器。因此，总共有四种不同的组合电路结构模型，见图 9 - 1。

一般 10 ~ 15 kW 的单相、三相输入采用开关变压器隔离，具有快速充电的能力。

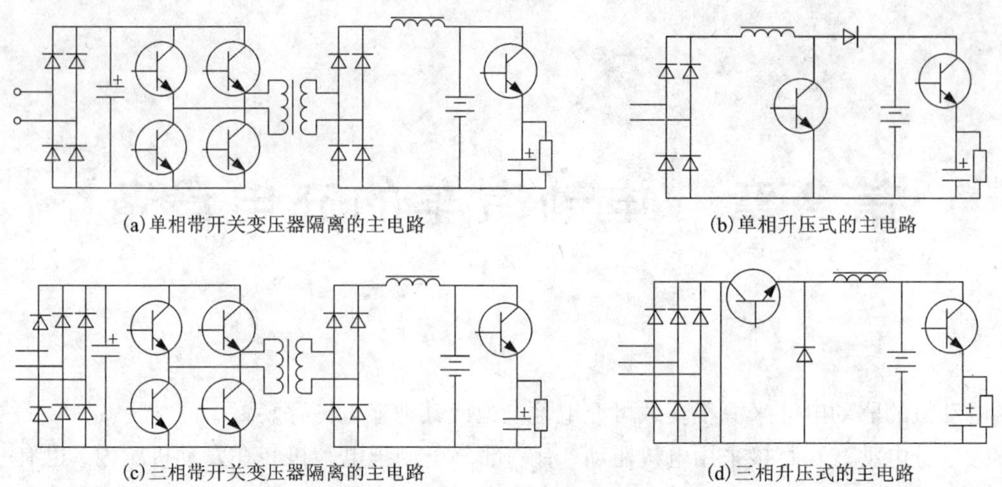

(a)单相带开关变压器隔离的主电路　(b)单相升压式的主电路

(c)三相带开关变压器隔离的主电路　(d)三相升压式的主电路

图9-1　四种组合电路结构模型

二、电动汽车快速充电

电动轿车快速充电的指标是：5 min 恢复电池放电容量的50%，15 min 达到80%。从铅酸电池的特性来看，铅酸电池在快速充电时，电动轿车电池内电阻是在大电流充电时引起电池电压升高的主要原因，也是电池在充电时发热的原因。由于电池在充电时的温度增加，充电时温度增加又促使内电阻增加，充电的电流就会减小，充电的速度就会减慢。因此，铅酸电池快速充电时，既要根据电池的内电阻，又要根据电池温度的调节参数来进行。智能快速充电机的核心是微机控制的“跟踪综合控制技术”的应用，采用一个智能控制芯片，将充电机与被充电的动力电池组组成闭合电路。针对各种类型的电池特点和动力电池组充电时的实际状态，预先设定在某一个电压下的最佳充电温度，并在充电过程中自动跟踪蓄电池可接受充电电流曲线，应用 du/dt 跟踪充电时温度的变化进行检测，来控制电池充电时的温度，使蓄电池在整个充电过程中始终保持微量析气状态，防止大量气体析出和蓄电池温度上升过快，可以加快电动轿车充电速度，节省能源，延长电动轿车蓄电池的寿命。

纯电汽车脉冲快速充电需要专用的充电设备在充电时，在一个脉冲周期内，提供一个较大的正脉冲电流和一个较小的负脉冲电流。一般需要采用脉冲充电装置微机控制，跟踪蓄电池充电的接受能力，给予足够的正脉冲电流，同时进行微量的放电，以更深层地激活电池的活性物质，并清除极板晶体，充分利用板板的容量，使蓄电池的内阻下降，有效地延长蓄电池的寿命，并对电池组每个单元电池做到均衡充电。

铅酸电池如果采用铜拉网负极板，会显著地降低板栅电阻，有效地改善电池的快速充电性能。脉冲快速充电是在充电电流中叠加一定的频率、宽度、高度的负脉冲，或短时间的中途停电，以降低浓差极化，保证在电动轿车充电过程中不会产生大量的气体，也不会发热，从而提高充电效率和缩短充电时间。

9.2　充电方法

9.2.1　恒流法

恒流法是电流维持在恒定值的充电，是一种广泛采用的充电方法(图9－2)。蓄电池的初充电、运行中的蓄电池的容量检查、运行中的牵引蓄电池的充电以及蓄电池极板的化成充电，多采用恒流或分阶段恒流充电。此法的优点是可以根据蓄电池的容量确定充电电流值，直接计算充电量并确定充电完成的时间。

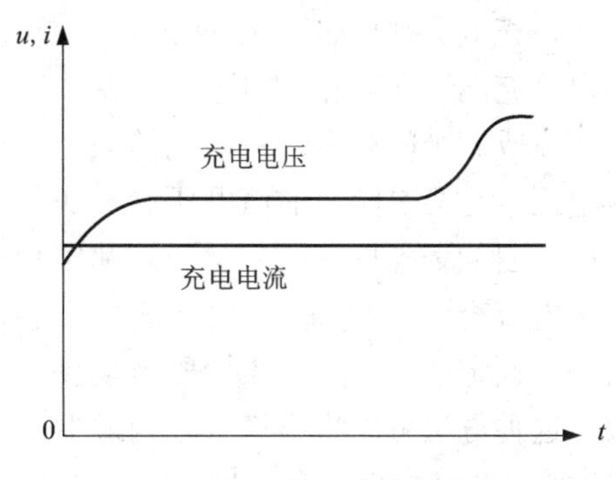

图9－2　恒流法充电过程曲线图

此充电方法有较大的适应性，可以任意选择和调整充电电流，因此可以对各种不同情况及状态的蓄电池充电(如新蓄电池的初充电、使用过的蓄电池的补充充电以及去硫充电等)，特别适用于用小电流长时间的活化充电模式。但由于此充电方法开始阶段的充电电流过小。在充电后期充电电流又过大，所以整个充电过程时间长、析出气体多、对极板的冲击大、能耗高、效率低(不超过65%)，而且整个充电过程必须有专人看管，因此，常选用阶段充电法。

9.2.2　恒压法

恒压法是指蓄电池两极间的电压维持在恒定值的充电，是一种广泛采用的充电方法。电信装置、不间断电源(UPS)等的蓄电池的浮充电和涓流充电都是恒压充电。启动用蓄电池在车辆运行时也处于近似的恒压充电的情况。其优点是随着蓄电池的荷电状态的变化，可自动调整充电电流，如果规定的电压恒定值适宜，就既能保证蓄电池的完全充电，又能尽量减少析气和失水。

充电电源的电压在全部充电时间里保持恒定的数值，随着蓄电池端电压的逐渐升高，电流逐渐减少。与恒流充电法相比，其充电过程更接近于最佳充电曲线，如图9－3所示。由于充电初期蓄电池电动势较低，充电电流很大，随着充电的进行，电流将逐渐减少，因此，只需简易控制系统。

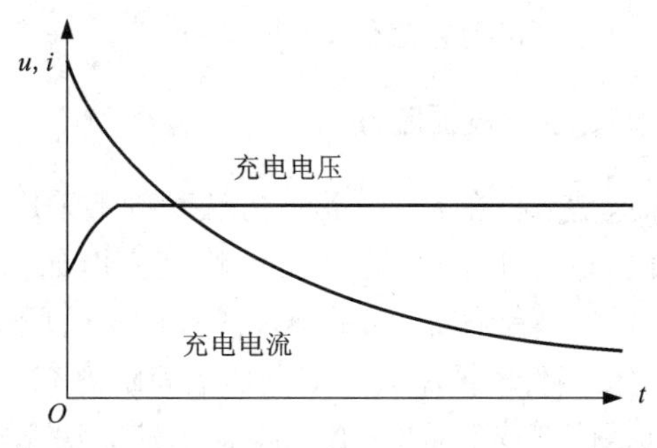

图9－3　恒压法充电过程曲线图

这种充电方法电解水很少，避免了蓄电池过充。但在充电初期电流过大，对蓄电池寿命造成很大影响，且容易使蓄电池极板弯曲，造成电池报废。

鉴于以上缺点，恒压充电很少使用，只有在充电电源电压低而电流大时采用。例如，汽车运行过程中，蓄电池就是以恒压充电法充电的。

9.2.3 阶段法

此方法包括二阶段充电法和三阶段充电法。

(1)二阶段法采用恒电流和恒电压相结合的快速充电方法，如图9－4所示。首先，以恒电流充电至预定的电压值，然后，改为恒电压完成剩余的充电。一般两阶段之间的转换电压就是第二阶段的恒电压。

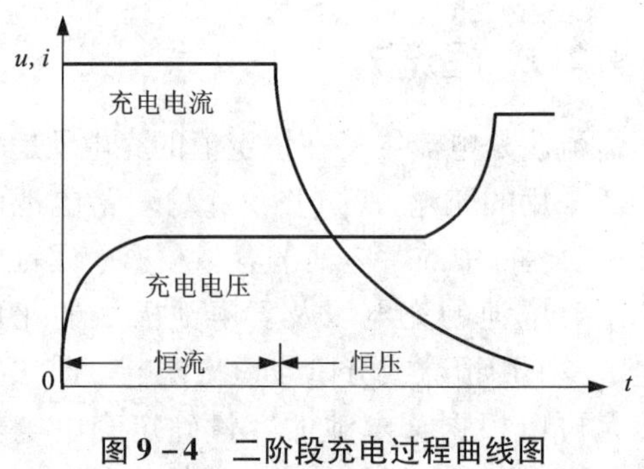

图9－4 二阶段充电过程曲线图

(2)三阶段充电法在充电开始和结束时采用恒电流充电，中间用恒电压充电。当电流衰减到预定值时，由第二阶段转换到第三阶段。这种方法可以将出气量减到最少，但作为一种快速充电方法使用，受到一定的限制。

9.2.4 快速法

蓄电池快速充电要满足的条件是：

(1)快速充电要想方设法加快电池的化学反应速度(提高充电电压或电流等)，使之充电速度得到最大的提高；

(2)快速充电又要保证负极的吸收能力，使负极能够跟得上正极氧气产生的速度，同时要尽可能地消除电池的极化现象。

现在，国内外开发的快速充电方法有许多种，分别简述评论如下。

一、大电流恒流方法

与一般的恒流充电相同，只是加大充电电流到1 C以上，用充电时间或充电电压控制充电终点。1995年法国电力公司用1 C以上的电流对阀控铅酸蓄电池进行了快速充电探索，对160 Ah的蓄电池用160 A电流可在30 min内充入50%。这种快速充电方法的优点是控制技术简单；缺点是充电时间长，充入容量较少，效率低、析气多、温升大。最近在杭州等地推出的快速充电机与它类似。

二、多阶段恒流方法

这是一种在大电流恒流方法基础上采用多阶段的方法，使充电电流随充电时间接近指数下降。有人进行了多阶段恒流快速充电的探索，第一阶段电流为4～6 C，以后逐级降低电流。例如，有采用3 C＋2 C＋1 C的多阶段恒流方法，充入70%～75%的容量需要16.5～18 min。在多阶段恒流的基础上加上间歇停充，称为变电流间歇充电方法。这种快速充电方法的优点是控制技术简单，比大电流恒流方法充电时间短，充入容量较多，效率高、析气少；缺点是充电时间还较长，充入容量还较少，效率还较低、析气还较多、温升还较大。

三、大电流限流恒压方法

这种方法与一般的限流恒压充电方法相同，只是加大恒流阶段的电流到1 C以上，一般为4～6 C，最大达12 C，恒压值一般为2.4 V/单电池。这种快速充电方法的优点是控制技术简单，比上述两种方法充电时间短，充入容量较多，效率高、析气少，缺点是难于确定合适的恒压值。若恒压值太低，开始充电电流不够大，要拉长充电时间；若恒压值太高，开始充电电流够大，但会造成大量析气和发热，对蓄电池有损害，很难同时兼顾。另外，还有充电时间较长、充入容量较少、效率较低、析气较多、温升较大等缺点。

四、限流无阻恒压方法

这种方法是在大电流限流恒压方法的基础上，用电流间断技术测定充电时的蓄电池内阻，以扣除内阻的无阻电压值进行恒压控制，而且再加上根据蓄电池温度对恒压值进行温度补偿。Norvik公司的充电机都采用这种快速充电方法。这种快速充电方法的优点是能更有效地控制析气，充电效率高，析气更少，但是同样存在难于确定合适的恒压值的问题。

五、脉冲充电方法。

(1)普通脉冲充电方法。这种快速充电方法的基本电流波形如图9－5所示，也采用限流恒压控制。对12 V 60 Ah的电动车用阀控铅酸蓄电池，用脉冲幅度为3 C(180 A)的电流、14.7 V的恒压值充电，比用平均电流(90 A)恒流恒压充电的效率高，可充入更多的容量，蓄电池的寿命可以延长。

(2)带负脉冲的脉冲充电方法。这种方法是在普通脉冲方法的基础上在脉冲充电时间和间歇休息时间之间加上负(放电)脉冲。其基本电流波形如图9－6所示。它也采用限流恒压控制。在理论上负脉冲对电极有去极化作用，可提高蓄电池下一波次的接受充电的能力。

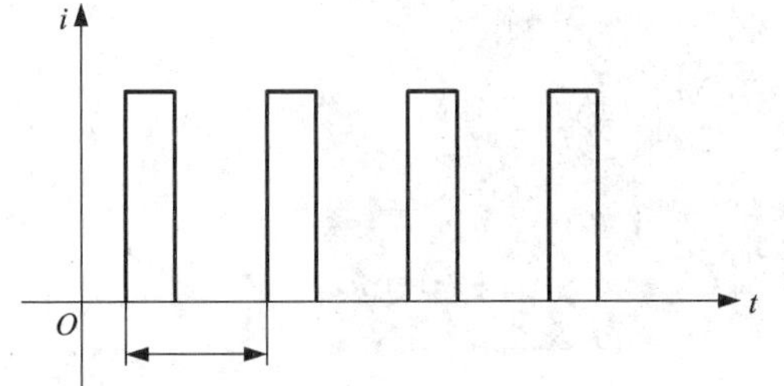

图9－5　普通脉冲充电的电流波形图

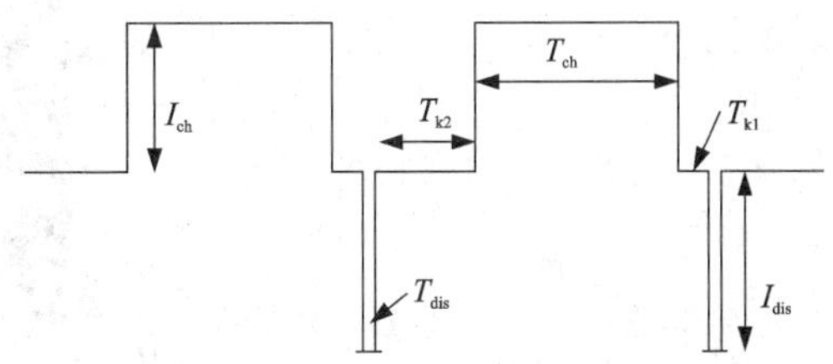

图9－6　带负脉冲充电的电流波形图

I_{ch}—充电脉冲电流；I_{dis}—放电脉冲电流；

T_{ch}—充电脉冲宽度；T_{dis}—放电脉冲宽度；

T_{k1}—放电前间歇宽度；T_{k2}—放电后间歇宽度

(3)慢脉冲充电方法。慢脉冲充电方法的特征是脉冲周期较长，达到数秒级，且充电脉冲的脉宽大于间歇休息时间宽度。实际上，所有这些脉冲充电方法的主要缺点是：时间利用率和能量利用率都低，不能实现在最短的时间内充入最多的容量。例如北方交通大学的快速充电机，以 150 A 充电 6.5 min + 100 A 充电 4.5 min + 50 A 充电 2 min，充电时间共为 12 min，充入容量为 44%。另外，这些方法还具有的缺点是：充电效率低，热损耗大，温升大；谐波成分大，对环境有较大的电磁辐射，对电网有污染；技术参数调节复杂，除 I_{ch} 外，I_{dis}、T_{dis}、T_{k1}、T_{k2} 参数的变化都对充电效果有影响；控制复杂等。

六、专有快速充电方法

这是我国的专有快速充电技术，以蓄电池充电基本理论为基础，综合上述快速充电方法的优缺点，取长补短，是采用非脉冲的新颖快速充电方法。其特点是：开始用尽可能大的电流对蓄电池充电；使充电电流随时间指数下降；用最短的时间充入最多的容量；使析气和温升最小；技术成熟；充电机的结构和控制简单，价格便宜。

9.3 充电模式

9.3.1 常规充电

常规充电即是采用随车配备的便携式充电设备进行充电，可使用家用电源或专用的充电桩电源(图 9 - 7)。充电电流较小，一般为 16 ~ 32 A，电流可采用直流或者两相交流电和三相交流电，因此视电池组容量大小充电时间为 5 ~ 8 h。

图 9 - 7 常用家用电源

电动车多数采用 16 A 的插头的电源线，配合着合适的插座和车载充电机，即可在家中为电动车充电。值得注意的是，一般家用插座为 10 A，16 A 插头并不通用，需要用电热水器或空调的插座。电源线上的插头有标明该插头是 10 A 还是 16 A(图 9 - 8)。当然也可以采用厂家配备的充电设备。

尽管常规充电模式缺点非常明显，充电时间较长，但其对充电的要求并不高，充电器和安装成本较低，可充分利用电力低谷时段进行充电，降低充电成本，更为重要的优点是可对电池深度充电，提升电池充放电效率，延长电池寿命。

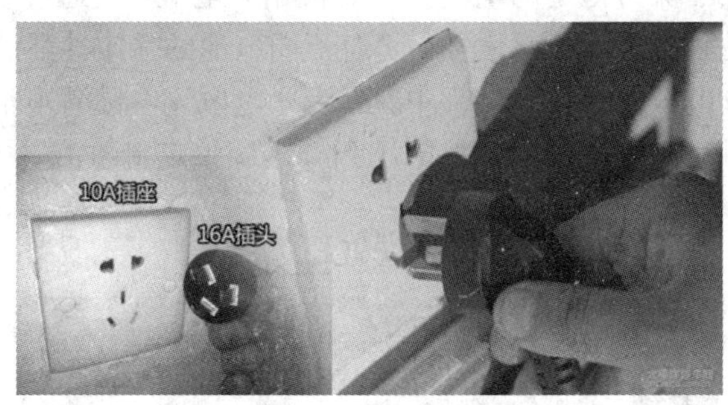

图 9－8　专用插头与插座

常规充电模式使用非常广泛，可设立在家里(图 9－9)、公共停车场与公共充电站(图 9－10)等可长时间停放汽车的地方。因充电时间较长，适用于白天运作、晚上休息的车辆。

厂商为家庭配置充电桩也属于常规充电模式，小电流小功率使得充电时间较长

图 9－9　家用充电站

常规充龟模式同样也存在与部分的公共充电站，但无奈的是并不是所有充电站都对普通老百姓开放。
电动汽车充电站
EV CHARGING STATION
国家电网 STATE GRID

图 9－10　公共充电站

常规充电模式主要采用定流充电和定压充电两种方式进行充电。

定流充电是指充电全过程中，保持充电电流基本恒定的充电方法(图 9－11)。定流充电的特点是在充电过程中，保持恒定的电流不变。根据充电程序，通过改变电压进而改变恒定电流的大小。这种方法可以令电池深度充电，对不同电池的适应性强。但其最大缺点是充电时间长，需要调节充电电压。在充电过程中，因为充电电流会随着电池组的电动势逐渐升高而下降，所以需要随时根据充电程度调整电压和分级调整定流电流。主要应用于初充电、补充充电和去硫化充电。

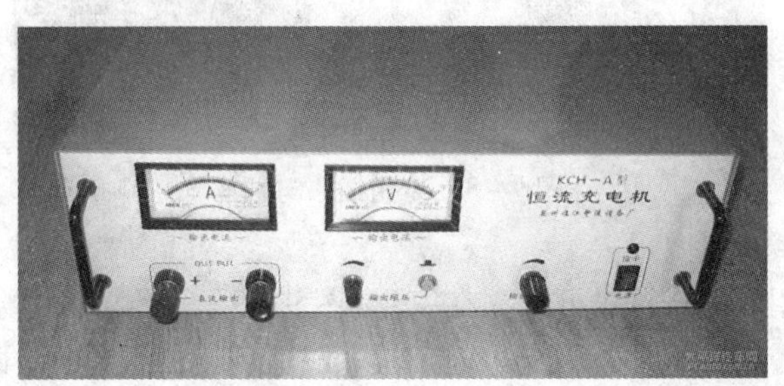

图 9-11　专用充电设备

定压充电时是指充电过程中，电源电压始终保持不变的充电方法。采用定压充电时，电池组必须并联在充电电源之间。随着电池组电动势的增加，充电电流会逐渐减小，若充电电压调节恰当，充电电流变为0时自动停止，即为充电终了。采用定压充电可减少充电工作的麻烦和减少充电时间，定压充电的缺点是，必须适当地选择充电电压，若电压过高，容易过充电，电池活性物质脱落，电池整体发热，容易自燃，并且定压充电不能保证彻底充满电。

定流充电适应性强，可以任意选择和调整充电电流，因此可对各种不同情况的电池组深度充电，对电池组损害非常小，可延长电池组整体寿命。可是这种方法的最大弊端是充电时间过长，且需要经常调节充电电压来调节电流。定压充电可减少充电时不必要的麻烦。现在的常规充电模式基本都采用定流和定压充电混合工作，充电前期采用定流充电，可保证电池深度充电，后期则采用定压充电，可自动减少电流大小结束充电，避免过充电，用户无须自己选择充电方式。

9.3.2 快速充电

顾名思义，快速充电是使汽车能快速充满电的充电方法，通过非车载充电机采用大电流给电池直接充电，使电池在短时间内可充至80%左右的电量，因此也称为应急充电。快速充电模式的代表为特斯拉超级充电站（图 9-12）。快速充电模式的电流和电压一般为 150～400 A 和 200～750 V，充电功率大于 50 kW。此种方式多为直流供电方式，地面的充电机功率大，输出电流和电压变化范围宽。

虽然快速充电的充电速度非常高，其充电时间接近内燃机注入燃油的时间，可是充电设备安装要求和成本非常高。并且快速充电的电流电压较高，短时间内对电池的冲击较大，容易令电池的活性物质脱落和电池发热，因此对电池保护散热方面要求有更高的要求，并不是每款车型都可快速充电。电池再完美，长期快速充电终究会影响电池的使用寿命。图 9-13 所示为普通充电柱。

至于为什么快速充电会给电池带来伤害，是因为其充电方法是采用脉冲快速充电。脉冲

图 9－12　特斯接超超级充电站

图 9－13　普通充电桩

快速充电是指充电过程中不断用反复放电充电的循环充电。首先给电池组用 80%～100% 额定容量的大电流进行定流充电，使蓄电池在短时间内充至额定容量的 50%～60%。接着由电路控制先停止充电 25～40 ms，接着再放电或反充电，使电池组反向通过一个较大的脉冲电流，然后再停止充电。之后的充电都按照正脉冲充电—前停充—负脉冲瞬间放电—后停充—再正脉冲充电的循环，直至充满。

快速充电模式实质上为应急充电模式，其目的是短时间内给电动汽车充电。高功率高电压的工作条件使得快速充电模式仅适用于大型充电站或公路旁作为应急使用。总体使用层面来说，并不建议常使用快速充电模式进行充电。现阶段大多数电动车仅可使用常规的充电模式，快速充电模式仅部分车型支持。

9.3.3　机械充电

除了常规的直接给车辆充电外，还可以采用更换动力电池的方式给电池充电。即在动力电池电量耗尽时，用充满电的电池组更换电量过低的电池组。将电池组从车上更换下来的方式有纯手动形式、半自动形式和机械人更换三种模式。

更换电池集成了常规充电模式和快速充电模式的优点，也就是说可以用低谷电给电池组进行深度充电，同时又能在很短时间内为车辆完成“充电”的添加能源过程。更换电池最大的优点是集成了常规充电模式深度充电特点和快速充电模式的高效特点，通过使用机械设备更换，整个电池更换过程花费的时间与现有燃油车加油时间大致相当。图 9－14 所示为更换电池工厂。

图 9-14　更换电池工厂

更换电池的充电模式最大的限制是各大厂商需要统一电池规格、大小等标准，并且无法保证每块电池组的性能一致，从而制约了其发展。还有一个更为重要的原因是，该市场被国家电网所垄断，没有竞争对手，导致换电池充电模式得不到应有的发展。国家电网提供的电池组规格为 80 V、60 Ah，电池组性能并不是那么出色。更换电池充电模式在杭州出租车试运行结果显示，大多数出租车每天都需要更换三或四次电池组才可满足日常运营里程需求。因此，更换电池的充电模式并没有大规模使用，仅适用出租车、公交车等有规律出行的商业运营车辆。

9.3.4　无线充电模式(未来充电模式)

无线充电模式即无须通过电缆来传递能量，采用电磁感应、电场耦合、磁共振和无线电波等方式进行能量的传递。采用无线充电模式，首先需要在车上安装车载感应充电机。车辆的受电部分与供电部分没有机械链接，但需要受电体与供电体对接较为准确(图 9-15)。

图 9-15　无线充电模式

受制于技术成熟度和基础设备的限制，目前无线充电技术暂时没有大批量产应用。业内主流的无线充电技术主要采用电磁感应和磁共振方式传递电能，其中磁共振方式充电效率更加高，而且电磁辐射强度更低，比手机通话时的辐射强度还小，更重要的一点是送电线圈与受电线圈无须非常对齐，这一点是电磁感应所不及的(图 9-16)。

无线充电模式未来应用的前景无法估量，肯定的是不再是现阶段“伪”无线充电那样需要

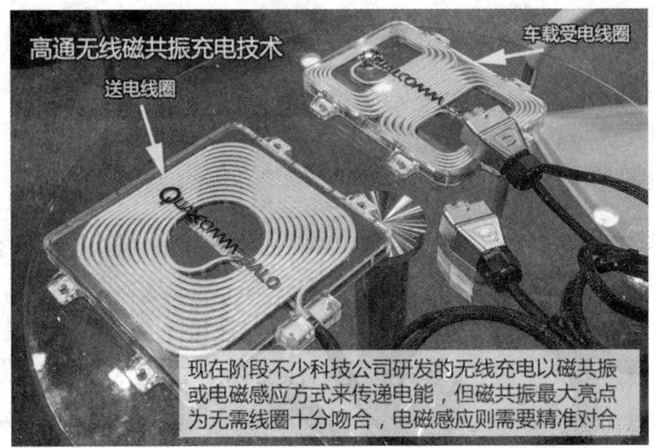

图9－16　高通无线磁共振充电技术

停在固定位置进行充电。未来将能边走边充电，电能可能来自路面铺装的供电系统，或者来自汽车上接收的电磁波能量。

9.3.5　便携式充电设备

便携式充电又称常规充电或车载充电，即是采用随车配备的便携式充电设备进行充电，可使用家用电源或专用的充电桩电源。目前乘用车经常使用的便携式充电方式是车载充电机和家用壁挂式充电桩。便携式充电电流较小一般在16－32 A左右，电流可直流或者两相交流电和三相交流电，因此视电池组容量大小充电时间为5～8 h。

常规充电模式缺点非常明显，充电时间较长，但其对充电的要求并不高，充电器和安装成本较低；可充分利用电力低谷时段进行充电，降低充电成本；更为重要的优点是可对电池深度充电，提升电池充放电效率，延长电池寿命。因充电时间较长，可大大满足白天运作，晚上休息的车辆。

图9－17　便携式充电示意图

9.4 充电站

电动汽车充电站是为电动汽车充电的站点。随着电动汽车的普及，电动汽车充电站必将成为汽车工业和能源产业发展的重点。中国电动汽车充电站的发展是必然的，抢占先机也是企业的制胜之道。在目前的情况下，国家虽大力倡导，各企业又跃跃欲试，但电动汽车走入寻常百姓家不是短期内做到的。国家政策可以给购车补偿、上路等，而电动汽车充电站网则无法短期建立，主要原因是给电动汽车快速充电需要瞬时强大的功率电力，常规电网无法满足，必须要建立专用充电网络，这涉及整个国家的电网改造，国家电网大改造不是小事，耗资巨大，从讨论、立项到成网，非一朝一夕能实现。

能较好地解决快速充电问题的方案是换电池——利用给汽车更换电池的方法代替漫长的充电过程。一辆汽车需要配备两块电池，当一块电池用完后自动切换到另一块，此时可到换电站将用完的电池换下，装上满电的电池。而换下的电池由电站统一充电和维护，前提是充电站要有相当数量的备用电池。这个方法的优点是快速，用户换完电池就可以上路，比加油都快。用这种方法再加上停车场充电桩等辅助手段，相信电动汽车的普及即将实现。

9.4.1 运营模式

目前，随着电动汽车的迅猛发展，与电动汽车相配套的充电站正成为一种新兴产业，各种资本正竞相进入该领域。国家电网已将电动汽车充电站并入智能电网统一规划，率先宣布2010年将在全国27个城市建设充电站网络，拟建公用充电站75座、交流充电桩6209台以及部分电池更换站。南方电网也在大规模铺开充电网络建设，据了解，仅深圳市2009—2015年已兴建250个充电站，12500个充电桩，共需采购设备5亿元，其中充电设备价值约3.39亿元(扣除变配电设备)。除了两大电网公司外，两大能源央企(中石化和中石油)也开始布局充电站市场。然而，一项新的、先进的技术或方法不能指望潜在的消费者能够广泛地认识到它所谓的显而易见的利益，它是一个社会过程，涉及人的价值观、消费习惯、生活经验甚至是人际关系影响，它是整个社会系统的结构和功能发生变化的过程。因此，一项新的产业仅有技术的创新是不够的，它还需要商业运营模式的创新。技术进步只是产业增长的外在表现，基于制度基因的商业模式的创新才是产业发展的关键。在我国，电动汽车充电站的业务才刚刚起步，运营模式还未形成，各个相关的利益群体对产业发展的倾向也不尽相同。根据国外电动汽车充电站的实际情况来看，根据技术与充电方式的不同，电动汽车充电站的运营模式基本上可以分为“整车充电”与“电池更换”两种模式。

一、整车充电模式

(1)整车充电模式思想

整车充电模式是很多国家研究试验的重点，这种模式把电池与车辆作为一个整体来考虑，其规模化发展的关键是能够研制生产出“容量大、成本低、充电快、寿命长”的电池产品，在便捷性上满足用户的需求，具体又包括常规充电和快速充电两种类型。

①常规充电。

蓄电池在放电终止后，以约为 15 A 的充电电流充电的方式叫作常规充电(普通充电)。常规蓄电池的充电方法都采用小电流的恒压或恒流充电，一般充电时间为 5 ~ 8 h，甚至长达 20 h。尽管充电时间较长，但因为所用功率和电流的额定值并不关键，因此充电器和安装成本比较低，可充分利用电力低谷时段进行充电，降低充电成本，可提高充电效率和延长电池的使用寿命，因此得到广泛应用。这种充电方式通常适用于设计电动汽车的续驶里程尽可能大，需满足车辆一天运营需要，仅仅利用晚间停运时间充电的情况。现阶段技术条件下，电池的续驶里程大约为 200 km，像私家车、市内环卫车、企业商务车等车辆日均行驶里程都在电池的续驶里程范围之内，均可采用常规充电的方式。

②快速充电。

快速充电又称应急充电，是以较大电流短时间在电动汽车停车的 20 min 至 2 h 内(具体的充电时间由电动汽车动力电池的接收能力而定)，为其提供短时充电服务，一般充电电流为 150 ~ 400 A。其优点为：充电时间短；充电电池寿命长(可充电 2000 次以上)；没有记忆性，可以大容量充电及放电，在几分钟内就可充 70% ~ 80% 的电；由于充电在短时间内(为 10 ~ 15 min)就能使电池储电量达到 80% ~ 90%，与加油时间相仿，使电动汽车使用起来非常方便。这种充电方式适用情况为电动汽车的日平均里程大于电池的续驶里程即 200 km 时，在车辆运行的间隙进行快速补充电，来满足运营需要，比如公交车、出租车等车辆的日平均行驶里程在 300 km 左右，则还有 100 km 左右的电量需要在峰、平时段通过快速充电的方式进行补充。当然也可以采用更换电池的方式来进行能量的补给。

(2)整车充电模式的运营及盈利方式分析。

电动汽车整车充电模式中的常规充电和快速充电的盈利方式是一样的，只是向用户所收取的充电费用不同而已。整车充电模式的运营需要行业内方方面面的企业和个人的参与，主要包括电动汽车制造商、电池生产商、中间运营商(建站企业)、能源供给企业及充电站、电动汽车用户及政府部门。该模式在运营过程中首先是能源供给企业通过向中间运营商(建站企业)支付一定的建站费用来建设电动汽车充电站。当用户来充电站对电动汽车充电时，能源供给企业及充电站向用户收取一定的充电费用来实现自身的盈利。能源供给企业及充电站利润值 =(用户的充电费用 + 政府部门建站补贴) -(电动汽车充电站建设费 + 电动汽车充电站日常运营费)，具体的盈利方式如表 9 -1 所示。

表 9 -1　整车充电模式盈利方式

商业模式	价值内涵	传送渠道	关键资源	关键伙伴	收入流	成本结构
充电柱 + 商品零售 + 服务消费	与商业相结合，拓展充电站商业价值	手机移动端 APP；商品零售消费	商业圈	商业地产巨头如万达、万科、保利；零售业巨头如沃尔玛	商品零售与服务消费	固定成本为主，来自合作费用、充电站的正常运作维护费用

续表 9-1

商业模式	价值内涵	传送渠道	关键资源	关键伙伴	收入流	成本结构
充电 APP + 云服务 + 远程智能管理	与信息服务、互联网产业相结合，延伸至大数据、智能城市、三网融合等领域	手机移动端 APP；前台服务和后台运维的信息平台	信息平台技术，网络技术	互联网公司；大数据公司	车联网；充电网；大数据；资讯信息服务	来自对技术的开发和维护
整车厂商 + 设备制造商 + 运营商 + 用户	通过融资租赁、众筹等融资手段，扩大充电桩规模，通过“分享经济”的方式来获得收入	手机移动端 APP；前台服务和后台运维的信息平台	资金	整车厂商；设备制造商；用户	分享平台；移动支付与日常运维的服务费	主要是技术的开发和维护、与客户保持良好的关系

(3)整车充电的管理与缴费。

整车充电的管理与缴费是通过刷卡的形式进行的。电动汽车用户可通过能源供给企业提供的 IC 卡进行汽车充电缴费。目前，电动汽车充电电价还没有统一的规定，各省市按当地普通商业用电其他类别收取。当用户需要充电时，将 IC 卡置于插卡口内，充电桩根据 IC 卡内的信息进行用户身份确认，得到确认后提示用户进行正确的连接，然后用户把充电桩上的充电枪与车辆进行连接，同时在充电桩操作界面上进行充电参数设定，选择充电模式(定量充电、定金额充电、自动充满)等。当用户完成设定工作并启动充电后，充电桩执行相应的数据读取、记录等处理工作，并控制电气回路为输出连接器加电。充电过程启动后，用户取走 IC 卡，充电桩自动进行充电及相关数据计量、记录处理。当充电过程达到结束条件后，充电桩停止充电。当用户再次刷卡后，操作界面显示完整的充电信息，提示用户断开充电桩与车辆的连接，并进行有关费用结算操作，打印收费单据等(在此时如果用户直接把卡取走而不进行费用的结算，那么在用户下次进行充电时，计费系统会自动扣掉上次充电应交的充电费用，否则不再给当前用户进行充电服务)。

二、更换电池模式

(1)更换电池模式思想

更换电池模式也称租赁电池模式，是一种把车辆与电池分开考虑的思路。用户只购买汽车，由专门的电池租赁公司负责电池的购买、租赁、充电、快速更换及管理。可以让用户像“汽车加油”一样方便地得到能源供给。它的运营模式是通过各个电池更换站集中对标准化的电池充电，电动汽车用户需要补充能源时，可以非常方便地到任意一个更换站更换充好的电池。

(2)更换电池模式的运营及盈利方式分析。

电动汽车更换电池模式的运营与整车充电模式的运营所需要参与的企业和个人是一样的，在上面已经具体地给出，在此不再一一介绍。能源供给企业及换电站利润值 =(用户的所用电费 + 电池租赁费 + 卖废旧电池所得利润 + 政府部门补贴) -(电池购买费用 + 电池更换站建设费 + 电池维护费用 + 电池更换站日常运营费)，其具体的运营过程包括电池的租赁、电池的更换、电池的维护和电池的回收。

①电池租赁。

能源供给企业购买电池后通过向中间运营商(建站企业)支付一定的建站费用来进行更换站的建设。电动汽车用户在购买“裸车”后，去电池更换站办理相应的“租赁手续”及交一定的租金就能使电动汽车投入使用。租赁的手续及租金由相关部门协商确定，可以肯定的是，因为换给消费者的是一块充满电的电池，加上一些其他成本，租赁电池的价格肯定要比消费者自己在家充电贵，但是绝对远远低于燃油的费用。用户在电池的使用过程中不仅要交租金，每次更换电池时根据电池电量的消耗情况用户还要向电池更换站交纳相应的所用电费。

②电池的快速更换。

为了使得电池更换更加快捷，需要更换电池的车辆进站之前应向站台提出电池更换请求，以便站台调度安排停车位置、通知电池更换库准备整车更换电池并运至更换电池区、准备卸载设备。当车辆进站后，根据调度指令将车开到更换电池区准确位置，准备更换电池。在更换电池前，必须仔细翻阅车载监控装置故障记录，检查车辆电池在运营过程中是否故障。如果有故障记录，则记录故障信息(包括故障位置和类型)。然后清除故障记录，进行电池更换，首先断开整车的高低压供电，然后才能卸载电池。卸载的时候，将故障电池和无故障电池分开摆放。对于故障电池箱，将故障电池和故障信息一并送维护车间，无故障的电池箱送充电区充电。卸载完毕后，将已经准备好的电池装车。接通整车的高低压供电，再进行一次故障诊断，确保更换完电池之后整车运行正常后将车驶出更换电池区。

③电池的维护。

当电池在使用过程中，个体电池的容量会出现严重不均衡的现象。这样在电池串联充电时，只要有一只电池的充电电压达到最高限制电压，就要立即停止充电，而此时电压较低的个体电池还处于欠充状态。反过来在电动汽车行驶过程中，只要有一只电池的电压下降到最低限制电压，就要断开动力电池停止放电，而此时电压较高的个体电池容量不能充分利用。这样长期循环使用下去，电动汽车动力电池的容量会越来越不均衡，一次充满电的行驶里程会大大降低。为充分利用锂离子动力电池的储能效率，降低使用成本，充电站建设需要设置电池容量测试与充放电维护设备，当电动汽车动力电池的容量明显出现下降时，利用该设备可以对单个电池进行容量测试，并对容量落后的电池进行多次的充放电操作，使其活性物质充分激活，容量得到恢复。对于快换电池模块，利用该设备对单体电池进行容量检测，把容量一致的电池重新进行配组，提高电池的利用率。另外可配套建立电池数据用户档案，为电动汽车客户提供使用建议。

④电池的回收。

电池租赁的另一大好处在于能回收残值，其中约50%的价值可以回收再利用，如电池的外壳、电极等，所以电池企业采用租赁方式再回收电池，既能对废弃电池进行专业处理、保护环境，又能整体节约运营成本，系统综合成本是下降的。虽然锂电池不含腐蚀性化学物质，但是如果任其堆放在垃圾场，不仅造成浪费，而且存在污染地下水的潜在危险。锂离子蓄电池其实是可以循环使用的，再循环使用前，先要冷冻至－325℃，去除锂金属，然后剪切、分离。尽管现在锂金属在自由市场很难售出，但是锂电池里的其他金属元素，如镍、钴等，都非常珍贵，如果把锂离子蓄电池直接送到垃圾场，就太可惜了。

电动汽车充电站的运营究竟选取哪种模式，应围绕"快速、健康、高效地推动电动汽车产业的发展及普及"这一核心目标，结合技术发展趋势和现实条件进行综合考量。最主要包括以下三个方面：一是消费者使用的总体经济性、方便性，这关系到运营模式的竞争力；二是能源供给企业的盈利模式，这决定着电动汽车充电站的可持续发展能力；三是对城市电网运行的影响，这是城市整个电网能否安全、高效地运行的关键因素：整车充电中的慢速充电方式可以充分利用低谷电力充电，电费相对降低，但是充电时间过长使车辆的使用十分不便；快速充电方式下充电时间短，易于车辆的使用，但是充电费用较高，且会大大缩短电池的使用寿命，而且整车充电模式下初次购买及后续更换电池的费用很高(约占车辆总费用30%～50%)。换电池模式单纯的租赁费和电费支出可能比整车充电模式有一定幅度增加，但是由于节省购买电池的费用，如果政策和管理到位，理论上车辆整个生命时期的运营费用会显著低于整车充电模式，且换电池模式的灵活性、方便性都相对较好。更换电池模式属于能源新物流模式。更换电池模式有利于电池生产企业规模化、标准化生产，有利于能源供给企业的规模化采购与集约化管理，能够显著降低总运营成本。能源供给企业作为一个相对独立的中间运营商，有利于政府施加更具针对性的扶持和优惠政策，如电价政策、购买电池补贴政策等，容易建立起清晰的财务盈利模式，比单纯提供充电服务可获得更高的经济回报，具有更大的发展空间。整车充电中的快充大量发展将使得电网谐波污染问题突出，治理成本提高，而更换电池模式集中充电，便于统一调度、管理和监控，能够最大程度地发挥削峰填谷作用，提高电力系统负荷率，最大限度减少谐波污染等对电网的不利影响，有利于电网的安全稳定运行和电力资源的优化利用。综上所述，更换电池模式具有更突出的优势和更广阔的发展前景。考虑到差异化需求和特殊情况下电能补给的需要，以更换电池为主、整车充电为辅的运营模式将成为我国电动汽车充电站未来发展的主流模式。

9.4.2 建设方式

从2014年6月开始，按照国务院的分工，国家能源局已经开始制定《电动汽车充电基础设施建设规划》(以下简称《规划》)，2014年年底前已经完成了第一稿，未来与《规划》同时出台还有《充电基础设施建设指导意见》。同时，全国多个城市陆续推出大规模建设充电设施的发展规划。

一、充电设施的布局规划

(1)发展现状和规划思路。

①美国充电站的发展规划。

美国充电站的发展规划是两年翻10倍，可以说，发展速度相当快了，而且不仅是数量，其运营模式也在不断发展。以ChargPoint为例，它不仅仅是一个简单的充电网络，它还可以向电动车车主、经销商及制造商提供大量云服务，比如电动汽车使用车可以通过手机下载充电服务公司的APP，来寻找就近的空闲充电桩，并可直接导航至充电桩所在地。

②我国充电站的发展规划。

2011年时，国家电网提出"换电为主、插充为辅、集中充电、统一配送"的方针，这是基于当时情况的考虑。

现在，特斯拉18650电池等的成功应用，使得快速充电成为可能，国内厂家的水平也不断提高，2014 年国家电网就提出了“主导快充、兼顾慢充、引导换电、经济实用”的思路，并引入社会资金和力量参与充电设施建设。

截至目前，我国建成的电动汽车充电桩达到了 2.6 万个(国家电网数据)，从数量来看已经很多了，不过根据国内多家媒体的调查，充电桩投入使用的比例十分低。此外，我国各地的直流充电接口与通信协议标准至今尚未统一，电动汽车地方目录(本质是地方保护主义)尽管被宣布取消，实际上却依然存在。

好在不久前，能源局制定的《电动汽车充电基础设施建设规划》草稿已经完成，乐观预计到 2020 年，新能源汽车累计产销量将超过 500 万辆。按照一辆车对应 1 个慢充、0.2 个快充计算，预计至 2020 年将会催生 500 万个慢充和 100 万个快充的市场需求。随着充电桩建设加速，充电设备未来投资额将会超过 850 亿元。

北京市将在中心城区打造服务半径平均为 5 千米的充电圈，逐步建成公用领域充电设施网络服务体系。与自用充电桩主要采取交流慢充不同，公用充电桩主要采用直流快充模式，半小时充电就能支撑普通新能源汽车续航 100。图 9－18 为 2015 年北京市电动车公用充电设施分布图。电动车车主可通过网站、手机 APP、微信等方式查找附近的充电设施。

图 9－18　北京市电动汽车社会公用充电设施分布图

上海 2015 年充电桩布局已超 6000 个。此外，为了进一步保障新能源汽车的使用，上海将在中心城区和示范区优先建设公共快充网络，一辆车只需 20 min 就可充 80% 的电。

天津 2015 年建立 66 个充换电站，6700 个充电桩。其中，公交、出租、邮政、快递、环卫等领域将优先选择用户现有场地，不足部分由市统一规划供地。

在规划技术层面，目前一般是能源局和电网公司来做规划。但是，目前针对电动汽车应用的充电站建设规划布局理论尚未完整成熟，各地的充电站建设尚处于定点示范建设阶段，没有建立与车辆应用、电网规划、城市规划相结合的充电站布局选址理论。而且充电站建设的规划与布局面临着供电能力、服务能力与城市用地紧张的矛盾。

电动汽车充电站布局包括“需求”和“可能性”两个因素。衡量充电站需求的主要指标是交通量与服务半径两个要素，关键在于交通、环保及区域配电能力等外部环境条件与该地区的建设规划和路网规划。充电站分布与电动汽车交通密度和充电需求的分布应尽可能一致，符合充电站服务半径要求。电动汽车充电站的分布可以参考建设部《城市道路交通规划设计规范》(1995)中的加油站服务半径规定，结合电动汽车自身的运行特点以及各区域的计算服务半径按实际需要设定。动力电池的续驶能力是影响充电站服务半径的另一大因素，故充电站的服务半径应以电动汽车单次充电行驶里程 100 km(甚至更短)计算。只有这样才能有效保障电动汽车的持续行驶能力。

充电站的设置应满足城市总体规划和路网规划要求。充电站的选址定点应结合地区建设规划和路网规划，以网点总体布局规划为宏观控制依据，经过对布局网点及其周围地区规划选址方案的比较，确定网点设置用地。充电站的设置应充分考虑本区域的输配电网现状。

电动汽车充电站运营时需要高功率的电力供应支撑，在进行充电站布局规划时，应与电力供应部门协调，将充电站建设规划纳入城市电网规划中。充电规划应充分考虑电动汽车未来的发展趋势。

二、充电设施的标准

在电动车实际使用的过程中，充电标准不统一问题非常明显。京沪高速公路充电站全线开通后，有企业派工作小组去做电动车运行试验，结果是在这个充电站有的车能充电，有的车不能充电。

原因在于一方面标准还需完善，同时设施和汽车做的接口是否真正符合国标需认证，另一方面，原先国标还没有出来时，各地先行按照自己的想法制定了地方标准，也形成了现在的过渡阶段。

目前，传统的充电方式全球有三个标准：最早出现的美国的 SAE 标准，日本、韩国也采用 SAE 标准；其次是欧洲标准；再是中国的标准，介于欧洲标准和美国标准之间。这就形成了三部完全不兼容的标准。

今年国家已经把接口标准纳入新能源汽车购置税减免目录准入条件，下一步还将纳入新能源汽车准入条件，解决标准执行力不强的问题。

三、充电设施的建设主体

目前看来，统一充电标准先行，同时要解决的核心问题还有商业模式。这都属于充电站长远规划的问题。

充电站的运营管理尚处于起步阶段，尚未对其服务范围进行清晰定义，尚未建立成熟的运营管理模式。建设运营主体不明确已经成为电动汽车商业化应用的瓶颈问题之一。

就笔者所知，国家电网对此越来越重视，2016—2020 年，国网建设充电站目标高达 10000 座，建成完整的“四纵四横”(四纵：沈海、京沪、京台、京港澳；“四横”：青银、连霍、沪蓉、沪昆)电动汽车充电网络。但是目前尚没有好的盈利模式，基本都是赔本响应国家号召。

就私有资本来说也是一样，盈利模式单一，单靠服务费难以实现长期稳定收益。在目前的情况下，其实有 80% 的车主都可以通过家庭充电的方式来满足需求，如果要外出充电，更多的也只是补电，收益显然会很低，更何况还有特斯拉这种提供免费增值服务的新能源汽车厂家。

图 9 – 19 为苏州首个民营汽车充电站。

图 9 – 19　苏州首个民营汽车充电站

商业模式不清晰，也没有国外的经验参考，导致单纯从充电站单方面解决这个问题非常困难，因为这些主体的利益是相对的。结合新能源汽车和充电设施，由政府、新能源汽车厂家、充电设施业主一起形成一个商业模式，或许比较靠谱。

思考题

1. 现行主要充电模式有哪些种？
2. 主要充电方法有哪些？
3. 快速充电方法有哪些种？
4. 讨论如何会更好运营充电站？
5. 讨论充电站该谁来建设？

参考文献

[1]陈清泉. 电动汽车产业化的挑战与机遇[J]. 科学中国人, 2012(5)30－33

[2]朱孝勇, 程明, 花为, 等. 新型混合励磁双凸极永磁电机磁场调节特性分析及实验研究[D]. 南京: 东南大学, 2008

[3]程明, 张淦, 花为. 定子永磁型无刷电机系统及其关键技术综述[J]. 中国电机工程学报, 2014, 34(29): 5204－5220

[4]曹秉刚, 张传伟, 白志峰, 等. 电动汽车技术进展和发展趋势[J]. 西安交通大学学报, 2004, 38(1): 1－5

[5]花为, 程明. 新型两相磁通切换型双凸极永磁电机的静态特性研究[J]. 电工技术学报, 2006, 21(6): 70－77

[6]姬芬竹, 高峰. 电动汽车驱动电机和传动系统的参数匹配术[J]. 华南理工大学学报（自然科学版）, 2006, 34(4): 33－37

[7]张文亮, 武斌, 李武峰, 等. 我国纯电动汽车的发展方向及能源供给模式的探讨[J]. 电网技术, 2009, 33(4): 1－5

[8]麻友良, 陈全世, 齐占宁. 电动汽车用电池 SOC 定义与检测方法[J]. 清华大学学报(自然科学版), 2001, 41(11): 95－105

[9]孙逢春. 电动汽车发展现状及趋势[J]. 科学中国人, 2006, 8(40): 44－47

[10]徐凡, 俞国勤, 顾临峰, 等. 电动汽车充电站布局规划浅析[J]. 华东电力, 2009, 37(10): 78－82

[11]张翔, 钱立军, 张炳力, 等. 电动汽车仿真软件进展[J]. 系统仿真学报 2004, 16(8): 1621－1623

[12]田光宇, 彭涛, 林成涛, 等. 混合动力电动汽车关键技术[J]. 汽车技术, 2002, (1): 8－11

[13]葛少云, 连恒辉, 刘洪, 等. 电动汽车时序响应能力模型与控制策略[J]. 电力系统自动化, 2016, 40(3): 33－8

[14]卢东斌, 欧阳明高, 谷靖, 等. 电动汽车永磁同步电机最优制动能量回馈控制[J]. 中国电机工程学报, 2013, 33(3): 83－91

[15]查鸿山, 宗志坚, 刘忠途, 等. 纯电动汽车动力匹配计算与仿真[J]. 中山大学学报(自然科学版), 2010, 49(5): 47－51

[16]卢东斌, 欧阳明高, 谷靖, 等. 四轮驱动电动汽车永磁无刷轮毂电机转矩分配[J]. 清华大学学报(自然科学版), 2012, 52(4): 1－6

[17]郭孔辉, 姜辉, 张建伟. 电动汽车传动系统的匹配及优化[J]. 科学技术与工程, 2010, 10(16): 3892－3896

[18]鲁莽, 周小兵, 张维. 国内外电动汽车充电设施发展状况研究[J]. 华中电力, 2010, 23(5): 16－20

[19]宋慧胡. 电动汽车[M]. 第三版. 北京: 人民交通出版社, 2012

[20]何洪文. 电动汽车原理与构造[M]. 北京: 机械工业出版社, 2012

[21]李伟. 新能源汽车构造原理与故障检修[M]. 北京: 化学工业出版社, 2015

[22]崔胜民. 新能源汽车技术解析[M]. 北京: 化学工业出版社, 2016

[23]王志福.电动汽车电驱动理论与设计[M].北京：机械工业出版社，2012

[24]CHAU K，CHENG M.电动汽车的新型驱动技术[M].北京：机械工业出版社，2010

[25]EHSANI M，GAO Y，LONGO S，等. Modern electric，hybrid electricand fuel cell vehicles [M]. CRC press，2018

[26]CHAN C C. The state of the art of electric，hybrid，and fuel cell vehicles[J]. Proceedings of the IEEE，2007，95(4)：704 - 18

[27]ERLSTON L J，MILES M D. Combined electric and hydraulic motor[M]. Google Patents. 2019

[28]CHAU K，CHENG M. New drive technology for electric vehicles[M].北京：机械工业出版社. 2015

[29]CHAN C C. The state of the art of electric and hybrid vehicles[J]. Proceedings of the IEEE，2007，95(4)：704 - 708

图书在版编目（CIP）数据

电动汽车技术／邓宝清，杜常清主编．—长沙：
中南大学出版社，2019.7

ISBN 978-7-5487-3614-1

Ⅰ.①电… Ⅱ.①邓… ②杜… Ⅲ.①电动汽车
Ⅳ.①U469.72

中国版本图书馆 CIP 数据核字(2019)第 083649 号

电动汽车技术

邓宝清　杜常清　主编

□责任编辑　韩　雪
□责任印制　易建国
□出版发行　中南大学出版社
社址：长沙市麓山南路　　邮编：410083
发行科电话：0731-88876770　　传真：0731-88710482
□印　　装　长沙市宏发印刷有限公司

□开　　本　787×1092　1/16　□印张 14.25　□字数 357 千字
□版　　次　2019 年 7 月第 1 版　□2019 年 7 月第 1 次印刷
□书　　号　ISBN 978-7-5487-3614-1
□定　　价　40.00 元